本项成果获得内蒙古大学"双一流"科研专项高端成果培育项目资助

蒙古语口语语料库
建设及研究

玉　荣◎著

中国社会科学出版社

图书在版编目（CIP）数据

蒙古语口语语料库建设及研究 / 玉荣著. —北京：中国社会科学出版社，
2021.6
ISBN 978-7-5203-8057-7

Ⅰ．①蒙…　Ⅱ．①玉…　Ⅲ．①蒙古语（中国少数民族语言）－口语－研究
Ⅳ．①H212.94

中国版本图书馆 CIP 数据核字（2021）第 040706 号

出　版　人　赵剑英
责任编辑　任　明
责任校对　李　剑
责任印制　郝美娜

出　　　版　中国社会科学出版社
社　　　址　北京鼓楼西大街甲 158 号
邮　　　编　100720
网　　　址　http://www.csspw.cn
发 行 部　010-84083685
门 市 部　010-84029450
经　　　销　新华书店及其他书店

印刷装订　北京君升印刷有限公司
版　　　次　2021 年 6 月第 1 版
印　　　次　2021 年 6 月第 1 次印刷

开　　　本　710×1000　1/16
印　　　张　14.25
插　　　页　2
字　　　数　268 千字
定　　　价　98.00 元

前　言

　　本书是在作者承担完成的国家社科基金项目"蒙古语口语语料库"（项目编号：08BMZ015）的基础上进一步深入开展的研究成果。本书由两大部分组成：一部分为语料库介绍，另一部分为基于语料库的对蒙古语语音、语法范畴、虚词进行的分析。

　　"蒙古语口语语料库"是蒙古语首个自然对话口语语料库。语料库创建方案及标注内容、标注规则等由玉荣制定。创建该语料库时，蒙古语还没有口语语料库，所以创建方案的制定以及标注工作的进行基本都是"摸着石头过河"。众所周知，自然口语的多样性和自由性，能够反映出语言的真实面貌，可以给语言研究提供丰富的资料，但是标注和分析难度很大。近十年，本人指导的硕士研究生一直参与语料库的标注、修改、扩建工作，并在此基础上完成了他们的学位论文的撰写。本书分析部分就是在撰写这些学位论文前期工作的基础上进行修改，并利用语料库所做的专题研究组合而成。参与本书一部分内容的数据提取和归纳者有：语料库的标注系统和检索方法由吉日嘎拉图归纳；元音标注、辅音标注由韩海霞归纳；语法标注由乌日古木拉归纳；词首音节[1]元音的分析由来兄完成；/l/辅音及变体分析由澈力格尔完成；/s/辅音及变体分析由义布格乐其其格完成；名词的语法形式分析由佟文英完成；动词的式与态分析由孟和娜日苏完成；形动词和副动词的语法形式分析由王宝红完成；虚词部分的分析由图雅完成。本书出版之际，对他们的辛苦劳动表示由衷的感谢。

　　本书是蒙古语自然口语分析的第一部著作，对元音清化等内容的研究也属首次。既然是首次，不仅有创新，也伴随着不成熟，本书也不例外。书中定会存在对复杂现象的描写不够详细、考虑问题不够全面等问题。加之本人一直使用蒙古语从事教学科研工作，出版汉文专著对本人来说是一次很大的挑战，虽然出版前对语言文字的表述做过不少修改，但本书还会存在"蒙古式汉语"的语句，望各位专家学者谅解并提出宝贵意见。

摘　要

　　本研究基于蒙古语口语语料对蒙古语口语中的语音、语法范畴、虚词特征三大问题展开研究。从研究内容上本书由语料库录制（第二章）、标注库建立（第二章）和基于标注库的研究（第三、四、五章）三个部分构成；从研究视角上本书的研究内容涉及音段层面的声学分析和音系描写两个层面；在研究手段上主要采用了参数描写、统计描写；从研究对象上可分为语音问题和语法问题。具体研究内容如下。

　　第一章是绪论。本章主要介绍了蒙古语语料库建设、蒙古语口语研究概况以及本书的研究内容三个部分。

　　第二章中介绍了"蒙古语口语语料库"的标注标准和方法。具体内容由语料库基本信息、语料库标注系统、元音标注、辅音标注、语法标注和语料库的检索方法六节内容组成。该语料库由两位熟人之间的 30 分钟自由谈话组成，共录制 40 组（80 位发音人）的语音数据。所有发音人均参加过蒙古语标准音课程培训或持有"蒙古语标准音考试"合格证。已经研制的"蒙古语口语语料库"的标注层级包括蒙古文层（Mong）、发音层（Pro）、拉丁转写层（Tra）、语法层（Morp）和音段层（Seg）五个标注层。本章最后根据制定的标注标准和层级系统介绍了对标注库的检索方法。

　　第三章是语音分析。本章中重点探讨了元音时长、元音的清化和个别音段的口语中的变体。通过系统研究得出以下 3 个结论。第一，在蒙古语中词首音节短元音的音长多数小于 0.08s；词首音节的长元音长于非词首音节的长元音；非词首音节长元音的时长明显缩短，更接近于词首音节短元音的音长。第二，蒙古语自然口语中元音清化现象较为普遍，词首音节的所有元音都有清化现象，元音清化的主要环境是塞音、塞擦音和擦音等清辅音。第三，蒙古语个别音段在口语中的变体较多。/ɪ/元音有［ɛ］、［ɪ］、［jɛ］、［i］、［jɐ］5 个音位变体；/s/辅音有[s]、[tsʰ]、[ts]、[z] 4 个音位变体；/r/辅音有[r]、[ɾ]、[ɻ]、[ɹ] 4 个音位变体；/l/辅音有[l]、[ɬ]、[ɮ] 3 个音位变体。

　　第四章是语法分析。在本章中主要对蒙古语名词的语法形式、动词的式与态、形动词的语法形式和副动词的语法形式进行统计分析并根据语图表现归纳总结出音系特征。这些语法形式在口语中的变体均由元音、辅音的脱落以及音变的原因出现了格范畴的附加成分、名词的复数形式、反身领属和人称领属等名词语法形式和动词的时态、语态和体态的多个变体。

第五章是虚词分析。具体内容可分为基于口语语料分析语气词、后置词、连接词、副词四类虚词的语音表现形式和出现频率。具体结果如下：1. 疑问语气词 ʋːʔ²、juːʔ²、pɛːʔ³、iː 中 ʋːʔ²、juːʔ² 出现频率最高，肯定语气词 jʋm、ʃitə 最常用。强调语气词中不带元音的 1 形式最常用。否定语气词 ukue，推测语气词 pɛː，反复语气词 pɛs，禁止语气词 puː，应答语气词 tʃeː，呼唤语气词 ə 等使用的次数最多。2. 方位后置词 tʰəl，目的后置词 tʰoloː，原因后置词 pɔlxɔːr，比较后置词 ʃik，范围后置词 xurtʰəl，数量后置词 iluː，概括后置词 pɔlkən，对象后置词 tʰʋxɛi 等使用广泛。3. 并列连接词 pɔlɔːt，选择连接词 əskuːl，进层连接词 mortʰoːn，转折连接词 xɛrin、kəjəː，原因连接词 ʋtʃʰir n，假定连接词 xərəβ 等使用频率最高。4. 多个时态副词中 tʃerim teːn，kəntʰ，程度副词中 nələːt、mɛʃ、təmiː 使用最为广泛。

本研究利用蒙古语口语第一手语音材料建立了"蒙古语口语语料库"，该语音语料库是迄今为止标注内容最多、最详细的口语语料库。本书详细介绍了这一语料库，并利用该数据库对蒙古语口语中的多个问题展开较为全面的研究。已经建立的"蒙古语口语语料库"可进一步延伸到蒙古语的其他研究中，如语流中的语音变化研究，口语词汇的应用及挖掘，口语句法研究。研究中探讨的蒙古语口语的语音、语法范畴及虚词的相关问题，尤其蒙古语词首音节短元音和各音节长元音的音长和词首音节短元音的清化与脱落现象的研究是基于自然口语资料的首次分析，也是本研究的创新之处。

Abstract

In this book the phonetic feature,grammatical category and function word of Mongolian is presented based on "Corpus of Spontaneous Mongolian" (referred to as CSM). The book can be divided into three parts from the point of research content, such as corpus recordings(chapter two), establishment of annotation corpus(chapter two) and conducting research(chapter three to five). In research perspective, the researching content of this book involves two levels: acoustic analysis and phonological description.In terms of research methods, acoustic parameter description and statistical description are mainly used. The main body of this book is split into phonetic and Grammy.The detailed research content is as follows.

The chapter One is Introduction, there are mainly summarizes the general situation of Mongolian Corpus , the previous studies on spoken Mongolian and research content in this book.

In chapter two, introduces the annotation standard and method of the CSM.The main content is composed of six sections: basic information of the corpus, corpus annotation system, annotation method of vowel, annotation method of consonant, grammatical annotation and corpus retrieval methods.This corpus is a 30-minute free talk between two acquaintances, consisting of 40 groups (total 80 speakers) of conversations.All speakers have received the training of Standard Mongolian Training Course or passed the Standard Mongolian Level Test. The CSM includes five annotation layers: Mongolian layer (Mong), pronunciation layer (Pro), Latin transliteration layer (Tra), grammar layer (Morp) and segmentation layer (Seg). At the end of this chapter, we introduce the retrieval method of the annotation corpus.

The chapter three focus on the vowel duration, devoicing vowel and allophone of few segmentation's. The conclusions as follows. First, length of short vowels in the first syllable of Mongolian words is usually less than 0.08s, duration of long vowel in initial syllable is longer than non-initial's, which is obviously shortened and length is close to the length of short vowels in the first syllable.Second, devoicing vowel is more common in spoken Mongolian.All short vowel has been devoicing in the first syllable, and the environments of devoicing is voiceless consonants such as plosive, affricate and fricatives. Third, certain consonants have more allophone in spoken Mongolian. Vowel /ɪ/ have five allophone such as [ɛ], [ɪ], [jɛ], [i], [jɐ]. Fricative consonant /s/ have four allophone such as [s],[tsʰ],[ts],[z].Consonant /r/ have four allophone such as[ɾ],[r],[ɻ],[ɹ]. Lateral consonant /l/ have three allophone such as [l], [ɬ], [ɭ].

The forth chapter, statistically analyzes the grammatical categories of nouns and verbs in spoken Mongolian and conclude the phonological features. The grammatical categories such as Case, Plural and Reflexive-possessive of Mongolian nouns, the time, persons and state of verbs, and the suffixes of Participle and Gerund verbs, that as due to the shedding and sound change of vowel and consonant.

In fifth chapter, quantitative analyzes function words' phonetic expression and frequency based on CSM, including Modal Particles, Postpositions, Conjunctions and Adverbs.Main findings as follows.First, the most frequent occurrence of Interrogative particle is *uː²* and *juː²* in *uː², juː², pɛː³* and *iː. jʊm, ʃitə.* is most common in Affirmative particle. One segment *l* is common in Emphatic particle. Negative particle *ukue*, Estimative particle *pɛː*, Repetitive particle *pɛs*, Prohibitive particle *puː*, Agreement particle *ʧɛː*, Vocative particle *əː* etc. appears most frequently.Second, Positional postposition *tʰɛl*, Purpose postposition *tʰoloː*, Reason postposition *pɔlxɔːr*, Comparative postposition *ʃik*, Limit postposition *xurtʰəl*, Approximative postposition *iluː*, Summary postposition *pɔlkən* and About postposition *tʰuxɐi* are widely used.Third, Parallel connective *pɔlɔːt*, Choice connective *əskuːl*, Progressive connective *mortʰoːn*, Adversative connective *xɛrin, kəjəː*, Condition connective *uʧʰir n*, Dependence connective *xərəβ* etc. are used most frequently.Forth, Temporal adverbs *ʧɐrim tɐːn, kəntʰ*, Level adverbs *nələːt, mɛʃ, təmiː* are the most widely used in spoken Mongolian.

In this book, the first-hand Mongolian spoken speech materials were used to establish the CSM, which is the most annotated and most detailed Mongolian spoken corpus so far. This book introduces the corpus in detail, and conduct a more comprehensive study of many problems in Mongolian spoken language. The established CSM can be further extended to other studies of Mongolian, such as the study of sound changes in spontaneous Mongolian, the application and mining of spoken vocabulary, and the study of spoken syntax.The book discusses the phonetic, grammatical category and related issues of function words in spoken Mongolian, especially the study of the duration of the short vowel of the initial syllable and the long vowel of each syllable, and the devoicing and shedding of the short vowel of the initial syllable, which is the first analysis based on natural spoken Mongolian data, and it is also the innovation of this research.

目　录

第一章 绪论

第一节 关于蒙古语语料库

随着计算机的普及和语言处理技术的不断提高，语料库语言学开始盛行，语言研究及语言处理进入崭新的阶段。对于蒙古语研究而言，新型科学研究方法的运用比较晚，但经过前辈们的不懈努力已成功走出第一步。在建立语料库方面，20世纪80年代以来，蒙古语学者们逐渐建立各类语料库并用于研究。比如内蒙古大学蒙古语研究所研制的《蒙古秘史语料库》（1983年）、《中世纪蒙古语语料库》（1984年）、《契丹小字语料库》（2000年）、《八思巴文献语料库》（2001年）、1991年建立了百万词级的"现代蒙古语文语料库"，2008年，该语料库扩展到1000万词级。

随着实验语音学研究方法的普及建立了蒙古语的语音数据库。我国第一个蒙古语语音数据库就是1993年内蒙古大学与中国社会科学院民族所共同建立的"蒙古语语音声学参数数据库"，该库奠定了我国蒙古语语音数据库的基础。这是确精扎布教授承担的国家社科基金项目的成果。本数据库包括了932个单词，1717个音节，4552个音，23个语音特征。利用该数据库出版了《蒙古语语音声学分析》[①]。2000年呼和博士在国家自然科学基金的资助下，完成了"蒙古语韵律特征声学参数数据库"的研制工作。该库包括了539个单词，66个词组，184个单句，1189个音节，分析了7077个音素的10个声学特征，12个结构特征。上述两个数据库的基础上出版了《蒙古语语音实验研究》[②]。"蒙古语诸方言语音声学数据库"是白音门德教授承担的教育部优秀年轻教师基金项目"蒙古语诸方言语音声学分析"的最终成果。后来得到教育部重点研究基地重大项目"面向语音合成的蒙古语语音数据库"的支持，进一步完善和扩充该数据库。该库由22个相对独立而又有内在联系的子数据库组成，每个字库包括1000—1600个单词。利用

---

① 呼和、确精扎布：《蒙古语语音声学分析》，内蒙古大学出版社1999年版。

② 呼和：《蒙古语语音实验研究》，辽宁民族出版社2009年版。

这些数据库对蒙古语诸方言土语语音进行了声学分析,完成了相关学位论文。在此基础上出版了《蒙古语实验语音学研究》①。2003—2006 年,内蒙古大学蒙古学学院和中国社会科学院民族学与人类学研究所(原民族所)合建"蒙古语语音动态腭位数据库",该库包括 3700 多个单词,300 多个短语和 700 多个句子。利用该数据库出版了《基于动态腭位图谱的蒙古语辅音研究》②和《蒙古语标准音协同发音研究》③。2006 年,宝玉柱和孟和宝音教授在国家社科基金项目的资助下,研制了"蒙古语正蓝旗土语语音数据库",利用该库出版了《现代蒙古语正蓝旗土语音系研究》④。敖敏研制了"蒙古语合成语音语料库",包括 3000 个结构相对完整的句子,利用该库进行相关研究完成了博士学位论文并出版了《面向语音合成的蒙古语韵律结构研究》⑤。

关于蒙古语口语语料库建设方面,2002—2004 年,玉荣建立了最早的蒙古语口语语料库。该语料库包含电影、电视剧的语音资料、广播和电视的播音语料、文学作品的朗读等 10 万词的语料,用国际音标转写,并以方正蒙版 6.02 格式保存。该语料库的所有单词进行词根与词缀的切分标注,可以利用蒙古语语料库检索系统 ndb 进行统计分析。玉荣利用该口语语料库的分析完成了博士学位论文,并出版了《蒙古语口语研究》⑥。2005—2014 年,内蒙古社会科学院在自治区政府的支持下建立了大型蒙古语方言语料库。历时十年,按着大规模搜集真实言语语料库的预定计划,前后赴中国八省自治区、蒙古国四省一市、俄罗斯布里亚特共和国和卡尔梅克共和国境内 97 个旗县,实地采访 6725 人,搜集蒙古语、达斡尔语、鄂温克语、鄂伦春语自然口语语料 4192 小时。该库是迄今为止规模最大的蒙古语自然口语语料库⑦。内蒙古大学计算机学院近几年以语音识别与语音合成为目的收集了大量口语资料,目前用于语音识别的口语语料有 1500 个小时,语音合成用的资料录制工作正在进行中。

第二节　蒙古语口语研究概况

中国境内使用的蒙古文字有千年历史,故写与说的差别比较大。在悠

---

① 白音门德:《蒙古语实验语音学研究》,内蒙古人民出版社 2014 年版。
② 哈斯其木格:《基于动态腭位图谱的蒙古语辅音研究》,中国社会科学出版社 2013 年版。
③ 包桂兰:《蒙古语标准音协同发音研究》,内蒙古人民出版社 2016 年版。
④ 宝玉柱、孟和宝音:《现代蒙古语正蓝旗土语音系研究》,民族出版社 2011 年版。
⑤ 敖敏:《面向语音合成的蒙古语韵律结构研究》,远方出版社 2015 年版。
⑥ 玉荣:《蒙古语口语研究》,内蒙古人民出版社 2013 年版。
⑦ 达·巴特尔:《蒙古语自然口语语料汇编》,内蒙古人民出版社 2017 年版。

久的历史演变过程中，蒙古语的语音慢慢发生变化，出现词末短元音的脱落，长元音的产生等现象。蒙古语的长元音没有专用书写符号，导致写面语与口语的更多的差别。在口语方面，境内蒙古语和蒙古国蒙古语的差别比较大，本书的研究内容为境内蒙古语口语现象。在国际上，Jan-Olof Svantesson（2005）[①]、Anastasia Mukhanova karlsson（2005）[②]、Ж·Цолоо（2008）[③]、UETA Naoki（2019）[④]等蒙古语语音研究的著名专著，分析资料均为蒙古国蒙古语。本节主要介绍对国内使用蒙古语的元音、辅音及变体，名词的数、格、领属范畴，动词的式、体、态范畴及附加成分，虚词等的相关研究。

一、元音

蒙古语的元音研究历史较长，研究成果众多，意见分歧也比较大。

（一）短元音

1. 词首音节短元音

学者们对词首短元音的前化元音和词首音节出现的阳性[ɪ]的性质，[ɑ，o，u]等元音的舌位等问题上意见不一致。

（1）服部四郎（1951）[⑤]认为，蒙古语察哈尔土语的短元音有[a]，[ë]，[ɪ]，[ɔ]，[o]，[ɵ]，[u]，[æ]，[œ][⑥]等。蒙古语的[ɑ]元音为后元音，把[ə]元音标记为[ë]，前、半低，[i]元音标记为[ɪ]，第四元音为后，第五元音认为比[ʊ]展唇的[o]，第六元音认为舌中[ɵ]，第七元音认为舌后[u]。

（2）清格尔泰、新特格（1959）[⑦]，首次用 X 光研究蒙古语的语音，提出蒙古语有 ɑ，ə，i，ɪ，ɔ，ɷ，o，u 8 个基本元音，未提前化元音问题。认为 ɑ，ɔ，ɷ，o，u 均为后元音。

（3）《现代蒙古语》（1964）[⑧]，元音音系有 ɑ，æ，ə，i̯，i，ɔ，œ，ʊ，

① Jan-Olof Svantesson, Anna Tsendina, Anastasia Karlsson, and Vivan Franzen, The Phonology of Mongolian, OXFORD university press, 2005.

② Anastasia Mukhanova karlsson，Rhythm and Intonation in Halh Mongolian, Printed in Sweden Student litteratur Lund, 2005.

③ Ж·Цолоо, Орчин Цагийн Монгол Хэлний Авиа Зүй, УЛААНБААТАР, 2008.

④ UETA Naoki,『モンゴル語の母音』，京都大学学术出版社 2019 年版。

⑤ 服部四郎:『蒙古語チャハル方言の音韻体系』，服部四郎論文集（第二卷），三省堂，昭和六十二年。

⑥ 本书中，音标符号均沿用了原文的标记法。前人研究使用的音标不一致，有些原文单音标使用[]或//，有些原文多音标使用了一个[]，有的只写音标。

⑦ 清格尔泰、新特格:《论蒙古语基本元音》，《内蒙古大学学报》（蒙文版）1959 年第 2 期。

⑧ 内蒙古大学蒙古语文研究所:《现代蒙古语》，内蒙古人民出版社 1964 年版。

ɣ，o，u 11 个元音，其中含普通短元音和前化短元音。ɑ 元音为舌后、低、展唇、阳性元音。i̠ 的发音特征为舌前、高、展唇、阳性元音。ɔ，ʊ，o，u 为舌后元音，æ，œ，ɣ 是前化元音。

（4）白音朝克图（1978）[①]，蒙古语元音音系有 ɑ，æ，ə，i，ɪ，ɔ，œ，ɯ，ɣ，o，u 11 个元音，ɑ，ɔ，ɯ，o，u 均属于舌后元音。

（5）那森柏等（1982）[②]，蒙古语有 a，e，i，o，u，ө，ʉ 7 个元音。a，o，u 为舌后元音，ө，ʉ 为舌中元音。

（6）武达（1982）[③]，察哈尔土语的基本短元音有 ɑ，ə，i，ɪ，ɔ，ʊ，o，u 8 个，前化元音有 æ，œ，ʉ 3 个。

（7）那德木德（1986）[④]，察哈尔土语有 ɑ，ə，i，ɪ，ɔ，ɯ，o，u，ɛ，œ，ɣ 11 个短元音音位。ɑ 的发音比央元音[ə]稍后，比后元音[ʌ]稍前。ɔ 是半开、中、圆唇元音，比国际音标[ɔ]的发音部位稍前。ɯ 是次高、圆唇元音，在察哈尔土语中为较后元音。ɣ 是前、半闭、圆唇紧元音，发音较 ɯ 前，比[ɣ]稍后。o 是后、圆唇、口腔半闭、阴性元音。u 是后、闭、圆唇阴性元音。

（8）清格尔泰（1999）[⑤]，短元音有[ɑ]，[ə]，[i]，[ɪ]，[ɔ]，[ʊ]，[o]，[u] 8 个基本元音，[æ]，[œ]，[ɣ] 3 个前化元音。[ɑ]，[ɔ]，[ʊ]，[o]，[u]等元音的舌位为后。

（9）诺尔金（1998）[⑥]认为，蒙古语标准音音系系统有[ɑ]，[ə]，[i]，[ɪ]，[ɔ]，[ʊ]，[ө]，[ʉ] 8 个短元音，其中词首音节出现的[ɑ]，[ɔ]元音在后面音节有[i]的情况，发成前化[ɑ]，[ɔ̜]。察哈尔土语基本短元音同于标准音系统，但前化元音有[ɛ]，[œ]，[ʉ]。在察哈尔土语中，前化元音和腭化辅音均有区别词义的作用，所以无法确认哪个属于音位。蒙古语的[ɑ]，[ɔ]，[ʊ]为舌后，[ө]，[ʉ]为舌中。

（10）哈斯额尔敦、斯琴（2006）[⑦]，蒙古语口语有 a[ɑ]，ä[ɛ]，e[ə]，i[i]，o[ɔ]，ö[œ]，u[ʊ]，ө[ө]，ʉ[ʉ] 9 个元音。a[ɑ]，o[ɔ]，u[ʊ]为后元音，ө[ө]，ʉ[ʉ]为舌中元音。

---

① 白音朝克图：《现代蒙古语标准音语音系统》，《内蒙古大学学报》（蒙文版）1978 年第 3 期。
② 那森柏等：《现代蒙古语》，内蒙古教育出版社 1982 年版。
③ 武达：《察哈尔土语语音音系系统的某些特点》，《内蒙古大学学报》（蒙文版）1982 年第 4 期。
④ 那德木德：《蒙古语察哈尔土语的元音和辅音》，《民族语文》1986 年第 5 期。
⑤ 清格尔泰：《现代蒙古语语法》（修订版），内蒙古人民出版社 1999 年版。
⑥ 诺尔金：《标准音——察哈尔土语》，内蒙古人民出版社 1998 年版。
⑦ 哈斯额尔敦、斯琴：《蒙古语口语语法》，内蒙古人民出版社 2006 年版。

（11）呼日勒巴特尔（2007）[①]认为，现代蒙古语有 ɑ，ə，i，ɔ，ʊ，o，u 7 个元音，ɑ 有 æ 的变体，ɔ 有 œ 的变体。ɑ 相对舌后，ɔ，ʊ 为舌后，o，u 的发音位置相对舌中。

（12）《蒙古语标准音水平测试大纲》（2009）[②]，蒙古语标准音有 ɑ，ə，i，ɪ，ɔ，ʊ，o，u 8 个元音，ɑ 有 æ 变体，ɔ 有 œ 变体。ɑ 为舌中，ɔ，ʊ，o，u 为舌后元音。

以上是使用传统方法的描写研究的成果，下面是使用实验语音学的方法研究的著作。

（13）呼和、确精扎布（1999）[③]，蒙古语词首音节短元音有[A]，[ə]，[i]，[ɪ]，[ɔ]，[ʊ]，[o]，[u]，[ɛ]，[œ] 10 个元音。[A]元音的舌位比起后元音较靠前，[ɔ]为后元音，蒙古语的第五元音 u 的开口度比第六 o 元音大，[ʊ]的标记应该用[o]，第六 o 元音为半高、后元音，[u]元音为舌后。

（14）呼和（2009）[④]认为，蒙古语标准音有[ɐ]，[ɛ]，[ə]，[i]，[ɪ]，[ɔ]，[œ]，[ʊ]，[o]，[u] 10 个短元音，[ɪ]归纳为/ɛ/的自由变体更为切合实际。[ɐ]是典型的低、央、展唇、紧元音，[ɔ]是次低、后、圆唇、紧元音，[ʊ]是正中、后、圆唇、紧元音，[o]是中高、后、圆唇、松元音，[u]是次高、后、圆唇、松元音。

（15）宝玉柱、孟和宝音（2011）[⑤]认为，正蓝旗土语共有 10 个短元音。/ɑ/，/ɔ/，/ʊ/，/ɛ/，/œ/，/ɪ/ 6 个低元音，/ə/，/o/，/u/，/i/ 4 个高元音。/ɑ/，/ɔ/，/ʊ/，/o/，/u/都属于后元音。

2. 非词首音节短元音

蒙古语非词首音节短元音比起词首音节短元音不清晰，具有央化特征且易清化或脱落。

（1）《现代蒙古语》（1964）认为，非词首短元音位置，第二音节后出现这面是固定的，但是加附加成分时可以变动。非词首短元音发音不完整、不清晰、变化大、音较高等特点，是词首对应短元音的变体。

（2）白音朝克图（1978）认为，非词首音节有 6 个元音。学者们通常把非词首元音标记为 ă，ə̆，ɔ̆，ŏ，认为词首音节出现 ɑ，ə，ɔ，o 的变体。但是它们之间的差别比较大，非词首元音具有央化现象，可以标记为 ɛ̈，ë，

① 呼日勒巴特尔：《现代蒙古语标准音》，内蒙古大学出版社 2007 年版。

② 蒙古语标准音水平测试大纲编写组：《蒙古语标准音水平测试大纲》（修订本），内蒙古人民出版社 2009 年版。

③ 呼和、确精扎布：《蒙古语语音声学分析》，内蒙古大学出版社 1999 年版。

④ 呼和：《蒙古语语音实验研究》，辽宁民族出版社 2009 年版。

⑤ 宝玉柱、孟和宝音：《现代蒙古语正蓝旗土语音系研究》，民族出版社 2011 年版。

ɔ, ö 或 ɜ, ɞ, ə, θ 等。ɛ 是舌中、半低、展唇、阳性元音，出现在词首音节有展唇阳性元音和圆唇次高阳性元音，非词首音节 ʤ, ʧ, ʃ, j 等以外的辅音之后。ë 是舌中、半高、展唇、阴性元音，出现在词首音节有展唇阴性元音和圆唇高阴性元音，非词首音节 ʤ, ʧ, ʃ, j 等以外的辅音之后。ɔ 是舌中、半低、圆唇、阳性元音，出现在词首音节有圆唇半低阳性元音，非词首音节 ʤ, ʧ, ʃ, j 以外的辅音之后。ö 是舌中、半高、圆唇、阴性元音，出现在词首音节有圆唇半高阴性元音，非词首音节 ʤ, ʧ, ʃ, j 以外的辅音之后。这 4 个元音在非词首音节能够成音节，可认为是音位。非词首音节还有 ɪ̆, ĭ 元音。ɪ̆ 出现在词首音节有展唇阳性元音和圆唇阳性元音，非词首音节的 ʤ, ʧ, ʃ, j 等辅音之后。该元音在圆唇半低阳性元音之后发音接近于 ɤ。ĭ 出现在词首音节有展唇阴性元音和圆唇半高阴性元音，非词首音节的 ʤ, ʧ, ʃ, j 等辅音之后。该元音在圆唇半高阴性元音之后发音接近于 y。非词首音节的 ɪ̆, ĭ 元音与词首音节的 ɪ, i 元音没有太大的区别，可认为词首音节 ɪ, i 的变体。

（3）孙竹（1981）[①]，蒙古语的弱化元音 ɞ, ĭ, ŏ, ɔ̆, ă 相互之间不对立，没有互相替换而改变词义的情况。所以，把所有的弱化元音都统一看成 ɞ，也未尝不可。笔者倾向于把弱化元音 ɞ 视为中性的特定的音位，即：/ɞ/音位，居于非第一音节，有 ĭ, ŏ, ɔ̆, ă, ɞ 5 个同位体。

（4）清格尔泰（1999），非词首音节的元音归纳为[ĭ], [i], [ă], [ɞ], [ɔ̆], [ŏ] 6 个元音。[ĭ]出现在词首音节有[ɑ, ɪ, ʊ, ɔ]，在[ʤ, ʧ, ʃ, j]等辅音之后。[i]出现在词首音节有[ə, i, u, o]，在[ʤ, ʧ, ʃ, j]等辅音之后。[ă]出现在词首音节有[ɑ, ɪ, ʊ]，非词首音节的[ʤ, ʧ, ʃ, j]以外的辅音之后。[ɞ]出现在词首音节有[ə, i, u]，非词首音节的[ʤ, ʧ, ʃ, j]以外的辅音之后。[ɔ̆]出现在词首音节有元音[ɔ]，非词首音节的[ʤ, ʧ, ʃ, j]以外的辅音之后。[ŏ]出现在词首音节有元音[o]，非词首音节的[ʤ, ʧ, ʃ, j]以外的辅音之后。

（5）呼和、确精扎布（1999）认为，非词首音节有唇型和紧松程度存在明显区别的 6 个短元音，即[i], [ɪ], [ə], [ɜ], [θ], [ɵ]。这 6 个元音可认为属于一个音位的不同变体。[i]是高、前、展唇、阴性元音。出现于词首音节有 ə, i, o, u 等松元音，在 ʤ, ʧ, ʃ, j 等辅音之后。[ɪ]是次高、前、展唇、阳性元音。出现于词首音节有 ʌ, ɪ, ɔ, ʊ, ɛ, œ 等紧元音，在 ʤ, ʧ, ʃ, j 等辅音之后。[ə]是半高、央、展唇、阴性元音。出现于词首有 ə, i, u 等松元音的音节之后，以 ʤ, ʧ, ʃ, j 以外辅音开头的非词首音节中。[ɜ]是中、央、展唇、阳性元音。出现于词首有 ʌ, ɪ, ɛ, ʊ 等紧元音的音节之

---

① 孙竹：《现代蒙古语的弱化元音》，《民族语文》1981 年第 1 期。

后，以 ʤ, ʧ, ʃ, j 以外辅音开头的非词首音节中。[ɵ]半高、央、圆唇、阴性元音。出现于词首有圆唇松元音 o 的词首音节之后，以 ʤ, ʧ, ʃ, j 以外辅音开头的非词首音节中。[ɵ]中、央、圆唇、阳性元音。出现于词首有 ɔ, œ 等圆唇紧元音的音节之后，以 ʤ, ʧ, ʃ, j 以外辅音开头的非词首音节中。

呼和（2009）的解释与该书相同，只是音标用[ɜ], [ə], [ɨ], [ɬ], [ɵ], [ɵ]等。

（6）宝玉柱、孟和宝音（2011），认为在蒙古语多音节词中，重音的常规位置一般在词的第二音节，/ɑ/, /ɔ/, /ʊ/, /ɛ/, /œ/, /ɪ/, /ə/, /o/, /u/, /i/ 10 个短元音，词的各音节中都可以出现，/ɛ/, /œ/多出现于词首，很少出现于核心音节和末尾音节。

3. 词末（或音节末）短元音

在蒙古语的词末或词中音节末常常出现短元音，这种短元音，有时不清晰，也不长，有时很清晰，比短元音还长。对此学者们一直在研究探讨，但研究结果不尽相同。服部四郎（1951）认为该元音成音节，斋藤純男（1984）[1]，栗林均（1988）[2]，呼和、确精扎布（1999）认为不成音节。下面介绍对词末短元音的专题研究。

（1）呼和、确精扎布（1999）认为，蒙古语词末短元音不是在少数词中出现的个别现象，而是在大多数词中出现的普遍现象。词末短元音在清辅音后出现的多，浊辅音后是否出现与个人发音习惯有关，在清塞音条件下出现率为 90.5%，清擦音后为 83%。词末短元音在单词末和词组里的出现率不同，单词末，可以出现在所有辅音（未发现[ŋ]后出现的例子）之后，频率是 65%。在词组里只有以[t, ʧ, p, n, m, l]等辅音结尾的词或音节末出现，频率低，仅 8.5%。词末短元音的音质与非词首元音[i, ə]相似，它只构成莫拉，不承担音位功能也不单独构成音节，是书面语的痕迹，是发音器官的动作要求而出现的协同发音的一种现象。

呼和、曹道巴特尔（1996）[3]和呼和（2009）的研究结果与该书相同。

（2）宝玉柱、孟和宝音（2011）里，词末短元音称为衍生音节的弱元音。叫作衍生音节，因为它是闭音节节尾辅音上衍生出来的，在语流中可以脱落的音节。衍生音节的有无不会带来词义变化，也就是说衍生音节没有语义负荷。

① 斉藤純男：『現代モンゴル語の弱化母音と母音調和』，『LEXICON』13: 57-71 1984.
② 栗林均：『モンゴル語における弱母音の発達と閉音節化現象』，『音声の研究』第 22 集，1988 年，第 209—223 页。
③ 呼和、曹道巴特尔：《蒙古语察哈尔土语词末弱短元音的声学分析》，《内蒙古大学学报》（蒙文版)1996 年第 3 期。

（3）玉荣（2011）[①]认为，蒙古语词末或音节末的短元音是大多数词中出现的普遍现象。词末短元音在单词末、词组末、词组中（即第一个单词末），词中音节末都出现。在单词末出现的范围及频率最高，词组末的出现与个人发音习惯有关，词中音节末的出现率比词组中间的高。同一个词的发音，有些发音人带词末短元音，有些发音人不带，同一个人的前后发音也有时带有时不带，足以看出来词末短元音的不稳定性。有些发音人的资料里词末短元音较多，有些人的资料里少，可见它的发生与个人发音特征也有一定的关系。

观察词末短元音出现的语音条件总体上清塞音之后出现率高些。蒙古语里辅音结尾的口语词在书面语中可以对应为辅音结尾和元音结尾两种。我们在等量的两种书面语资料中进行试验，观察词末短元音的出现频率，发现以[p]，[l]，[m]，[s]辅音结尾的口语词，在书面语中，词末为辅音结尾的话，词末短元音的出现频率高于以元音结尾的词。而[t]，[k]，[n]辅音结尾的口语词，在书面语以元音结尾的词后出现的词末短元音多。在词组末，以辅音[ŋ]，[n]，[j]结尾的词尾未发现词末短元音，在[s]，[x]，[m]辅音结尾的词末出现率较低。在词组中（前置单词末）和词中音节末出现的语音条件相同，前后辅音组合为[p]-[l]，[ʧ]-[l]，[k]-[l]，[l]-[k]（未考虑[r]辅音）条件下出现词末短元音。在词组中，前置词末为辅音[ŋ]，[s]，[j]结尾时，后置词首在任何语音环境下都未出现词末短元音，前置词末为[tʰ]，[ʧʰ]，[x]辅音时偶尔出现词末短元音，但是后置辅音条件没有规律。词末短元音保留着元音和谐规律，本次研究没能归纳其音质特征，发音人之间没发现共同性。

（二）长元音

学界里对蒙古语的基本长元音没有分歧，而对前化长元音是否为音位的问题看法不一致。蒙古语的复合元音在口语中长化的多，但也不全是。比如复合元音[ɑi]在口语中发音[ɛ:]的较多，在音位层面上确定[ɑi]和[ɛ:]的音位和变体关系是比较复杂的。在计算机处理上，不能两个都认为是音位。

1.《现代蒙古语》（1964）认为，蒙古语有 ɑ:，ə:，j:，i:，ɔ:，ʊ:，o:，u: 基本长元音，æ:，e:，œ: 3 个前化长元音，有一个借词用的 y:，共有 12 个长元音。

2. 白音朝克图（1978）认为，蒙古语长元音有 ɑ:，æ:，ə:，i:，ɪ:，ɔ:，œ:，ɷ:，o:，u:，e: 11 个。

3. 那森柏等（1982），蒙古语标准音有 aa，ee，ii，oo，uu，өө，ᵾᵾ 7 个长元音。

4. 武达（1982），察哈尔土语有 ɑ:，ə:，i:，ɪ:，ɔ:，ʊ:，o:，u: 8 个基本

---

① 玉荣：《蒙古语超短元音》，《内蒙古大学学报》（蒙文版）2011 年第 4 期。

长元音，其中 ɑː 有 ĭɑ，əː 有 ĭə，ɔː 有 ĭɔ，ʊː 有 ĭʊ 的变体，都出现在腭化辅音之后。前化长元音有 æː，œː，eː 3 个。

5. 那德木德（1986），察哈尔土语有 ɑː，əː，iː，ɪː，ɔː，ωː，oː，uː，ɛː，œː 10 个长元音音位。ɛː 元音有一种 Eː 变体，总是出现在阴性词的词中和词尾。

6. 清格尔泰（1999）认为，蒙古语有[ɑː，əː，iː，ɪː，ɔː，ʊː，oː，uː] 8 个相对应于短元音的长元音和[æː，œː，eː，ʏː，yː] 5 个前化长元音。

7. 诺尔金（1998）认为，蒙古语标准音有[ɑː，əː，iː，ɪː，ɔː，ʊː，ɵː，ʉː] 8 个长元音，察哈尔土语有对应于短元音的[ɑː，əː，iː，ɪː，ɔː，ʊː，ɵː，ʉː] 长元音和前化长元音[ɛː，œː，ʏː，yː，eː]共有 13 个。

8. 哈斯额尔敦、斯琴（2006），蒙古语口语有 aa[ɑː]，ee[əː]，ii[iː]，oo[ɔː]，uu[ʊː]，өө[ɵː]，үү[ʉː] 7 个长元音。

9. 呼日勒巴特尔（2007）认为，蒙古语标准音有 ɑɑ，əə，ii，ɔɔ，ʊʊ，oo，uu 7 个长元音，音位系统没包括阳性 ɪː 和前化长元音。

10.《蒙古语标准音水平测试大纲》（2009）认为，蒙古语标准音有 ɑː，əː，iː，ɪː，ɔː，ʊː，oː，uː，eː 9 个长元音。

11. 呼和（2009）认为，从音位学的视角看，蒙古语有/ɐː，ɛː，əː，eː，iː，ɪː，ɔː，œː，ʊː，oː，uː/ 11 个长元音。

12. 宝玉柱、孟和宝音（2011）认为，在正蓝旗土语中，有一组与短元音相对应的长元音，共 10 个：ɑː，ɔː，ʊː，ɛː，œː，ɪː，əː，oː，uː，iː。

（三）复合元音

1.《现代蒙古语》（1964）认为，蒙古语标准音有 ʊiː，uiː，ʊæː，ueː，ʊɑː 5 个复合元音。

2. 白音朝克图（1978）认为，基本复合元音有 ŏɪ，ŭi，ŏɛ，ŭe，ŏɑ 5 个，发后元音长或半长，均属于后强复合元音。

3. 那森柏等（1982）认为，蒙古语标准音有 ai，ei，oi，ui，ʉi 5 个前响复合元音，ua 一个后向元音。

4. 武达（1982）认为，察哈尔土语有 oi，ui 前响复合元音，ŏʊ，ŏæ，ŏɑ，ŭe 4 个后响复合元音。

5. 那德木德（1986）认为，察哈尔土语复合元音的一般特点都是以窄元音开头，以不圆唇元音收尾。前面的圆唇元音发音短促，并带有前化性质；后面的元音（除 ωɑː 外）均为前元音，发音较长。有 ʊɛ（ʏɪ 或 ωɪ），uE（yi，ui，yE），ωɑ 等。

6. 清格尔泰（1999）认为，蒙古语有[ʊɪ，ui，ʊæ，ue，ʊɑ] 5 个复合元音。这些复合元音都以圆唇的闭元音开始，而以展唇元音结尾。前置元音的发音短暂，后置元音都是长元音，属于一种后强复合元音。[ʋɐ]有[ʋɐ̌']变体，[ue]有[ue·]，[ŭe·]变体。

7. 诺尔金（1998）认为，蒙古语标准音系有[ɑ̆ɛ，ɔ̌ɛ，əi，ʋi，ʉi]前响复合元音，有一个[ʋɑ̆]后响复合元音，还有一个三合元音[ʋɑ̆ɛ]。[ɑ̆ɛ]有[ą:]变体，[ɔ̌ɛ]有[ǫ:]变体，[ʋi]有[ʋɔi]变体，[ʉi]有[ʉe]变体，[ʋɑ̆]，[ʋɑ̆ɛ]的真正发音为[ʋɑ̆:]，[ʋɔ̆ɛ:]。察哈尔土语有[ɑ̆ɛ，ɔ̌ɛ，ʋi，ʉi]前响复合元音，[ɑɔ，ʉe，ʋɑ:]后响复合元音，还有一个三合元音[ʋɑ̆ɛ]。

8. 哈斯额尔敦、斯琴（2006），蒙古语口语有 ai[ɑi]，ei[iə]，oi[ɔi]，ui[ʋi]，ʉi[ʉi]前响复合元音，ua[ʋɑ]一个后响复合元音。

9. 呼日勒巴特尔（2007）认为，复合元音有 ɑi，əi，ɔi，ʋi，ui，ʋɑ 6 个。ɑi 有 æɛ 自由变体，ɔi 有 œœ 自由变体，ʋi 有 ʋæ，ui 有 ue 变体。

10. 《蒙古语标准音水平测试大纲》（2009）认为，蒙古语标准音有 ɑi，ɔi，ʋi，oi，ui，ʋɑ 6 个复合元音，有一个 ʋɑi 三合元音。ɑi 有 æ: 自由变体，ɔi 有 œ: 自由变体，ʋi 有 ʋæ，ui 有 ue 变体。

11. 呼和、确精扎布（1999）认为，察哈尔土语有[ʋɔɛ，ue·，oi·，ɔɜ，ɔɛ～œɜ] 5 个复合元音。

12. 呼和（2009）认为，蒙古语标准音有[ɜʋ，ɔɛ，ıʋ，ʋɛ，ʋɐ，oi，ui，ue] 8 个复合元音。其中[ɜʋ]是/ɛ:/的一个自由变体，[ɔɛ]是/œ:/的一个自由变体，[ʋı]是/ʋı/的主要变体，/ʋı/还有[ʋɔɛ]和[i:]变体，/ui/有[uı]，[y:]，[ue]和[i:]等变体。

13. 宝玉柱、孟和宝音（2011）认为，蒙古语正蓝旗土语中，基本复合元音只有一对：ᵘɛ: 和 ᵘi:，非基本复合元音有 ᵘɑ: 和 ⁱɑ:。基本复合元音由后、圆唇元音和前元音组成，都是后响复合元音。

二、辅音

蒙古语辅音有/n/，/p/，/pʰ/，/x/，/k/，/m/，/l/，/s/，/ʃ/，/tʰ/，/t/，/ʧʰ/，/ʧ/，/j/，/r/，/w/，/ŋ/ 17 个，并且/w/辅音主要用于借词，这一点学界里没有异议。只是/w/辅音是否归纳为基本辅音上有不同看法，少数学者没有列入基本辅音，比如《现代蒙古语》（1964），大部分著作里列入基本辅音，比如，清格尔泰（1999）、白音朝克图（1978）、宝玉柱、孟和宝音（2011）、呼日勒巴特尔（2007）、《蒙古语标准音水平测试大纲》（2009）、呼和（2009）等。

蒙古语辅音的分类上有些小的区别，但是大致都相同。从发音器官的角度分类，/p/，/pʰ/，/m/，/w/为双唇辅音，/t/，/tʰ/，/n/，/l/，/s/，/r/为舌尖辅音，/ʧ/，/ʧʰ/，/ʃ/为舌叶辅音，/j/为舌面中辅音，/x/，/k/，/ŋ/为舌根或舌面后辅音。对于辅音的腭化变体，学界里公认为/n/，/p/，

/x/，/k/，/m/，/l/，/tʰ/，/t/，/r/ 9 个辅音有腭化变体，主要分歧在于其他变体。我们所参考的文献中清格尔泰（1999）、那森柏等（1982）没有分析辅音变体，呼日勒巴特尔（2007）和《蒙古语标准音水平测试大纲》（2009）里提出 p 辅音有 w 变体，指出 9 个辅音的腭化变体。下面按着蒙古语字母表的顺序介绍辅音变体的研究，主要归纳《现代蒙古语》（1964）、武达（1982）、那德木德（1986）、诺尔金（1998）、呼和（2009）、宝玉柱、孟和宝音（2011）、哈斯其木格（2013）等提出的辅音变体。此处简略腭化变体。

（一）/n/辅音

1.《现代蒙古语》（1964）认为，n 辅音是舌尖—齿龈、塞、浊鼻音。它有 ～ⁿ, ŋ, m 3 个变体。

（1）～ⁿ：词末的 n 辅音把前置元音的全部或后半变为鼻化，n 的发音也变不到位。

（2）ŋ：出现在词中或词末的 n 辅音之后，直接连接 x，g 辅音开头的音节或词，n 辅音发音成 ŋ 变体。

（3）m：出现在词中或词末的 n 辅音之后，直接连接 b，p 辅音开头的音节或词，n 辅音发成 m 变体。

2. 武达（1982），在察哈尔土语，元音之前发成 n；除了 b，p 以外的辅音之前把前面辅音鼻化成 ～n；在词末，鼻化前置元音并发音成 ŋ；音节或词末的 n 之后连接 b，p 开头的音节或词，发成 m。

3. 诺尔金（1998）认为，标准音的[n]辅音在词中[x, g]辅音之前发成[ŋ]变体。在察哈尔土语中，词末[n]（书面语里闭音节）发称[ŋ]变体。

4. 宝玉柱、孟和宝音（2011）认为，/n/是舌尖、浊鼻音。主要变体有[ŋ]，[m]，[n]。

（1）[ŋ]：在词中和词尾/n/之后直接连接[x], [χ], [k], [q]时出现。

（2）[m]：在词中和词尾/n/之后直接连接[p], [ph]时出现。

（3）[n]：其他条件时出现。

（二）/p/辅音

1.《现代蒙古语》（1964）认为，b 辅音有 β，ɸ 2 个变体。

（1）b：双唇、不送气、清塞音。词首和词中 b，m，ŋ 等辅音之后出现。

（2）ɸ：双唇、清擦音。b 辅音出现在词中 t，ʧ，ʃ，s，x 等辅音之前，发音为 ɸ。

（3）β：双唇、弱擦、浊音。除了上述条件之外，词中、词末都发音成 β。

2. 武达（1982），b 是双唇、不送气、清塞音。

（1）b：词首和 b，m，ŋ 辅音之后发音成 b。

（2）ɸ：清擦音，在词中 t，ʧ 辅音之前发成 ɸ。

（3）w：浊擦音，在其他条件下发 w。

3. 那德木德（1986），b 是双唇、塞、不送气、清辅音。有 3 个变体。

（1）b：词首为 b，词中在 b，m 音后也常为 b。

（2）ɸ：词中 t，ʧ，ʃ，s，x 等辅音之前如直接介入 b 辅音时，b 可变成双唇摩擦清辅音[ɸ]。

（3）w(β)：双唇、轻摩擦、清辅音。在上述条件外的其他情况下，在词中、词尾均为 w。

4. 诺尔金（1998）认为蒙古语标准音的[b]辅音有[w]主要变体。

（1）[b]：双唇、不送气、清塞音。对应于书面语词首的[b]辅音和词中[b，m，ŋ]之后的[b]辅音。

（2）[w]：双唇、轻擦、浊音。除了上述以外的条件下都发为[w]辅音。

该书又提到，察哈尔土语比标准音多一个[ɸ]变体，出现在词中[t，ʧ，ʃ，s，x]等辅音之前。

5. 呼日勒巴特尔（2007）和《蒙古语标准音水平测试大纲》（2009）认为，b 辅音在腭化变体之外还有 w 变体。

（1）b：双唇、不送气、清塞音。词首和词中 b，m，ŋ 之后出现。

（2）w：浊擦音，词中 b，m，ŋ 以外的语音条件和词末出现。

6. 呼和（2009）认为/p/辅音有[p，β，ɸ] 3 个变体。

7. 宝玉柱、孟和宝音（2011），/p/是双唇、闭塞、不送气、清辅音。音位/p/主要有[p]，[ɸ]，[β] 3 个变体。

（1）[p]：主要出现在词首元音前，在词中只出现于借词、同部位辅音 p，β，m 后面，不出现于元音后位置。

（2）[ɸ]：/p/的双唇清擦音变体。后续辅音 th，kh，ʧh，ʃ，s，χ 等送气音。ɸ 不在词首和词尾出现。

（3）[β]：/p/的双唇浊擦音变体。主要在词中和词尾元音前出现。

8. 哈斯其木格（2013）认为/p/辅音有[p，β，ɸ，b] 4 个变体。

（1）[p]：双唇、不送气、清塞音。主要出现在词首和词中/p/辅音之后。

（2）[β]：双唇、浊擦音。在词中，元音和除了[x，s，ʃ，tʰ，ʧʰ]以外的辅音之前以及在词末位置出现。

（3）[ɸ]：双唇、清擦音。在词中[x，s，ʃ，tʰ，ʧʰ]等清擦音和送气辅音之前出现。

（4）[b]：双唇、浊塞音。在词中[m]辅音之后出现。

（三）/pʰ/辅音

对于/pʰ/辅音，学界里没有分歧，认为双唇、送气、清塞音。出现在词首或借词里。没有变体。

（四）/x/辅音

1.《现代蒙古语》（1964）认为，x 辅音是舌叶后、软腭前、清擦音。有 χ，q，k 3 个变体。

（1）χ：小舌、清擦音。直接与 ɑ，ɔ，ʊ 等紧元音连读时，x 辅音的发音位置靠后变成 χ。

（2）q：小舌、清塞音。

（3）k：舌后，塞音。

x 辅音在词中直接出现在 ŋ 辅音之后，在阳性词里变成 q，在阴性词里和前化元音前就变成 k，但是这种现象不稳定。

2. 武达（1982）认为，x 是舌后、清擦音。x 在阳性词里为 χ，在阴性词里为 x，但 ŋ 辅音之后，在阳性词里为 q_x，在阴性词里为 k_x，重叠出现的两个 x 的后一个为 k: 5 个变体。

3. 那德木德（1986）认为，x 是舌面后摩擦清辅音。阳性词里为 χ，阴性词里为 x，在阳性词的词中音节和词尾音节出现时可变成塞擦送气清辅音 qχ，在阴性词里可变成 kx。

4. 诺尔金（1998）认为，蒙古语标准音的[x]辅音有[k]这一主要变体。

（1）[x]：舌后—软腭、清擦音。词首、词中、词末都可以出现。

（2）[k]：舌后—软腭、送气音。[ŋ]辅音后的[x]发成[k]辅音。如[məŋkə]（永远）。

在察哈尔土语中，书面语的 x 辅音有[x]，[χ] 2 个变体，两者都是擦音。它们之间的区别在于发[χ]时，舌根与小舌摩擦。发[x]时，舌后与软腭摩擦。[x]出现在[ə，θ，ʉ]等央元音前后，[χ]出现在[ɑ，ɔ，ʊ]等后元音前后。

5. 宝玉柱、孟和宝音（2011），/χ/是小舌、清、擦音。音位/χ/主要有[x]，[χ]，[kh]，[qh] 4 个变体。

（1）[x]：软腭、清、擦音。在词首、词中、词尾多与央元音、前元音和某些舌位前移的阳性元音 [ʊ，ɔ]、复合元音[ᵘi，ʸi，ᵉɛ]相拼。

（2）[χ]：小舌、清、擦音。在词首、词中、词尾同后元音、央元音和前元音相拼。

（3）[kh]：软腭、清、送气、塞音。在词首，x 受后续送气辅音影响而异化的结果。在词中，鼻辅音 ŋ 后、央元音前的变体。[kh]在词末出现较少，出现时一般做复辅音的后续成分。

（4）[qh]：小舌、清、送气、塞音。鼻音 ŋ 后、后元音和央元音之前出现。[qh]在词首可作为 x 的半异化变体，在词尾，仅做复辅音的后续成分。

6. 哈斯其木格（2013）认为，/x/辅音有[x，kʰ] 2 个变体。

（1）[x]：软腭、清擦音。

（2）[kʰ]：软腭、送气、清塞音。出现在词中音节首或复辅音后置辅音位置。主要出现在[ŋ]辅音之后，有时也出现在/x/，/k/辅音之后。

（五）/k/辅音

1.《现代蒙古语》（1964）认为 g 辅音有 ɢ，ʁ，ɣ，χ，x 5 个变体。

（1）g：舌叶后—软腭前、不送气、清塞音。

（2）ɢ：g 辅音与 ɑ，ɔ，ʊ 等后元音在一起时，发音部位靠后，成小舌音 ɢ。

（3）ʁ，ɣ：不完全闭塞的浊音，主要出现在元音之间。ʁ 出现在阳性词里，ɣ 出现在阴性词里和前化元音之前。

（4）χ，x：清擦音，主要出现在 t，ʧ，ʃ，s 等辅音之前。但不是很稳定，阳性词里为 χ，阴性词里为 x。

2. 武达（1982），g 是舌后、不送气、塞音。g 在阳性词里为 ɢ，在阴性词里为 g，在阳性词里两个元音之间为 ʁ，在阴性词里两个元音之间为 ɣ 4 个变体。

3. 那德木德（1986），ɢ 舌面后、不送气、塞音。

（1）ɢ：小舌、塞音、不送气。一般出现在阳性词的首音节和词中音节。

（2）ʁ：小舌、浊擦音。一般出现在某些阳性词的末尾音节，处于两个元音之间或长元音之前。

（3）g/ɣ：在阴性词里，词中音节为[g]，词尾音节则为[ɣ]；而[ɣ]这个音同样处于两个元音之间或长元音之前，有时也可以在阳性词的词中音节和词尾音节中出现。

（4）ɣ：在 t，ʧ，ʃ，s 等辅音之前，常变成清化的[ɣ]辅音。

4. 诺尔金（1998）认为蒙古语标准音的[g]辅音是舌后—软腭、不送气、清塞音。没提变体。提到察哈尔土语的[g]辅音有[ɣ，x] 2 个变体。

（1）[g]辅音出现在词中和词末时常常被发成小舌擦音[ɣ]。

（2）[g]辅音不出现在词中[t，ʧ，ʃ，s]之前，如果出现，[g]就被发成[x]。

5. 呼和（2009）认为，/k/辅音有[k，ɣ，x] 3 个变体，其中[k]是典型变体。

6. 宝玉柱、孟和宝音（2011），/q/是小舌、不送气、清塞音。音位/q/主要有[k]，[ɣ]，[ɣh]，[q]，[ʁ]，[ʁh]等变体。

（1）[k]：主要出现于词首、词中元音前位置，在词尾，作为复辅音的后成分只出现于 ŋ 之后。多与阳性元音和阴性央元音、前元音相拼。

（2）[ɣ]：软腭、浊擦音。/q/的词中、词尾变体，受前后元音影响而浊化并擦音化，多与阴阳性央化元音相拼。

（3）[ɣh]：软腭、送气、浊擦音。词中的 ɣ 变体在送气辅音之前增加了送气成分。

（4）[q]：小舌、不送气、清塞音。主要在词首、词中与阳性后元音和阴性央元音相拼，在词中只出现于鼻辅音 ŋ 和个别送气辅音之后，词尾出现较少。

（5）[ʁ]：小舌、浊擦音。主要在词中与阴阳性后元音和央元音相拼。

（6）[ʁh]：小舌、送气、浊擦音。词中的 ʁ 变体在送气辅音之前增加了送气成分。

7. 哈斯其木格（2013）认为 /k/辅音有[k，ɣ，χ，g] 4 个变体。

（1）[k]：软腭、不送气、清塞音。主要出现在词首，偶尔出现在词中。

（2）[χ]：软腭、清擦音。主要出现在[x，s，ʃ，tʰ，ʧʰ]等清擦音和送气辅音之前，偶尔出现在词中送气辅音之后的音节首或词末。

（3）[g]：软腭、浊塞音。主要出现在[ŋ]辅音之后，出现频率较低。

（4）[ɣ]：软腭、浊擦音。出现在词中，元音和除了辅音[x，s，ʃ，tʰ，ʧʰ]以外的辅音之前以及词末位置。

（六）/m/辅音

大家公认为双唇鼻辅音，它有腭化变体。

（七）/l/辅音

1. 《现代蒙古语》（1964）认为 l 辅音有 l̥ 变体。

（1）l：舌尖齿龈后部塞音、浊边音。

（2）如果 l 辅音在词中 t，ʧ，x，s，ʃ 等辅音之前，有时发成 l̥ 变体。

2. 武达（1982），l 辅音是舌尖、浊边音。l 辅音在 t，ʧ，x，s 等辅音之前，有时发成 l̥ 变体。

3. 那德木德（1986），舌尖齿龈边音。词中 t，ʧ，x，s，ʃ 等辅音之前，常有清化现象。

4. 呼和（2009）认为，边音/l/辅音有[l]和[ɬ]两种主要变体。变体[ɬ]主要出现在清擦音[s，ʃ，x]和送气清塞音[tʰ，ʧʰ]之前。

5. 宝玉柱、孟和宝音（2011），舌尖前、浊、边音。音位/l/辅音有[l]，[ɬ]变体。在词中和词尾/l/之后连接/th/，/ʧh/，/ʃ/，/s/，/x/时发作[ɬ]，其他条件下发作[l]。[ɬ]是舌尖前清送气边音，有时候出现清化，但在多数情况下送气嗓音带共振峰横杆，保持浊音特点，应记为 ɮ̥。

6. 哈斯其木格（2013）认为，/l/辅音有腭化变体外[l，ɬ]变体。

（1）[l]：浊边音，可以出现在词中任何位置，出现条件为元音或[n，β，ɣ，m，l，ʧ，j，r]等辅音之前。

（2）[ɬ]：清边音，主要出现在词中音节末或词末位置，出现条件为[x，

s，ʃ，tʰ，ʧʰ]等清擦或清塞送气辅音之前；有时也可以出现在词中音节首，出现条件为前置辅音是[x，s，ʃ，tʰ，ʧʰ]。在词末，[l]和[ɬ]可以自由交替。

（八）/s/辅音

多数学者认为/s/辅音没有变体。

1. 那德木德（1986），s 是舌尖—齿龈、清擦音。在察哈尔土语里，有的地区 s 音之后出现 t，s，x 等辅音时，发塞擦音 ʣ。

2. 诺尔金（1998）认为蒙古语标准音的[s]辅音是舌尖—齿龈、清擦音，无变体。在察哈尔土语，[s]辅音在词首短音节里[t，ʧ，x，s]辅音之前变成浊擦音[z]。

3. 呼和（2009）中，/s/辅音有[s，ʃ，ɕ] 3 个变体。

4. 宝玉柱、孟和宝音（2011），/s/是舌尖前、清擦音。在舌尖—齿龈清塞音[t]、[th]和送气塞擦音[ʧh]后，/s/常常变为送气塞擦音[tsh]。

（九）/ʃ/辅音

1. 诺尔金（1998）认为蒙古语标准音的[ʃ]辅音是舌边—齿龈、清擦音，无变体。察哈尔土语的[ʃ]辅音有[ɕ]变体，有些词首的[ʃ]被发成轻擦浊音[ɕ]。

2. 呼和（2009）认为/ʃ/辅音有[ʃ，ɕ] 2 个变体。

（十）/tʰ/辅音

1.《现代蒙古语》（1964）认为 t 辅音有 s，ʤ，ʧ 3 个变体。

（1）t：舌尖—齿龈、送气、清塞音。

（2）s：词中、音节末的 t 辅音之后连接 s 辅音，受 s 辅音的影响发成 s。

（3）ʤ / ʧ：词中、音节末的 t 辅音之后连接 ʤ 或 ʧ 辅音，多数情况互相影响发成 ʤ 或 ʧ。

2. 哈斯其木格（2013）认为，/tʰ/辅音在[t，tʰ，ʧ，ʧʰ]等塞音和塞擦音之前，有时不爆破，为[t̚]，在边音[l]之前，变为边爆破音[tˡ]，在鼻音[n]前，变为鼻爆破音[tⁿ]，在词中变为前送气辅音[ʰt]。没发现腭化变体。

（十一）/t/辅音

1.《现代蒙古语》（1964）认为，d 辅音有 t，s，ʤ 3 个变体。

（1）d：舌尖—齿龈、不送气、清塞音。

（2）t：词中音节末的 d 辅音之后，直接连接 g 或 t 辅音，受到其影响会变成 t 辅音。

（3）s：词中音节末的 d 之后，直接连接 s 辅音后 d 变成 s 辅音。

（4）ʤ：词中音节末的 d 之后，直接连接 ʤ 或 ʧ 辅音后多数情况 d 变成 ʤ 辅音。

2. 武达（1982），d 辅音是舌尖、不送气、塞音。d 辅音之后连接 ʤ 或 ʧ，发成 ʤ。

3. 哈斯其木格（2013）认为，/t/辅音在[t, tʰ, ʧ, ʧʰ]辅音之前有时不爆破，是属于/t/的自由变体。在边音[l]之前，变为边爆破音[tˡ]，在鼻音[n]前，变为鼻爆破音[tⁿ]，没发现腭化变体。

（十二）/ʧʰ/辅音

《现代蒙古语》（1964）认为，ʧ辅音是舌前—齿龈、送气、清塞擦音。有 t，s 两个变体。音节末的 ʧ 辅音之后，直接连接辅音 t, d, s 中的任意一个，ʧ 就被发成 t 或 s。

其他参考文献都没有提/ʧʰ/辅音有变体。

（十三）/ʧ/辅音

《现代蒙古语》（1964）认为 ʤ 辅音是舌前—齿龈、不送气、清塞擦音。有 d，s 两个主要变体。音节末的 ʤ 辅音之后，直接连接辅音 t, d, s 中的任意一个，ʤ 就被发成 d 或 s。

其他参考文献都没有提/ʧ/辅音有变体。

（十四）/j/辅音

学界里公认为蒙古语的/j/辅音是浊擦音。对其发音部位有舌面中、舌中或舌面以及硬腭、硬腭前部、硬腭后部等不同描述。没有人提/j/辅音有变体。

（十五）/r/辅音

蒙古语的/r/辅音变体多，学者们有不同看法。

1.《现代蒙古语》（1964）认为，r 辅音是舌尖、闪、浊辅音。r 辅音在词中 t, ʧ, s, ʃ, x 等辅音之前，有时变成清化变体 r̥。

2. 武达（1982）认为，r 辅音是舌尖、闪、浊辅音。r 辅音在 t, ʧ, s, x 辅音之前变成清化 r̥ 辅音。

3. 那德木德（1986）认为，r 辅音是舌尖颤音。在词中 t, ʧ, s, ʃ, x 等辅音前发生清化。

4. 呼和（2009）中，认为/r/辅音有[ɾ, ɹ, r] 3 个变体。

（1）[ɾ]：舌尖齿龈后区闪音。出现在词中音节首（在开音节之后除[-ɹx-，-rl-]等固定音节外），也可出现在词中音节尾（除[s, ʃ, x, tʰ, ʧʰ]外的辅音之前）和词尾（除少数词尾音节有长元音的多音节词末外）。

（2）[ɹ]：清擦音，舌位和舌姿态与闪音和颤音基本相同。主要出现在词中音节尾（在[s, ʃ, x, tʰ, ʧʰ]等辅音之前）。词中音节首（开音节之后）一般只出现在-ɹx-等固定音节中。词尾也一般只在词尾音节有长元音的多音节词的词末出现。

（3）[r]：舌尖齿龈后区颤音。词中音节首一般只出现在-rl-等固定音节中。词中音节尾和词尾的出现条件与[ɾ]相同。

除此之外还有[z]变体，浊擦音，舌位和舌姿态与其他 3 个变体基本相同，其出现频率较低。

5. 宝玉柱、孟和宝音（2011）认为，/ɾ/是舌尖前、浊、闪音。传统上一直描写为颤音 r。音位/ɾ/主要有[ɾ]，[ɾh]，[r]变体。

（1）[ɾh]：舌尖前、浊、送气、闪音。出现在词中 s，ʃ，x，th，ʧh 等送气辅音之前。

（2）[r]：舌尖、浊、颤音。r 多与 p(β)，t，k(ɣ)，n，m，l 等共同出现，或在词尾 ɾ 后追加衍生音节时出现，类似 ɾ 的叠加。

（3）[ɾ]：其他条件下出现，在蒙古语固有词中，ɾ 不在词首出现，在借词词首发音为 ɾ 或 ʒ。

6. 哈斯其木格（2013）认为，/r/辅音有[r，ɹ，r̥，ɻ] 4 个变体。

（1）[r]：浊颤音，可以出现在词中音节首、音节末、词末和复辅音前置辅音等位置。出现在两个元音中间时只颤一次。

（2）[ɹ]：清擦音，出现在词中音节末，[s，ʃ，x，tʰ，ʧʰ]等清擦或送气辅音之前。

（3）[r̥]：清颤音，出现在音节末，[s，ʃ，x，tʰ，ʧʰ]等清擦或送气辅音之前，出现次数很少。

（4）[ɻ]：浊擦音，一般出现在辅音[ʃ]或高元音之前。出现次数很少。

（十六）/w/辅音

/w/辅音是双唇、浊、擦音。它很少出现固有蒙古语词，因此有些学者把它归纳到借词用的辅音。但蒙古语的字母里很早以前就出现，所以部分学者看成基本辅音。

（十七）/ŋ/辅音

大家公认为/ŋ/辅音是舌根与软腭间的浊鼻音，只出现于音节末尾。

三、语法范畴

前人研究的有关蒙古语口语的各类语法范畴，主要体现在书面语与口语的对应。我们主要参考著作中提出口语形式的蒙古语教材和专著，《现代蒙古语》（1964）、那森柏等（1982）、清格尔泰（1999）、哈斯额尔敦、斯琴（2006）、呼日勒巴特尔（2007）、《蒙古语标准音水平测试大纲》（2009）、玉荣（2013）[①]等。下面归纳这些著作中提出的语法范畴的口语形式。表 1–1 至表 1–8 归纳名词的格、数、领属和动词的时间、人称、态范

---

① 玉荣：《蒙古语口语研究》，内蒙古人民出版社 2013 年版。

畴以及形动词和副动词的各附加成分的口语形式。这些著作并不全是专门研究口语的，所以提出的各附加成分的口语形式不全，我们只归纳著作中出现的口语形式，没出现就用/符号，只表示该著作中对口语形式没标注读音，并不表示该著作中忽略该语法范畴或附加成分。在表格里，附加成分的音标右上角的数字表示附加成分的元音和谐变体。如，2 表示附加成分有阴阳元音（如[ɑ-ə]，[ɔ-o]，[æ-e:]，[ʊ-u:]）对应的变体，3 表示出现[o]类元音以外的（含[ɑ]，[ə]，[ɔ]类）元音的变体，4 表示出现阴阳圆唇展唇（含[ɑ]，[ə]，[ɔ]，[o]类）元音的变体。附加成分的括号里的音标表示增音，有必要时出现。

表 1–1　　　　　　　　　　　　　　　名词的格范畴

类型 ＼ 著作	《现代蒙古语》（1964）	那森柏等（1982）	清格尔泰（1999）	哈斯额尔敦、斯琴（2006）	呼日勒巴特尔（2007）	《标准音大纲》（2009）	玉荣（2013）
领格	-(g)i:n², -æ:²	-iin, -ai³	-i:n², -æ:³	-i:n, -n, -ai³	-(g)iin, -ai³/æœ²	-i:n², -ai²/-æ:³	-i:n², -n, -æ:³，oi
向位格	-d, -t	-d, -t	-d, -t	-d, -t	-d, -t	-d, -t, -ɑ:⁴	-t, -t'
宾格	-(g)i:²	-g, -ii, -iig	-(g)i:², -i:g²	-i:	-ii, -iig, -g	-i:g², -g, -i:²	-i:k², -k, -i:²
凭借格	-(g)ɑ:r⁴	-aar⁴	-(g)ɑ:r⁴	-ɑ:r⁴	-aar⁴	-(g)ɑ:r⁴	-(k)ɑ:r⁴
从比格	-(g)ɑ:s⁴	-aas⁴	-(g)ɑ:s⁴	-ɑ:s⁴	-aas⁴	-(g)ɑ:s⁴	-(k)ɑ:s⁴
和同格	-tæ:³	-tai³	-tæ:³	-tɑi³	-tai³	-tai²/-tæ:³	t'æ:³, -t'ɔi/-t'oi

表 1–2　　　　　　　　　　　　　　　名词的数

数的附加成分 ＼ 著作	《现代蒙古语》（1964）	那森柏等（1982）	清格尔泰（1999）	哈斯额尔敦、斯琴（2006）	呼日勒巴特尔（2007）	《标准音大纲》（2009）	玉荣（2013）
nuɣud/nügüd	-(g/n)ʊ:d²	-nuud²	-nʊ:d²	-(g)ʊ:d²	-nʊʊd²	-nʊ:d²	-nʊ:t²
ud/üd	-ʊ:d²	-uud²	-ʊ:d², -gʊ:d²	-(g)ʊ:d²	-(g)ʊʊd²	-ʊ:d²	-ʊ:t²
nar/nər	-nar	-nar²	-nɑr²	-nɑr²	-nar²	-nar²	-nar
čud/čüd čul/čül	-ʧʊ:d², -ʧʊ:l²	-cuud², -cuul²	-ʧʊ:d², -ʧʊ:l²	-ʧʊ:d², -ʧʊ:l²	-ʧʊʊd²	-ʧʊ:d², -ʧʊ:l²	-ʧʊ:t², -ʧʊ:l²
d	-d	-d	-d	-d	/	-d	-t
s	-s	-s	-s	-s	/	-s	-s

表 1-3　　　　　　　　　　　名词的领属

类型＼著作	《现代蒙古语》（1964）	那森柏等（1982）	清格尔泰（1999）	哈斯额尔敦、斯琴（2006）	呼日勒巴特尔（2007）	《标准音大纲》（2009）	玉荣（2013）
反身领属	-ɑːn⁴	-aan⁴	-ɑːn⁴	-ɑːn⁴	-(g)aan⁴	-(g)ɑːn⁴	-(k)ɑːn⁴
人称领属	-min，-tʃin，-n	/	/	-min，-tʃin，-n	/	min，manʲ，tʃin，tanʲ，-n	min，tʃin，n

表 1-4　　　　　　　　　　　动词的时间范畴

类型＼著作	《现代蒙古语》（1964）	那森柏等（1982）	清格尔泰（1999）	哈斯额尔敦、斯琴（2006）	呼日勒巴特尔（2007）	《标准音大纲》（2009）	玉荣（2013）
过去式	-ʤ，-tʃ，-ʤeː，-tʃeː	-zai²，-cai²，-z	/	-ʤai²，-tʃai²	-ʤ，-tʃ，-ʤai²，-tʃai²	-ʤai²/-ʤæː³，-tʃai/-tʃæː³，-ʤ，-tʃ	-tʃ，-tʃː，-tʃæː，-tʃʰæː
过去式	-b，-baː⁴	-b	-baː⁴，-b	-b	-w，-b，-waɑ⁴	-w/b，-wa⁴	-w
现在将来时	-n，-nɑː⁴	-n	-n，-nɑː⁴	-nɑː⁴	-naɑ⁴	-n，-nɑː⁴	-n，-nɑː⁴，-tʃæː³，-tʃoin
开始或结束	-lɑː⁴	-laɑ⁴	/	-lɑː⁴	-laɑ⁴	-lɑː⁴	-lɑː⁴

表 1-5　　　　　　　　　　　动词的人称范畴

类型＼著作	《现代蒙古语》（1964）	那森柏等（1982）	清格尔泰（1999）	哈斯额尔敦、斯琴（2006）	呼日勒巴特尔（2007）	《标准音大纲》（2009）	玉荣（2013）
第一人称	-j，-iː，-jɑː⁴	-y，-ii，-yaa⁴，-sʊgai²	-j，-iː，-iː²，-sʊgai²，-sʊ²	-j，-jɑː⁴	-jaɑ⁴，-ii，-jii	-iː²，-j，-jɑː⁴，-sʊgai /-sʊgæ²	-iː²，-j，-jɑː⁴
第二人称	-gtʊn²，-(g)ɑːræ⁴，-(g)ɑːtʃ	-gtun²，-aarai⁴，-aac⁴	-(g)ɑːræ⁴，-(g)ɑːtʃ，-(g)ɑːʃʷ，-(g)ɑːs⁴	-ɑːrai⁴，-ɑːtʃ	-(g)aarai⁴，-(g)aatʃʷ，-(g)aasai	-gtʊn²，-(g)ɑːrai²/-(g)ɑːræ³，-(g)ɑːtʃʷ	-(k)ɑːræ⁴，-(k)ɑːtʃ，-tʃæː，-ɑːtæ
第三人称	-g，-mæ:tʃ²，-tʊgæː²，-(g)ɑːsæ⁴，-(g)ʊːʤæ²	-g，-tʊgai²，-aasai⁴，-uuzai²	-mæ:tʃʷ，-(g)ɑːsæ⁴，-ʊːʤæ²	-g，-tʊgai²，-ɑːsai²	-tʊgai²	-g，-tʊgai/-tʊgæ²，-(g)ɑːsai²/-(g)ɑːsæ³，-ʊːʤai/-ʊːʤæ²	-lɑː⁴，-tʰʊkæ²，-k

表 1-6　　动词的态范畴

著作 类型	《现代 蒙古语》 （1964）	那森柏等 （1982）	清格尔泰 （1999）	哈斯额尔 敦、斯琴 （2006）	呼日勒 巴特尔 （2007）	《标准 音大纲》 （2009）	玉荣 （2013）
使动态	-ʊ:l², -laɡ², -lɡa:²	-uul², -laɡa, -lɡe, -aa², -ɡ	-ʊ:l², -lɡa², -laɡ², -lɡa², -ɡa², -aɡ², -ɡa:², -a:⁴	-ʊ:l², -lɡa², -a:⁴, -ɡa²	-ʊʊl², -laɡ² -lag	-ʊ:l², -laɡ⁴, -lɡa⁴, -(ɡ)a:⁴	-ʊ:l², -lka², -lak²
被动态	-ɡd, -d	-ɡd, -d, -t	-ɡd	-ɡd, -d, -t	/	-ɡd, -d, -t	-kt, -t
互动态	/	-ld	/	-ld	/	-ld	-lt
同动态	/	-lc	/	-lʧ	/	-lʧ	-lʧ
众动态	-ʤaɡa:⁴, -ʧaɡa:⁴	-zɡaa², -cɡaa²	/	-ʤaɡa:⁴, -ʧaɡa:⁴	-ʧĩɡaa⁴	-ʧɡa⁴:	-ʧ̊aka:⁴, -ʧaka:⁴

表 1-7　　形动词的各种形式

著作 类型	《现代 蒙古语》 （1964）	那森柏等 （1982）	清格尔泰 （1999）	哈斯额尔 敦、斯琴 （2006）	呼日勒 巴特尔 （2007）	《标准 音大纲》 （2009）	玉荣 （2013）
过去时	-san⁴	-san⁴	/	-san⁴	-san⁴	-san⁴	-san⁴
现在将来时	-x	-h	/	-x	/	-x	-x
经常体	-daɡ⁴	-daɡ⁴	/	-daɡ⁴	-daɡ⁴	-daɡ⁴	-tak⁴
持续体	-a:⁴	-a:⁴	/	-a:⁴	-a:⁴	-(ɡ)a:⁴	-(k)a:⁴
可能性	-ma:r⁴, -m	-maar², -m	/	-ma:r⁴, -m	/	-ma:r⁴, -m	-ma:r⁴, -m
主体	-ɡʧ	/	/	-ɡʧ	-ɡʧ	/	-kʧ
不完全	/	-huic², -uuštai²	/	/	/	-(ɡ)ʊ:ʃtai²/-(ɡ)ʊ:ʃtæ², -xʊiʧ²	-ʊ:ʃt'æ:²

表 1-8　　副动词的各种形式

著作 类型	《现代 蒙古语》 （1964）	那森柏等 （1982）	清格尔泰 （1999）	哈斯额尔 敦、斯琴 （2006）	呼日勒 巴特尔 （2007）	《标准 音大纲》 （2009）	玉荣 （2013）
并列	-ʤ, -ʧ	-z, -c	-ʤ, -ʧ	-ʤ, -ʧ	-ʤ, -ʧ	-ʤ, -ʧ	-ʧ, -ʧ
分离	-a:d⁴	-aad⁴	-(ɡ)a:d⁴	-a:d⁴	-(ɡ)aad⁴	-(ɡ)a:d⁴	-(k)a:t⁴
联合	-n	-n	-n	-n	-n	-n	-n
立刻	-mʧ	-maɡc⁴	-maɡʧ⁴	-maɡʧ⁴	-maɡʧ⁴	-maɡʧ⁴	-makʧ⁴
跟随	-xla:r⁴, -xlæ:²	-hlaa⁴, -hlaar⁴	-xla:r⁴	-xla:r²	/	-xla:r⁴, -xla:r²	-xna:r⁴
前提	-mæ:nʤin², -mæ:n²	-maanzin⁴	-manʤin⁴	-ma:nʤin⁴	-maanʤin⁴	-ma:nʤin⁴, -ma:n	/

续表

类型 ＼ 著作	《现代蒙古语》(1964)	那森柏等(1982)	清格尔泰(1999)	哈斯额尔敦、斯琴(2006)	呼日勒巴特尔(2007)	《标准音大纲》(2009)	玉荣(2013)
假定	-bal^4	-bal^4	-bal^4	-bal^4	-wal^4/-bal^4	-wal^4/-bal^4	-pal^4/-wal^4
让步	-btʃ, -ja:tʃ^4	-bc	-btʃ	-batʃ^4, -la: tʃ gəsən, -la: gə:d, -san tʃ	-watʃ^4/batʃ^4	-wtʃ/batʃ	/
迎接	-tal^4	-tal^4	-tal^4	-tal^4	-tal^4	-tal^4	-t'al^4
目的	-xa:r^4	-raa^4	-xa:r^4	-xa:r^4	-xaar^4	-ra:^{4}	-xa:r^4
趁机	-ŋgʊ:t^2	-ŋgguut^2	-ŋga:n^4	-ŋgʊ:t^2, -ŋga:n^4	-ŋgʊʊt^2	-ŋgʊ:t^2, -ŋga:n^4	-ŋkʊ:t'^{2}
延续	-sɑ:r^4	-saar^4	-sɑ:r^4	-sɑ:r^2	-saar^4	-sɑ:r^4	-sɑ:r^4

第三节　研究内容及展望

一、研究内容

本书的内容由两大部分组成，第一部分是对作者主持完成的国家社科基金项目"蒙古语口语语料库"的详细介绍，包括其建立方法、标注方案以及检索方法。第二部分是基于"蒙古语口语语料库"的研究成果，包含已发表的几篇论文和几部硕士学位论文的内容，书中除了对硕士学位论文的结构做了调整外原论文的数据与结论未做变动。

目前为止，蒙古语语音方面的研究成果比较多，而语流中的音变等口语现象的研究并不多。近几年，学者们使用语音实验研究方法开展了蒙古语各方言土语和标准音的元音辅音的个体研究以及韵律方面的研究，分析资料均为朗读语料。本书利用自然口语资料对蒙古语的元音音长、词首音节元音的脱落与清化、辅音的变体、名词和动词的各语法范畴的口语形式以及虚词的口语形式等进行定量分析，主要观察自然口语中出现的各种变体。本书是利用自然口语语料分析蒙古语口语现象的第一部专著。对蒙古语口语研究的两部专著哈斯额尔敦、斯琴（2006）和玉荣（2013），分析资料均不是自然口语。本书中提出的非词首音节长元音的音长接近于词首音节的短元音的音长；词首音节的所有短元音都有清化现象；元音发生清化的主要语音条件为塞音、塞擦音和擦音以及各附加成分的多种变体的归纳等新的观点对教学和研究具有参考价值。

二、展望

这书利用"蒙古语口语语料库",归纳一些口语现象。本语料库含 80 名发音合作人的材料,发音合作人的受教育、语言使用背景以及语料量等差别不大。本库的语料已经完成各种标注,并设置了检索方法。因此为语料开发及利用方面提供了珍贵的资料。本次分析仅仅是初步的探析,今后可以利用本语料库开展各方面的研究。

在语音及音变方面,目前已经完成音位和变体层级的音段标注。在此基础上可以精加工,比如辅音的腭化,元音的鼻化等音变标注,可以观察语流中出现的各种各样的音变问题。蒙古语是黏着性语言,词根上连接附加成分时常常发生音节结构变化,并且出现脱音、增音等现象。这些现象,在自然口语资料中更多更明显,可以用我们建立的口语语料库,开展音变研究。

在韵律方面,自然口语比朗读语料具有更高的自然度,能显示实际的韵律特征。读和说是两个概念。朗读语料库是在提前选好的资料基础上进行,比较规范。自然口语语料约束少、不严谨、随意性强,能反映语言的真实情况。我们在标注过程中发现,一个实词与几个虚词一起构成一个韵律词的现象,这时的虚词出现多种音变,像词缀,紧密连接在实词后面,虚词的结构也发生有所变化。可见,口语语料对音节、韵律词、韵律单位以及韵律特征的研究是不可缺少的资料。蒙古语的韵律研究处于开始阶段,这方面待做的事情很多。

在词汇方面,本语料库是自然对话的录制,话语内容没有限制,所以能较好地反映日常用语情况。本语料库可以用于对常用词的统计、词频统计、词的结构分析等方面。

在话语层面的研究上,本语料库能够提供第一手资料。单词和朗读句子的资料是无法用于话语层面的研究的。境内蒙古语的话语研究可以说还没有开展,自然口语资料对话语研究是很重要的资料。

总之,对"蒙古语口语语料库"的本次分析仅仅是初步的。该语料库对深入研究蒙古语的各层级的现象及挖掘蒙古语的特征具有更大的实际意义。

第四节　音标

　　本书所使用的蒙古语书面语的标音，参考《蒙汉词典》[①]，采用国内外蒙古学界通用的标音转写字母，口语音标采用国内外通用的国际音标。表 1-9 里表示蒙文字母、本书采用的书面语标音转写字母与国际音标以及标注库的拉丁转写等的对应。

表 1-9　　　　　蒙文字母、书面语标音、国际音标及拉丁转写对应表

蒙文字母	书面语标音转写字母	国际音标	标注库的拉丁转写	蒙文字母	书面语标音转写字母	国际音标	标注库的拉丁转写
ᠠ	ɑ	ɐ	A	ᠵ	ǰ	ʧ	J
ᠡ	e	ə	E	ᠶ	y	j	Y
ᠢ	i	i ～ ɪ	I	ᠷ	r	r	R
ᠣ	o	ɔ	O	ᠸ	w	w	W
ᠤ	u	ʊ	V	ᠩ	ng	ŋ	NG
ᠥ	ö	o	O	ᠡ	E	e	e
ᠦ	ü	u	U	ᠶ	Y	y	y
ᠨ	n	n	N	ᠵ	ɚ	ɚ	er
ᠪ	b	p	B	ᠵ	zh	tʂ	ZH
ᠫ	p	pʰ	P	ᠴ	ch	tʂʰ	CH
ᠬ(ᠻ)	x (x)	x	H	ᠱ	sh	ʂ	SH
ᠬ(ᠻ)	ɣ (g)	k	G	ᠵ	R	ʐ	r
ᠮ	m	m	M	ᠹ	f	f	F
ᠯ	l	l	L	ᠺ	k	kʰ	K
ᠰ	s	s	S	ᠽ	z	ts	Z
ᠱ	š	ʃ	$	ᠼ	c	tsʰ	c
ᠲ	t	tʰ	T	ᠾ	h	h	h
ᠳ (ᠲ)	d	t	D	ᠿ	lh	lh	lh
ᠵ	č	ʧʰ	C				

　　① 内蒙古大学蒙古学研究院蒙古语文研究所：《蒙汉词典》（修订本），内蒙古大学出版社 1999 年版。

第二章 "蒙古语口语语料库"的建立

第一节 语料库基本信息

我们建立的"蒙古语口语语料库"不是方言库，搜集资料范围是受过蒙古语标准音课程的人们的自由谈话，目的是用于语言研究。使用了 Praat 语音分析软件和"云龙国际音标"进行标注，该软件和音标都可以从网上下载使用。用蒙古文转写的时候使用了 windows 系统自带的传统蒙古文输入法，因此没有必要特意安装其他蒙古文输入法。本语料库标注了语言现象、副语言和非语言现象，并设立了检索方法。

一、录音方法

录音使用了 Cool Edit 软件，audio-technica AT9944 ELECTRET CONDENSER MICROPHONE 和 SONY ECM-44B 话筒，16KHz，16bit，mono sound，直接录音到 IBM-X60 电脑，用 Wav 格式保存。大部分录音在内蒙古大学蒙古学学院的标准录音室进行，一部分在呼和浩特市民族学院新闻与传播学院的标准录音室进行。

二、录音资料

本语料库不是朗读语料库，而是自发性很强的自然口语语料库。每组录音含两位熟人的 30 分钟左右的自由谈话，谈话内容没有限制。为了收集自然性好、自发性强的语料，录音前跟发音人讲解我们录音材料的用处，让发音人考虑谈话内容。因为谈话的两个人很熟悉，未遇到无话可说的情况。

三、发音合作人

选择的发音合作人现居住于呼和浩特市，发音标准，方言特点少。均受过标准语课程培训或通过蒙古语标准语考试的播音员、电视电台主持人、记者、教师和播音主持专业的大学生。本语料库有 80 名发音合作人的 40 组对话。每组对话制成一个文件，文件名按照录音时间的前后设置为 D001、D002……D040。每组对话有两名发音人，根据文件名的顺序取号，其后面记录性别，M 代表男性、F 代表女性。如 D001 文件的两名发音人是一男一女，发音人编号为 001M、002F。D006 文件的发音人也是一男一女，编号为 011M 和 012F。我们做记录并保存好每一位发音合作人的出生地、受教育情况、职业、身份证号、联系方式、两名谈话者的关系、录音地点及时间等基本情况。下面表 2-1 里归纳本语料库的所有录音资料的文件名及发音合作人、谈话时间长度、内容等语料库的基本情况。

表 2-1　　　　　　　　　蒙古语口语语料库的基本情况

文件名	发音人编号	发音人的关系	性别	年龄	职业	文化程度	出生地	时间（S）	谈话内容
D001	001M	夫	男	53	播音员	本科	锡林郭勒盟镶黄旗	1695	小时候的回忆，个人学习工作经历，播音主持专业的基本训练等
	002F	妻	女	52	播音员	本科	锡林郭勒盟正蓝旗		
D002	003F	友	女	24	大学生	本科	乌兰察布市四子王旗	1496	逛街购物，修剪头发等日常会话及郊外旅游、赴蒙古国的实习等
	004F	友	女	22	大学生	本科	巴彦淖尔市乌拉特中旗		
D003	005M	友	男	25	主持人	本科	呼伦贝尔市新巴尔虎左旗	2074	初次当主持人的经历，近期琐事，喜欢的书籍，学生时代的回忆及工作经验等
	006F	友	女	30	主持人	本科	锡林郭勒盟阿巴嘎旗		
D004	007F	同事	女	47	教师	研究生	巴彦淖尔市乌拉特后旗	2007	个人简历及其家庭，牧民生活和在牧区开矿情况，赴日留学生活，对科研工作、所学专业的认识及看法等
	008M	同事	男	48	教师	研究生	锡林郭勒盟镶黄旗		
D005	009M	友	男	21	大学生	本科	鄂尔多斯市乌审旗	1940	当代大学生的日常生活，对未来的梦想，乌审旗和巴尔虎左旗的生活习俗等
	010M	友	男	21	大学生	本科	呼伦贝尔市新巴尔虎左旗		
D006	011M	友	男	27	记者	研究生	锡林郭勒盟西乌珠穆沁旗	2073	业余生活，对未来的规划、梦想以及喜爱的文学作品评论等
	012F	友	女	22	主持人	本科	锡林郭勒盟西乌珠穆沁旗		

续表

文件名	发音人编号	发音人的关系	性别	年龄	职业	文化程度	出生地	时间（S）	谈话内容
D007	013M	友	男	22	大学生	本科	包头市达尔罕茂明安联合旗	1735	暑假赴蒙古国实习时的所见所闻及蒙古人的生活习俗，对自己的学习生活和未来的期待等
	014M	友	男	23	大学生	本科	巴彦淖尔市乌拉特中旗		
D008	015M	友	男	24	大学生	本科	乌兰察布市四子王旗	1949	鉴于赴蒙古国实习时所见所闻，谈谈喀尔喀和内蒙古两个地区蒙古人的生活习俗
	016M	友	男	24	大学生	本科	鄂尔多斯市乌审旗		
D009	017M	友	男	23	大学生	本科	锡林郭勒盟正蓝旗	2023	假期与亲朋好友见面，参加田野调查的过程及赴北京大学交换学习所得等
	018F	友	女	23	大学生	本科	锡林郭勒盟正蓝旗		
D010	019M	同事	男	29	记者	本科	赤峰市克什克腾旗	1803	交谈篮球赛进行情况，好友的性格和兴趣爱好，关于公务员考试等
	020M	同事	男	28	记者	本科	锡林郭勒盟苏尼特左旗		
D011	021F	友	女	21	大学生	本科	锡林郭勒盟苏尼特右旗	1910	关于亲戚的交往，过年过节的习俗，赴蒙古国留学情况及家庭和学生生活等
	022F	友	女	21	大学生	本科	锡林郭勒盟苏尼特右旗		
D012	023F	友	女	23	大学生	本科	锡林郭勒盟阿巴嘎旗	2222	交谈过年奉节的风俗习惯，牧民的生活习俗，目前的实习情况及对未来的期待等
	024F	友	女	23	大学生	本科	包头市达尔罕茂明安联合旗		
D013	025F	友	女	23	大学生	本科	锡林郭勒盟正镶白旗	1843	赴北京参观新闻媒体单位及五台山旅游，毕业后的工作及考研等日常话题
	026F	友	女	23	大学生	本科	锡林郭勒盟正蓝旗		
D014	027F	友	女	20	大学生	本科	锡林郭勒盟正蓝旗	1524	考大学的情景，关于兴趣爱好，故乡及家庭，牧民生活等
	028F	友	女	19	大学生	本科	锡林郭勒盟苏尼特右旗		
D015	029F	友	女	20	大学生	本科	阿拉善盟额济纳左旗	1843	互相访问故乡、家庭、幼年生活。然后交谈今后的考试及找工作等问题
	030F	友	女	19	大学生	本科	锡林郭勒盟东乌珠穆沁旗		

文件名	发音人编号	发音人的关系	性别	年龄	职业	文化程度	出生地	时间（S）	谈话内容
D016	031F	友	女	20	大学生	本科	锡林郭勒盟苏尼特左旗	1891	在假期帮家长干家务，关于牧民制作奶食品和马奶酒，大学生活、读书等众多话题
	032F	友	女	19	大学生	本科	呼伦贝尔市新巴尔虎左旗		
D017	033F	友	女	23	主持人	本科	锡林郭勒盟正蓝旗	1945	关于忽必来下营地的旅游区，赴蒙古国留学情况，蒙古族的服装等
	034F	友	女	25	主持人	研究生	锡林郭勒盟东乌珠穆沁旗		
D018	035M	友	男	29	大学生	本科	赤峰市克什克腾旗	1878	假期赴蒙古国所见所闻，喀尔喀和内蒙古两地蒙古人的习俗差别，年轻人最担忧的事情等
	036M	友	男	22	大学生	本科	锡林郭勒盟镶黄旗		
D019	037F	友	女	23	大学生	本科	锡林郭勒盟西乌珠穆沁旗	1346	参加夏季学期的社会实践活动，鄂尔多斯和锡林郭勒地区的差别，城市牧区之间的差别，社会上流传的宗教问题等
	038F	友	女	22	大学生	本科	锡林郭勒盟镶黄旗		
D020	039F	同事	女	27	教师	本科	锡林郭勒盟苏尼特右旗	1779	逛街购物，对播音主持专业的大学生的授课及学生的学习情况，推广标准音情况等
	040F	同事	女	27	教师	本科	通辽市扎鲁特旗		
D021	041F	友	女	20	大学生	本科	巴彦淖尔市乌拉特中旗	2153	刚入大学时的情景及认识新同学的过程，近期同学们的找工作情况和今后自己的打算等
	042F	友	女	19	大学生	本科	锡林郭勒盟镶黄旗		
D022	043M	友	男	24	大学生	本科	赤峰市阿鲁科尔沁旗	1917	交谈关于赴北京参观新闻媒体单位及五台山的旅游
	044M	友	男	23	大学生	本科	包头市达尔罕茂明安联合旗		
D023	045M	同事	男	51	播音员	本科	锡林郭勒盟正镶白旗	2107	故乡的旅游景点及名人的介绍，交谈口传故事及民间歌谣
	046F	同事	女	43	记者	本科	锡林郭勒盟正镶白旗		

续表

文件名	发音人编号	发音人的关系	性别	年龄	职业	文化程度	出生地	时间（S）	谈话内容
D024	047F	同事	女	22	主持人	本科	赤峰市克什克腾旗	2201	参加播音主持比赛的经历，在内蒙古电视台实习情况及上岗经验教训等
	048F	同事	女	24	主持人	本科	阿拉善盟额济纳左旗		
D025	049F	友	女	23	大学生	本科	锡林郭勒盟正蓝旗	2160	关于牧民的游牧生活习俗，草原母亲领养孤儿事情以及关于故乡和同学们
	050M	友	男	22	大学生	本科	锡林郭勒盟正蓝旗		
D026	051F	同事	女	28	教师	研究生	巴彦淖尔市乌拉特后旗	1897	主要谈牧人的制作奶食品和肉食品的传统方法
	052F	同事	女	38	教师	本科	锡林郭勒盟正蓝旗		
D027	053F	友	女	25	研究生	研究生	锡林郭勒盟阿巴嘎旗	1751	赴蒙古国的所见所闻、体会及找工作过程，毕业论文的相关事宜等
	054F	友	女	27	研究生	研究生	锡林郭勒盟苏尼特右旗		
D028	055M	友	男	20	大学生	本科	锡林郭勒盟镶黄旗	1691	回忆童年的淘气、被溺爱的幼儿时期，走进大学校园的心得体会等
	056F	友	女	19	大学生	本科	鄂尔多斯市鄂托克旗		
D029	057F	同事	女	36	公务员	本科	锡林郭勒盟正蓝旗	1505	交谈孩子的性格、学习、爱好及购物、搬家、回老家等日常谈话
	058F	同事	女	40	公务员	本科	锡林郭勒盟正蓝旗		
D030	059M	友	男	20	大学生	本科	锡林郭勒盟二连浩特	1780	假期在二连浩特举办马赛和诗朗诵比赛，二连浩特的自然环境以及大学生的社会实践等众多内容
	060M	友	男	19	大学生	本科	赤峰市阿鲁科尔沁旗		
D031	061F	友	女	21	大学生	本科	鄂尔多斯市杭锦旗	1748	国庆节假期去青海和回老家参加婚礼，关于主持人工作、性格、那达慕、大学生活等日常话题
	062F	友	女	21	大学生	本科	锡林郭勒盟阿巴嘎旗		
D032	063M	友	男	23	大学生	本科	赤峰市克什克腾旗	1875	乌拉特后旗的牧民受到其他民族文化所产生的变化，考入播音主持专业的过程及今后的计划等
	064M	友	男	20	大学生	本科	巴彦淖尔市乌拉特后旗		

文件名	发音人编号	发音人的关系	性别	年龄	职业	文化程度	出生地	时间（S）	谈话内容
D033	065M	同事	男	27	播音员	本科	锡林郭勒盟正蓝旗	1939	来内蒙古电台工作的经历，交谈关于采访及直播节目等
	066M	同事	男	24	播音员	本科	锡林郭勒盟正蓝旗		
D034	067F	友	女	20	大学生	本科	锡林郭勒盟阿巴嘎旗	1840	谈话的两位从小学开始就是同学，因此说起了多年的友谊。还有专业课考试的当天情景，对社会的理解等
	068F	友	女	19	大学生	本科	锡林郭勒盟阿巴嘎旗		
D035	069F	同事	女	35	记者	本科	锡林郭勒盟镶黄旗	1866	谈谈读过的书，对童年的回忆，当今社会的变化等
	070F	同事	女	30	记者	本科	锡林郭勒盟阿巴嘎旗		
D036	071M	同事	男	36	研究员	研究生	锡林郭勒盟镶黄旗	2084	在镶黄旗居住的巴尔虎人的来源，关于蒙古文化以及当今学校教育情况，人口发展趋势等
	072F	同事	女	34	研究员	本科	呼伦贝尔市陈巴尔虎旗		
D037	073F	友	女	23	大学生	本科	锡林郭勒盟苏尼特右旗	2131	内蒙古各旗县的分配工作情况，社会实践的体会，生活习惯等
	074F	友	女	23	大学生	本科	锡林郭勒盟正镶白旗		
D038	075M	友	男	42	播音员	本科	赤峰市阿鲁科尔沁旗	1920	电视节目《麻雀为何叫》等近期播放的节目及相关内容
	076F	友	女	45	教师	研究生	赤峰市阿鲁科尔沁旗		
D039	077F	同事	女	40	教师	本科	锡林郭勒盟镶黄旗	1894	参加呼和浩特市兴安路民族小学的培训，赴蒙古国参观小学教育，如何讲授小学蒙古语课程等
	078F	同事	女	30	教师	本科	锡林郭勒盟镶黄旗		
D040	079M	同事	男	27	播音员	本科	锡林郭勒盟正蓝旗	1736	如何调整事业和生活的关系，关于职业生涯及社会，关于牧人与蒙古人
	080F	同事	女	30	播音员	本科	锡林郭勒盟苏尼特右旗		

下面表 2-2，归纳本语料库发音合作人的性别和年龄的分布。

表 2-2 发音合作人的年龄分布

性别 \ 年龄	18—25	26—35	36—53	合计
男	21	6	5	32
女	29	11	8	48
合计	50	17	13	80

第二节 语料库标注系统

根据研究目的不同，语料库进行粗细不同程度的标注。蒙古语口语语料库用英语可以称为 Corpus of Spontaneous Mongolian，故三个不同标注库分别称为 CSM-1，CSM-2，CSM-3。

CSM-1：由 20 小时 40 组对话组成的语料库。声音文件上做了 5 个层级的标注，标注内容简略，只标注语言现象（语音、词）、副语言现象和非语言现象，不标注连续话语中出现的语音变化、语音脱落、音节脱落等现象。每个文件有 Wav 格式的声音文件和对应的标注文件 TextGrid，标注文件名加了 S，区别于其他两个库的标注文件。比如，D001 文件包括声音文件 D001.wav 和标注文件 SD001.TextGrid。

CSM-2：由 20 小时 40 组对话组成的语料库。声音文件上做了 5 个层级的标注，标注了语言现象、副语言现象和非语言现象之外，详细标注了语音变化，词首音节元音脱落，各音节辅音脱落，音节脱落，元音的不同长度。比如，[ʧ]辅音被发音为[s]，就做了<W, ʧ;s>标注。每个文件包含 Wav 格式的声音文件和同名的标注文件 TextGrid。

CSM-3：由 10 小时 20 组对话组成的语料库，包括 D001—D020 的 20 个文件。声音文件上做了 5 个层级的标注，标注了语言现象、副语言现象和非语言现象之外，在第 4 标注层标记了附加成分和虚词的变化，及其原形和变化后的出现形式。比如过去时的[nɐe]附加成分发音成[sŋ]时，语料上标注<W, sɐn;sŋ>，这一点不同于 CSM-2。每一个文件包含声音文件 Wav 和标注文件 TextGrid。标注文件名前加 W 作为区别于其他两个库的标注文件，即 D001 文件包含声音文件 D001.wav 和标注文件 WD001.TextGrid。

一、语料库标注层级

三个标注库的标注层级统一，都用以下五个层级，区别在于标注的详细程度。标注用 Praat 语音分析软件，在声音文件上做 Mong、Pro、Tra、Morp、Seg 5 个标注层，每个标注层都要标注语言现象和副语言、非语言现象。

第一层：蒙古文层（Mong）

第一标注层用传统蒙古文输入法转写声音文件。将 30 分钟的录音资料以韵律词为单位切分。原则上把虚词和附加成分与前面的主要词一起切分，要对齐每一个韵律词和语图。用蒙古文转写是语料库工作的第一步，它能体现出蒙古语语料库的特征，同时也是其他标注工作顺利进行的保障。

第二层：发音层（Pro）

声音文件的切分方法与第一层相同，以韵律词为单位，对应于语图，根据实际发音用 IPA 转写。这一层是音位层面的标注，第四、五层的音位变体的转写在这里能找到对应的音位。

第三层：拉丁撰写层（Tra）

第一层和第二层的韵律词再切分为词根和附加成分，即切分为语素并对应语图，根据蒙古语书面形式的读法用拉丁文转写。拉丁转写法基本上统一于蒙古语书面语语料库的转写法，详情请见凡例表。用拉丁文转写主要用于查找检索。同样一个词（词素）的发音，在实际发音中无论有多少变化，在第三层的拉丁转写是统一的。比如蒙古语的肯定语气词 šide 在实际发音中有[ʃitʰəː]，[ʃtəː]，[ʃtʰ]，[ʃtə]，[ʃtʰa]等多种变体，但它的第三层拉丁转写是统一的"$IDE"，依据"$IDE"可以找到它的各种各样的实际发音。为了查找方便，我们在名词附加成分前加"—"符号，动词附加成分前加"/"符号。

第四层：语法层（Morp）

声音文件的切分方法与第三层一样，把韵律词切分为词根和附加成分，对应于语图，根据实际发音用 IPA 的音位变体拼写。在 CSM-3 里标注音节、附加成分和虚词的变化。

第五层：音段层（Seg）

第五层是每一个语音对应语图的切分，根据实际发音用音位变体转写。对语音变化，比如元音、辅音的脱落，元音和有声辅音的无声化，元音、辅音的变化等进行标注。在 CSM-1 里不标注变化，只转写实际发音。CSM-1 标注库请见下面的图 2-1。

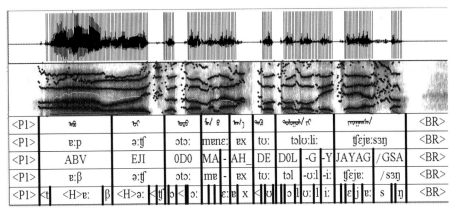

图 2-1 标注库样例

二、语料库标注规则

进行语料标注要遵守下列规则。附加成分的标注规则只与 CSM-3 标注库有关。

（一）转写

进行语音标注要根据发音人的实际发音用 IPA 转写。标注工作者不做任何修改。在第二 Pro 层用音位，第四 Morp 层和第五 Seg 层用音位变体转写。

（二）非语言现象的标注

连续口语中出现的空白、笑声、咳嗽、清嗓子、呼吸、咂嘴声、咽口水等非语言现象的持续时间长于 0.2 秒以上，在五个标注层都进行标注，如果持续时间短于 0.2 秒，只在第五层做标注。

（三）使用〈pz〉

〈pz〉用于语音之间的空白处的标注；停顿和呼吸等非语言现象之后词首语音为塞音或塞擦音开头时，无法判断闭塞段的长度，故标注〈pz〉〈cl〉表示闭锁区；词中塞音或塞擦音的闭锁持续时间长于 0.11 秒，标注为〈pz〉〈cl〉。

（四）塞音和塞擦音的标注

塞音、塞擦音发音过程完整，有成阻段、持阻段，除阻段的时候，闭塞段的标记〈cl〉与该辅音分开标注。塞音、塞擦音出现浊变体时，无法判断闭锁区，不能单独切分，故〈cl〉与该辅音标注在一起。

（五）非词首短元音的标注

非词首的短元音根据实际发音如实转写。在蒙古语里第二音节之后的短元音常常脱落，此现象不做标记，如实转写前后辅音。有些虚词经常与前置实词一起构成一个韵律词，如果该虚词的短元音脱落也不做元音脱落的标注。

（六）音变标注

在语流中遇到的各种音变标注在第五层。附加成分和虚词发生音变，不做标注。

（七）语音和音节的脱落标注

语音和音节脱落如果发生在词首，标注位置就在后置语音之前，如果是词末，标注位置在前置语音之后，如果是词中，标注位置在前置语音之后。语音脱落标注在第五层，音节脱落标注在第四层。

（八）增音的标注

蒙古语里词根加附加成分时常出现增音，根据实际发音做标注。在第四层的切分方法为，增音如果是辅音就跟后置语音一起切分，如果是元音就跟前置语音一起切分。

（九）附加成分和虚词的标注

附加成分和虚词的变化做标注，只有在 CSM-3 标注库的第四层。此标注不是对语音单位的音变标注，而是对附加成分和虚词的整体变化做标注。附加成分和虚词经常同时发生音变或脱落等多种变化，在实际发音中不管发生多少变化都不在第五层做音变标注，而在第四层以附加成分或虚词为单位做标注。

（十）不清楚的部分做标注

如果说话声音特别小，听整句能分辨出说话内容，但是语图不清楚时，第一层用蒙古文转写，其他标注层做<?>标记。

三、语料库的标记集

在自然口语资料上做标注跟朗读语料不同，出现的语音变化较多，词首和词末会出现各种各样的副语言现象。自然谈话语料里常常出现一些呼吸、咂嘴声、咳嗽、清嗓子、笑声等种种非语言现象。在"蒙古语口语语料库"中每个现象都做了标注。根据语料库的标注规则确定标注内容的层级和位置。标注用的标记集如下：

副语言现象

<P1>：句子和句子之间的停顿，持续时间长于 0.2 秒，在每个层级做标注。

<P2>：词与词之间的停顿，持续时间长于 0.2 秒，在每个层级做标注。

<pz>：词中出现的空白；词与词之间和句子与句子之间的 0.2 秒以内的

停顿；停顿、呼吸等非语言现象之后出现塞音和塞擦音开头的词时与<cl>一起使用，标注在第五层。

〈H〉：元音拖长，持续时间长于 0.2 秒时在第五层该元音之前标注。

〈G〉：辅音拖长，持续时间长于 0.2 秒时在第五层该辅音之前标注。

〈E〉：弱短元音，词末或词中音节末出现的不成音节的弱短元音。标注在第五层。

〈cl〉：闭塞段，塞音、塞擦音的无声段，就标注在第五层。

〈vb〉：元音发音开始时出现的乱纹。常常在句首或非语言现象之后元音开始发音时出现，就标注在第五层。

〈sv〉：元音发音结束时，元音共振峰已消失，但语图上还出现声带颤动，就标注在第五层。

〈uv〉：元音发音结束时，声带颤动已经结束但还有共振峰，就标注在第五层。

〈fr〉：元音发音结束时，出现的非周期性的声带颤动，就标注在第五层。

〈th〉：喉咙音。持续时间短于 0.2 秒，标记在第五层，持续时间长于 0.2 秒，就在每个层级标注。

〈tr〉：音位位置颠倒。

〈O〉：表示外来语、方言词语、古语等。标注在第二层该单词之前。

〈sh〉：复合元音变短。持续时间短于 0.11 秒，标注在第五层。

〈S, 〉：音节脱落，标注在第四层。如<S, pɛ:>表示<pɛ:>音节的脱落。

〈W, 〉：语音发生变化。如 〈W, sən；s〉即表示[sən]在实际发音中变成[s]。

〈V, 〉：元音脱落。

〈C, 〉：辅音脱落。

〈TP〉：混合声，谈话中两个人的声音混在一起，不清楚。

〈IN〉：吸气声，发音人在发音过程中的吸气声音。

〈BR〉：喘息，发音人在发音过程中的喘气声。

〈SM〉：咂嘴声。

〈OV〉：重复发音。

〈F〉：表现应答，感叹，没有实际意义的语气词。

〈D〉：被修改发音。[pɔl pɔlwɛl]如果有这样发音的情况，前面的[pɔl]就被认为是被修改发音。

〈?〉：不清楚、听不清楚的标记。

非语言现象

〈LA〉：笑声，谈话中出现的笑声。

〈CO〉：咳嗽，谈话中出现的咳嗽声音。

〈NS〉：噪音，谈话中出现的其他声音。

〈HA〉：清嗓子。

〈SS〉：咽口水。

〈LS〉：边说边笑，无法进行分析。

第三节　元音标注

根据发音人的实际发音，遵守标注规则进行标注。标注过程中，对发现的各类语音变化、脱落及违背元音和谐律等现象进行详细标注。语料库标注用 2005 年修订的国际音标。

一、元音音标

（一）短元音

1. 词首音节短元音

转写蒙古语第一音节短元音使用以下国际音标。

/ɐ/：舌位从中稍靠后、低、展唇、阳性元音。

/ə/：央、中、展唇、阴性元音。

/i/：前、高、展唇、阴性元音。

/ɪ/：前、次高、展唇、阳性元音。

/ɔ/：后、半低、圆唇、阳性元音。

/ʊ/：后、次高、圆唇、阳性元音。

/o/：后、半高、圆唇、阴性元音。

/u/：后、高、圆唇、阴性元音。

/ɛ/：前、半低、展唇、阳性元音。

/œ/：前、半低、圆唇、阳性元音。

2. 非词首音节短元音

蒙古语的非词首音节的短元音是弱化元音或不清晰元音。语料库中的非词首音节的短元音用以下国际音标标注。

/ɜ/：央、半低、展唇、阳性元音。

/ə/：央、半高、展唇、阴性元音。

/ɨ/：央、高、展唇、阴性元音。

/ɐ/：央、半低、圆唇、阳性元音。

/θ/：央、半高、圆唇、阴性元音。

/ʉ/：央、高、圆唇、阴性元音。

（二）长元音

在语料库中长元音的标注用以下国际音标。

/ɐː/：舌位置从中稍靠后、低、展唇、阳性元音。词首、词中、词末都可以出现。

/əː/：央、中、展唇、阴性元音。词首、词中、词末都可以出现。

/iː/：前、高、展唇、阴性元音。词首、词中、词末都可以出现。

/ɪː/：前、次高、展唇、阳性元音。出现在词首和词中。

/ɔː/：后、半低、圆唇、阳性元音。词首、词中、词末都可以出现。

/ʊː/：后、次高、圆唇、阳性元音。词首、词中、词末都可以出现。

/oː/：后、半高、圆唇、阴性元音。词首、词中、词末都可以出现。

/uː/：后、高、圆唇、阴性元音。词首、词中、词末都可以出现。

/ɛː/：前、半低、展唇、阳性元音。有[ɜɛ]音位变体。词首、词中、词末都可以出现。

/œː/：前、半低、圆唇、阳性元音。有[ɔɛ]音位变体。词首、词中、词末都可以出现。

/eː/：前、半高、展唇、阴性元音。出现在词中或词末。

（三）复合元音

在语料库中复合元音的标注用以下国际音标。

/ʊi/：有[ʊɛ]音位变体。词首、词中、词末都可以出现。

/ui/：有[ue]和[yː]两个音位变体。词首、词中、词末都可以出现。

/ʊɐ/：词首、词中、词末都可以出现，但少见。

二、元音长度的标注

蒙古语具有长短元音对立的特征。我们在进行标注时发现，元音长度的个人差别比较明显，并且元音的前后常常出现一些乱纹，这些都影响元音的物理长度。我们边做标注边观察元音长度发现短元音的音长大多数集中在小于 0.08 秒，长元音的音长大多数大于 0.11 秒，在音长 0.08—0.11 秒之间长短元音都有，没有明显的集中表现。在 CSM-1 里，不管实际发音的元音长度有无变化，都根据词的固有元音性质做标注。比如该词的结构原来就有长元音就标注长元音，原来就有短元音就标注短元音。为便于统计分析，进一步观察元音长度，在 CSM-2 和 CSM-3 标注库里，根据实际发的音长，对元音的物理长度分别做了 4 个层级的标注，并且元音前后区别标注了声学特征。这样标注只是为了观察元音长度，并不代表蒙古语元音的长短标准。标注方法为：元音的持续时间小于 0.08 秒根据实际发音转写元音。持续时间在 0.08（含 0.08 秒）—0.11 秒，在元音音标上附半长元音

符号[']。持续时间在 0.11（含 0.11 秒）—0.20 秒，在元音音标上附长元音
符号[:]。如果持续时间在 0.20 秒（含 0.2 秒）以上，认为是拖长音，元音音
标前面附符号〈H〉。元音的前后根据出现的声学特征做标注。元音开端出现
乱纹标记〈vb〉符号。元音发音结束时，元音共振峰已消失，但语图上还持
续声带颤动就记为〈sv〉。元音发音结束时，声带颤动已经结束但还持续共振
峰时做〈uv〉标注。元音发音结束时，出现的非周期性的声带颤动时做〈fr〉
标注，见图 2-2，词首元音/ɔ/的前面有乱纹，标注为〈vb〉，其后面还出现
乱纹，标注为〈fr〉，第二音节的/ɔ:/持续时间大于 0.20 秒，在元音之前附了
〈H〉符号，元音之后共振峰还在持续，标注了〈uv〉。图 2-3，元音/i:/后面
共振峰已消失，但声带颤动还在持续，所以标注为〈sv〉。

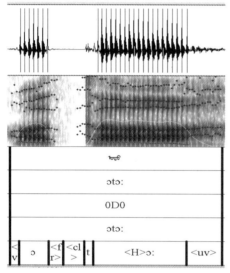 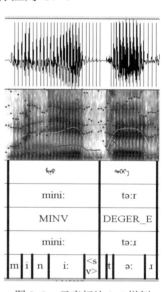

图 2-2　元音标注〈vb〉，〈fr〉，〈H〉，〈uv〉样例　　图 2-3　元音标注〈sv〉样例

三、元音音变的标注

蒙古语元音的音变比较多，我们在语料标注中做了详细的标记。

（一）出现词首音节短元音、长元音清化时，音标上附清化符号，如[ə̥]，
[ɛ̥:]。

（二）有时候长元音在非词首音节出现缩短现象，显得比短元音还短，
但不能用短元音的音标标注。

（三）非词首音节出现的短元音的脱落不做标注，增加的短元音跟前置
辅音一起切分。

（四）在 CSM-2 里，详细标注了元音拖长，长元音和复合元音的缩短

等音变现象。在第五标注层，用<W,>符号代表语音发生变化，括号里按照应有的元音、分号、实际发的元音等顺序依次做标注。比如<W,ɔːˌɔ>表示长元音[ɔː]缩短，表明本次发音的物理长度小于 0.08 秒。

四、元音脱落标注

在蒙古语非词首音节的短元音央化，称为弱化元音或不清晰元音，并且容易脱落导致音节末或词末出现复辅音。本语料库里非词首音节的短元音的脱落现象不做标注。元音脱落标注主要关系到词首音节的短元音和长元音的脱落。除了特殊情况之外长元音不会脱落。根据我们的分析在蒙古语词首音节的所有元音都出现脱落现象。元音脱落的标注符号是<V, >，在括号里逗号后标写脱落的元音。根据标注规则确定标注位置。见图 2-4，蒙古语 SANAG_A（思想）[sɑnɛː]一词的词首音节/s/和/n/辅音之间的/ɐ/语图上看不到元音特征，听感上也听不到什么，所以在/s/辅音之后标注该元音的脱落。

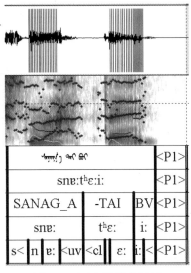

图 2-4　元音脱落的样例

五、复合元音缩减的标注

复合元音是由两个元音组成，因此其物理长度应该长于词首音节的短元音或与长元音的长度差不多。但是在语料标注过程中经常发现复合元音缩减，比短元音还短。在 CSM-1 标注库中未做标记，根据实际发音如实转写。在 CSM-2 和 CSM-3 标注库中，复合元音的持续时间若小于 0.11 秒，

在第五标注层级里该复合元音之前记符号〈sh〉。复合元音的持续时间若大于
0.20 秒，在第五标注层级里该复合元音之前记符号〈H〉。

六、词末短元音的标注

在蒙古语的词末或词中音节末出现的元音，在本语料库使用的标注符
号为 E，见图 2–5，表示/t/辅音后出现词末短元音 E。

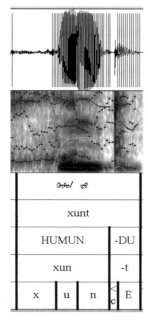

图 2–5　词末短元音的标注样例

第四节　辅音标注

在语料标注中，对于辅音根据实际发音用云龙国际音标如实转写。对
语流中发生的语音变化进行详细标注。比如蒙古语口语里常常把[tʰ]发音成
[t]，[ʧʰ]发音成[ʧ]或[ts]等习惯，对此进行标注。

一、辅音音标

口语语料库中标注辅音使用 n，p（b、β、φ），pʰ，x（x、kʰ），k（ɣ、
x、kʰ），m，l（ɬ、ɮ），s（z、tsʰ），ʃ（ʒ），tʰ，t（d），ʧʰ（tsʰ），ʧ（ʤ、ts），
j，r（ɾ、ɹ、ɻ），w，ŋ，f，kʰ，ts，tsʰ，tʂ，tʂʰ，ʂ，ʐ 等国际音标。括号里
是转写口语语料库时出现的音位变体。具体发音特点：

/n/：舌尖、浊鼻音。

/p/：双唇、闭塞、不送气、清辅音。

/pʰ/：双唇、闭塞、送气、清辅音。

/x/：软腭、清擦音。

/k/：软腭、清塞音。

/m/：双唇、浊、鼻辅音。

/l/：舌尖前、浊、边音。

/s/：舌尖前、清擦音。

/ʃ/：舌叶、清擦音。

/tʰ/：舌尖—齿龈、送气、清塞音。

/t/：舌尖—齿龈、不送气、清塞音。

/ʧʰ/：舌叶、送气、清塞擦音。

/ʧ/：舌叶、不送气、清塞擦音。

/j/：舌面中、浊滑音。

/r/：舌尖前、浊颤音。闪音变体[ɾ]的出现率高。

/w/：双唇、清音。

/ŋ/：舌根、浊鼻辅音。

/f/：唇齿、清擦音。

/kʰ/：软腭、送气、清塞音。

/ts/：舌尖前、不送气、清塞擦音。

/tsʰ/：舌尖前、送气、清塞擦音。

/tʂ/：舌尖后、不送气、清塞擦音。

/tʂʰ/：舌尖后、送气、清塞擦音。

/ʂ/：舌尖后、清擦音。

/ʐ/：舌尖后、浊擦音。

二、辅音及其音位变体

在蒙古语口语语料的标注工作中，遇到的辅音变体较多。下面介绍语料库中出现有音位变体的辅音。

（一）/p/辅音及变体

本语料库中/p/辅音的变体有[p，β，ɸ，b] 4 种。

1. [p]：双唇、不送气、清塞音。主要出现在词首，见图 2-6。

2. [β]：双唇、浊擦音。主要出现在词中元音和[x，s，ʃ，tʰ，ʧʰ]以外的辅音之前或词末。见图 2-7。

3. [b]：双唇、浊塞音。主要出现在词首和词中[m]辅音之后。见图 2-8。

4. [ɸ]：双唇、清擦音。主要出现在词中[x，s，ʃ，tʰ，ʧʰ]等清擦音和送气音之前。见图2-8。

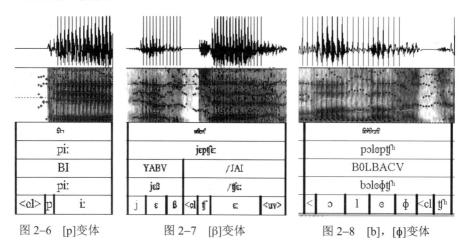

图2-6　[p]变体　　　图2-7　[β]变体　　　图2-8　[b]，[ɸ]变体

（二）/k/辅音及变体

本语料库中，/k/辅音的变体有[k，ɣ，x，kʰ]四种。

1. [k]：软腭—舌后、不送气、清塞音，见图2-9。

2. [ɣ]：软腭—舌后、浊擦音。/k/辅音在前后元音或浊辅音的条件下常常出现浊擦变体，见图2-10。

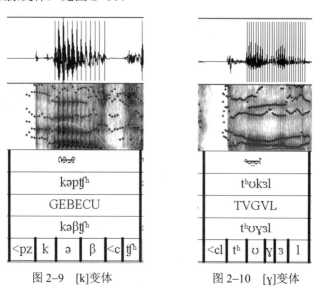

图2-9　[k]变体　　　　　图2-10　[ɣ]变体

3. [x]：软腭—舌后、清擦音。主要出现在[x，s，ʃ，tʰ，ʧʰ]等辅音之前或词末，见图2-11。

4. [kʰ]：软腭—舌后、送气、清塞音。受方言的影响有时出现[kʰ]变体，见图 2–12。

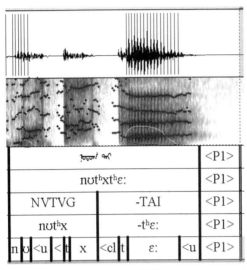

图 2–11 [x]变体   图 2–12 [kʰ]变体

（三）/t/辅音及变体

在语料标注过程中，/t/辅音出现过有声变体，即[t, d] 2 个变体。

1. [t]：舌尖—齿龈、不送气、清塞音。见图 2–13 的<cl>t。

2. [d]：舌尖—齿龈、不送气、浊塞音。见图 2–13 的<cl>d。

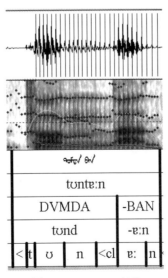

图 2–13 [t], [d]变体

（四）/x/辅音及变体

本语料库中，/x/辅音的变体有[x，x̠，kʰ] 3 种。

1. [x]：软腭、清擦音，见图2-14。

2. [x̠]：软腭、浊擦音。主要出现在元音和浊辅音前后，见图2-15。

3. [kʰ]：软腭、送气、清塞音，见图2-16。

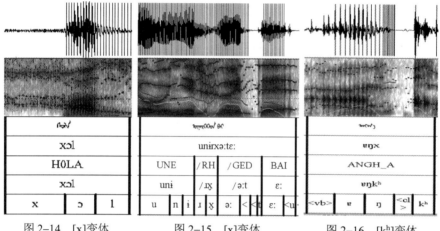

图 2-14　[x]变体　　　　图 2-15　[x̠]变体　　　　图 2-16　[kʰ]变体

（五）/s/辅音及变体

本语料库中，/s/辅音有清、浊、送气[s，tsʰ，ts，z] 4 种变体。

1. [s]：舌尖—齿龈、清擦音。

2. [tsʰ]：舌尖—齿龈、送气、清塞擦音，见图2-17。

3. [ts]：舌尖—齿龈、不送气、清塞擦音。

4. [z]：舌尖—齿龈、浊擦音，见图2-18。

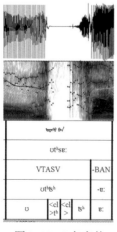
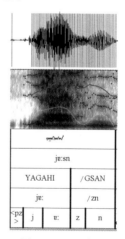

图 2-17　[tsʰ]变体　　　　图 2-18　[z]变体

（六）/ʧ/辅音及变体

本语料库标注工作中，遇到/ʧ/辅音的[ʧ，ʤ，ts] 3个变体。

1. [ʧ]：舌前—齿龈、不送气、清塞擦音。

2. [ʤ]：舌前—齿龈、不送气、浊塞擦音。受前后语音的影响，有些/ʧ/出现浊变体，见图2-19的⟨cl⟩ʤ。

3. [ts]：舌尖—上齿龈、不送气、清塞擦音。此变体受方言影响出现，见图2-20的⟨cl⟩ts。

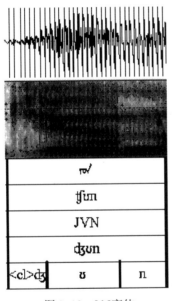

图2-19 [ʤ]变体

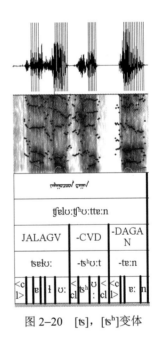

图2-20 [ts]，[tsʰ]变体

（七）/ʧʰ/辅音及变体

本语料库标注中，受方言的影响/ʧʰ/辅音有[ʧʰ，tsʰ] 2个变体。

1. [ʧʰ]：舌叶、送气、清塞擦音。

2. [tsʰ]：舌尖-齿龈、送气、清塞擦音。见图2-20的⟨cl⟩tsʰ。

（八）/ʃ/辅音及变体

本语料库中，/ʃ/辅音有[ʃ，ʒ] 2个变体。

1. [ʃ]：舌边—齿龈、清擦音，见图2-21。

2. [ʒ]：舌边—齿龈、浊擦音，见图2-22。

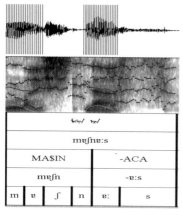

图 2-21　[ʃ]变体

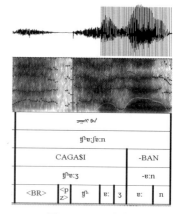

图 2-22　[ʒ]变体

（九）/l/辅音及变体

本语料库中，/l/辅音的变体有[l，ɬ，ʥ]三种。

1. [l]：浊、边、近音，见图 2-23。

2. [ɬ]：清、边、擦音，见图 2-24。

3. [ʥ]：浊、边、擦音，有时/l/辅音在语图上出现一半为浊音共振峰，另一半为清音摩擦乱纹，这种情况用[ʥ]标注。见图 2-23。

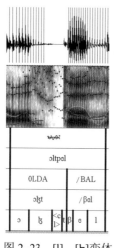

图 2-23　[l]，[ʥ]变体

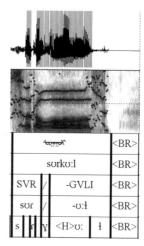

图 2-24　[ɬ]变体

（十）/r/辅音及变体

本语料库中，对/r/辅音的变体用[ɾ，r，ɹ，ɽ]等音标来标注。

1. [ɾ]：舌尖齿龈后、闪音。标注只颤一次的/r/辅音。见图 2-25 的[ɾ]辅音。

2. [r]：舌尖齿龈后、颤音。标注两次以上颤的/r/辅音。见图 2-25 的

[r]辅音。

3. [ɹ̥]：清擦音，主要出现在[s，ʃ，x，tʰ，ʧʰ]等清擦或送气辅音之前。见图 2–26 的[ɹ̥]辅音。

4. [ɹ]：舌尖齿龈后、浊擦音，见图 2–26 的[ɹ]辅音

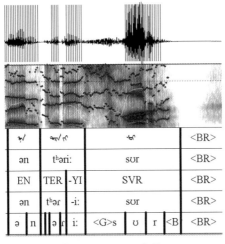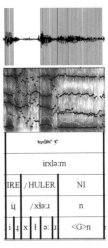

图 2–25　[r]，[r]变体　　　　　　图 2–26　[ɹ̥]，[ɹ]变体

三、塞音和塞擦音的标注

塞音和塞擦音完整的发音是由成阻—持阻—除阻的过程构成。在语流中，有些塞音和塞擦音只有成阻—持阻过程，没有除阻的过程。发音结束后有时候出现词末短元音，有时候出现呼吸声。在语料库中标注办法如下。

（一）塞音和塞擦音的闭塞区标注为符号<cl>。清塞音和塞擦音的发音有成阻—持阻—除阻的过程，语图上若见到闭塞区，即持阻阶段，将闭塞区单独切分并附符号<cl>，见图 2–27 第五层的<cl>和[t]的标注。

（二）浊塞音和塞擦音的闭塞区，在语图上无法分清，闭塞区和该辅音就统一切分，一起标注。见图 2–28 的<cl>d。有些清塞音和塞擦音的闭塞区特别小，不好区分时也统一切分，一起标注。

（三）有时候塞音和塞擦音的发音过程由成阻—持阻构成，没有除阻阶段。遇到这种情况闭塞区就是发音段，<cl>就和该辅音标注在一起。在语流中，有时候塞音和塞擦音连接在一起并且前置辅音没有除阻阶段，前置辅音的闭塞区和后置辅音的闭塞区合在一起。遇到这种情况，在语图上能见到比较长的空白段，即闭塞区。标注方法为从语图的空白段的正中间切分，分别标注两个辅音。见图 2–29 的<cl>tʰ和<cl>ʧʰ的标注。前置[tʰ]辅音没

有除阻阶段，后置[ɡʰ]辅音的闭塞段占一半空白段，该辅音有除阻阶段。在蒙古语里如此发音的两个辅音的界限就是音节界限。

（四）塞音和塞擦音的发音结束后词末常常出现短元音。语图上共振峰清楚，听感上确实有元音，明显构成音节的就标注元音，否则标注为词末短元音。

（五）塞音和塞擦音的发音结束后词末常常跟随呼吸，即出现乱纹。遇到这种情况标注成呼吸声〈BR〉。

（六）句首或非语言现象之后的塞音和塞擦音的闭塞区是无法判断的，遇到这种情况闭塞区的标注就写为〈pz〉〈cl〉。图 2-27 的呼吸声〈BR〉之后的[p]辅音和图 2-28 的应答〈F〉之后的[tʰ]，无法判断闭塞区的起始段，即标注为〈pz〉〈cl〉。

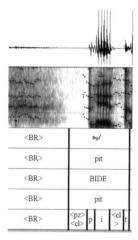

图 2-27　清塞音的标注

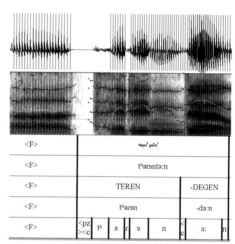

图 2-28　浊塞音的标注

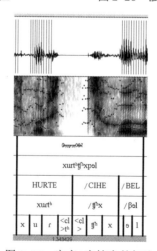

图 2-29　塞音+塞擦音的标注

四、辅音脱落的标注

在语流中，常常见到辅音的脱落现象。主要出现在词首和词末位置。辅音的脱落，在 CSM 语料库中标注为<C, >符号，括号里写出脱落的辅音。词首辅音的脱落，标注位置在后置元音之前，词末辅音的脱落，标注位置在前置语音之后。见图 2–30，[t]辅音之后的 ə<C, n>标注表示，元音[ə]后[n]辅音脱落。

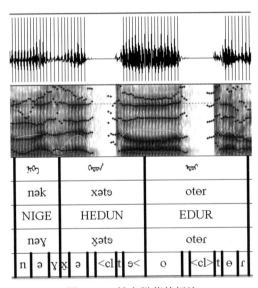

图 2–30　辅音脱落的标注

五、超长辅音的标注

蒙古语自然口语资料中有些辅音显得很长。在语料库的标注中，辅音持续时间大于 0.20 秒，该辅音前就做<G>标记。

六、辅音音变的标注

在蒙古语中，有些语音变化现象普遍存在。比如，鼻辅音/n/之后连接双唇塞音/m/，/p/，/n/时，将/n/辅音发成/m/；舌尖鼻辅音/n/之后连接舌后塞音/k/时，/n/发成舌后鼻音/ŋ/等。除此之外因受方言的影响或发音人的个人特点等原因出现的语音变化现象也不少。在语料库的标注中，用<W, >符号标记，在括号里按应有辅音—分号—实际发的辅音的顺序标注。比如，图 2–31，标注<W, n;m>表示，应有的[n]辅音在实际发音中变为[m]辅音。

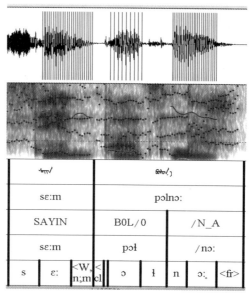

图 2-31　辅音音变标注

第五节　语法标注

做语法标注，若没有音变的语法范畴转写即可，若有音变就做语法变化标注。语法变化标注与 CSM-3 标注库的第四层有关。此处对音节脱落，构词、构形附加成分的变化，虚词的变化等做了标注。标注方法为语法范畴层级做标注，即附加成分或虚词里同时发生语音脱落和音变等多个变化，对每一个发生的变化不单独标注，而对整个附加成分或虚词的变化进行标注。附加成分或虚词的变化只是在 CSM-3 标注库设置的标注。进行标注时参考《蒙古语标准音水平测试大纲》（2009）[1]，语料库中出现的附加成分和虚词的实际发音与该书中提的标准读法不一致就做标注。语法范畴发生变化做标注用〈W,〉符号，括号里按照无发生变化的应有形式—分号—实际出现形式（发生变化的形式）的顺序做标注。如果发生音节的脱落，用〈S,〉符号做标注，在括号里写出脱落的音节。例如，〈W, nəə;s〉表示[nəə]附加成分在实际发音中变成[s]；〈W, jʊm;im〉表示肯定语气词[jʊm]在实际发音中变化为[im]；〈S, pɛ:〉表示[pɛ:]音节的脱落。对语法范畴和虚词的标注是在 CSM-2 标注库的基础上做的，所以元音长度有不同层级的标注。

---

① 蒙古语标准音水平测试大纲编写组：《蒙古语标准音水平测试大纲》（修订本），内蒙古人民出版社 2009 年版。

一、名词的格范畴标注

在连续性口语语料中，附加成分受到前后语音的影响，出现多种变体。名词的各类格范畴的附加成分，元音的音长出现多种不同长度的变体外辅音也出现了多种变体，并且出现了不少语音变化现象。我们只归纳领格的各种变体有[-ɛ]，[-e]，[-œ]，[-nœ]，[-nɛ]，[-ne]，[-ni]，[-ɛ·]，[-e·]，[-œ·]，[-nɛ·]，[-ne·]，[-ɛː]，[-eː]，[-œː]，[-nœː]，[-neː]，[-nɛː]，[-in]，[-i·n]，[-iːn]，[-inəː]，[-ɐn]，[-ɛn]，[-ɛ·n]，[-ən]，[-ə·n]，[-im]，[-i·m]，[-iːm]，[-em]，[-əm]，[-ɐm]，[-ɔm]，[-ŋ]，[-iŋ]，[-i·ŋ]，[-iːŋ]，[-ɛːŋ]，[-n]，[-m]，[-ŋ]，[-ɣŋ]，[-i]，[-a]，[-ɛ]，[-ə]，[-ɔ]，[-o]，[-ki]，[-ɣi]，[-i·]，[-a·]，[-ə·]，[-ɣi·]，[-iː]，[-aː]，[-ɔː]，[-oː]，[-ɣiː]，[ik]等多种变体。我们在语料库标注规则中，已经提出单词的第二音节之后出现的短元音的脱落或增加现象不做标注，所以在附加成分中出现的短元音增减，辅音变体等不做单独音变标注，其他情况要进行语法层面的标注。多种变化形式中哪些属于标注类，哪些属于转写类详情如下。

（一）元音的缩减

蒙古语格范畴的元音属于长元音。在 CSM–3 标注库中，根据元音长度的标注规则，长元音的长度小于 0.08 秒就进行元音缩减标注。比如，领格⟨W,iːn;in⟩，⟨W,ɛː;ɛ⟩，⟨W,eː;e⟩，宾格⟨W,iːk;ik⟩，⟨W,iːk;iɣ⟩，从比格⟨W,ɐːs;ɐs⟩，⟨W,əːs;əs⟩，⟨W,ɔːs;ɔs⟩，⟨W,oːs;os⟩，凭借格⟨W,ɐːr;ɐr⟩，⟨W,ɐːr;ɐr⟩，⟨W,əːr;ər⟩，⟨W,ɛːr;ɛr⟩，⟨W,oːr;or⟩，⟨W,rɐːr;rɐr⟩，⟨W,əːre;re⟩，⟨W,rɐːr;rɐr⟩，⟨W,əːr;ər⟩，⟨W,ɔːr;ɔr⟩，⟨W,oːr;oɾ⟩，共同格⟨W,tʰɛː;tʰɛ⟩，⟨W,tʰœː;tʰœ⟩，⟨W,tʰeː;tʰe⟩等标注，分号之前是应有原形，分号之后的是本语料里出现的实际发音形式，表明实际发音的元音长度都小于 0.08 秒。

（二）辅音的音变

人们在交际中，不是一个一个语音发出来的，而是不断地发出一连串的语音来表达意义。在这个过程中，前后语音互相影响，容易发生音变，在附加成分的结构中，类似现象比较多。在蒙古语各类格范畴中，领格、宾格、共同格的音变较多，凭借格和从比格的辅音变体较多。比如在领格标注中⟨W,iːn;iŋ⟩标注，表示领格的[i]元音的长度小于 0.08 秒，[n]辅音发成[ŋ]。⟨W,iːn;i·ŋ⟩标注，表示领格的元音长度在 0.08—0.11 秒，[n]辅音发成[ŋ]。⟨W,iːn;im⟩标注，表示领格的[i]元音的长度小于 0.08 秒，[n]辅音发成[m]。在宾格标注中⟨W,iːk;iɣ⟩标注，表示宾格的[i]元音的长度小于 0.08 秒，[k]辅音发成[ɣ]浊音。在共同格标注中，常见到[tʰ]辅音发成[t]现象。比如：⟨W,tʰɛː;tɛː⟩标注，表示共同格的[tʰ]辅音发成[t]。

（三）辅音脱落

领格和凭借格，有时其附加成分中的[n]，[r]等辅音脱落，只有元音形式出现。比如：〈W,i:n;i:〉标注，表示领格的[n]辅音脱落，只有[i:]元音形式出现，元音长度为 0.11—0.2 秒。〈W,i:n;i〉标注，表示领格的[n]辅音脱落，[i]元音长度小于 0.08 秒，以[i]元音出现。值得注意的是，标注这种音变现象的领格的附加成分不是单元音形式的读音，蒙古语的领格有-yin，-un，-u，本标注关系到-yin，-un 的读法。〈W,e:r;e:〉标注，表示凭借格的[r]辅音脱落，以[e:]元音形式出现，并且元音音长 0.11—0.2 秒。〈W,ə:r;ə:〉标注，表示凭借格的[r]辅音脱落，以[ə:]元音形式出现，并且元音音长 0.11—0.2 秒。

二、名词数范畴的标注

在该语料库中，数范畴的出现频率和音变相对比格范畴少。我们在做标注时参考《蒙古语标准音水平测试大纲》，数范畴的附加成分与该书相同的就直接转写，其他情况都做音变标注。即/-nʊ:t²/，/-(k)ʊ:t²/，/ner²/，/-ʧʰʊ:t²/，/-ʧʰʊ:l²/，/-t/，/-s/等形式属于基本型，在切分好的适当位置上进行标注。数范畴的附加成分的标注内容除了声音文件的转写外音变标注主要关系到长元音长度的缩短及[ʧʰ]辅音的变体[tsʰ]辅音。

数范畴附加成分的元音都是长元音，根据标注规则，元音音长小于 0.08 秒，属于元音缩减进行音变标注。在语料标注中〈W,ʊ:t;ʊt〉，表示复数/ʊ:t/形式的元音长度小于 0.08 秒，〈W,ʧʰʊ:t;ʧʰʊt〉，〈W,ʧʰu:t;ʧʰut〉标注，表示复数/-ʧʰʊ:t/，/-ʧʰu:t/附加成分的元音长度小于 0.08 秒，发生音长缩减变化。

语料库中，由于个人发音特征和受方言的影响，把[ʧʰ]辅音发成[tsʰ]的现象。标注为〈W,ʧʰʊ:t;tsʰʊt〉，表示/-ʧʰʊ:t/附加成分的[ʧʰ]辅音变为[tsʰ]辅音并元音长度小于 0.08 秒。〈W,ʧʰʊ:t;tsʰʊd〉标注，表示/-ʧʰʊ:t/附加成分的[ʧʰ]辅音变为[tsʰ]，[t]辅音出现浊变体并元音长度小于 0.08 秒。有时还出现附加成分的长元音脱落现象，为〈W,ʧʰʊ:t;ʧʰt〉，但这种现象就出现两次，比较特殊。

三、名词领属范畴的标注

领属范畴在自然口语资料中出现频率较高，附加成分的变体种类也比较多。我们认为/-e:n⁴/，/min/，/ʧʰin/，/n/等属于基本形式，根据实际发音转写，出现其他形式都做音变或脱落标注。

（一）元音的缩减

领属范畴的附加成分标注为〈W,e:n;en〉，〈W,ə:n;ne〉，〈W,ɔ:n;ɔn〉，

〈W,o:n;on〉，〈W,ɛ:n;ɣen〉，〈W,ə:n;ɣən〉，〈W,ɔ:n;ɣɔn〉，〈W,o:n;ɣon〉等，表示附加成分的元音长度小于 0.08 秒。

（二）辅音的音变

在语料库标注工作中，经常遇到领属范畴附加成分的[n]辅音变成[m]辅音的现象，在附加成分的辅音发生音变时，不单独做语音变化标注，而当作整个附加成分的变化来标注。在语料标注中领属范畴的附加成分标注为〈W,ɛ:n;ɛ:m〉，〈W,ə:n;ə:m〉，〈W,ɔ:n;ɔ:m〉，〈W,o:n;o:m〉，〈W,n;m〉等，其表达的意义为附加成分的元音长度为 0.11—0.2 秒，[n]辅音变成[m]辅音。标注为〈W,ɛ:n;ɛm〉，〈W,ə:n;əm〉，〈W,ɔ:n;ɔm〉的意义为，[n]辅音变成[m]辅音并且元音长度小于 0.08 秒。

（三）语音脱落

在语料标注中，经常遇到领属范畴附加成分的辅音或元音脱落现象。比如有时候附加成分的[n]脱落，只有元音形式出现。例如，〈W,ɛ:n;ɛ:〉，〈W,ə:n;ə:〉，〈W,ɔ:n;ɔ:〉，〈W,o:n;o:〉等标注表示附加成分的[n]辅音的脱落。有时还会出现元音缩短，辅音脱落等现象。例如，〈W,ɑ:n;ke〉，〈W,ɛ:n;ɣe〉等。还有人称领属附加成分的元音辅音同时脱落的现象。例如，〈W,ʧʰin;ʧʰ〉表示第二人称领属/ʧʰin/的元音[i]和辅音[n]同时脱落。有时候附加成分中的短元音脱落，例如，〈W,ʧʰin;ʧʰn〉。还有附加成分的后置辅音脱落，例如，〈W,ʧʰin;ʧʰi〉表示[n]辅音的脱落。

四、动词时间范畴的标注

在语料库标注中，时间范畴的附加成分/-ʧ/，/-ʧʰ/，/-ʧɛ:²/，/-ʧʰɛ:²/，/-p/，/-pe:⁴/，/ne:⁴/，/-n/，/-le:⁴/等属于基本形式，直接在声音文件的切分段对应语图和波形图转写适当的音标，其他形式都进行语音变化的标注。

（一）元音的缩减

根据标注规则，附加成分的元音长度小于 0.08 秒，就进行语音变化的标注。比如〈W,ʧʰɛ:;ʧʰɛ〉，〈W,ʧʰɛ:;ʧʰɛ〉，〈W,ne:;ne〉，〈W,nə:;nə〉，〈W,nɔ:;nɔ〉，〈W,le:;le〉等都表示附加成分的元音长度小于 0.08 秒。

（二）辅音音变

在语料库中遇到的动词的时间范畴附加成分的辅音音变有：[ʧʰ]辅音变为[ʧ]，[tsʰ]，[ʧ]辅音变为[ʧʰ]，[n]辅音变为[m]辅音等现象。比如：〈W,ʧ;ʧʰ〉表示动词的时间范畴的附加成分[ʧ]辅音变为[ʧʰ]辅音。〈W,n;m〉表示动词的时间范畴的附加成分[n]辅音变为[m]辅音。

五、动词人称范畴的标注

蒙古语的祈使式具有人称范畴，祈使式包含了人们主观愿望和意志的动词形式。在 CSM–3 进行标注时，表示第一人称意愿的附加成分/-iː/，/-j/，/-jeː/，表示第二人称意愿的附加成分/-eːrɛː/，/-eːʧʰ/，表示第三人称意愿的附加成分/-k/，/-（k）eːsɛː/，/tʰʊkɛː²/等属于基本形式，根据实际发音直接转写相应的音标，其他形式都进行语音变化的标注。

（一）元音的缩减

人称范畴附加成分的元音应该都属于长元音，根据标注规则，音长小于 0.08 秒，就做语音变化的标注。比如，表示第一人称意愿的-y_ɑ 附加成分有<W,iː;i>，<W,jeː;je>的标注，表示应有的原形/-iː/和/-jeː/的元音长度发生小于 0.08 秒的变化，表示第二人称意愿的-ɣɑrɑi，-gerei 附加成分有<W,ɔːrɔi;ɔrɔi>的标注，表示应有的原形[-ɔːrɔi]附加成分的第一元音长度小于 0.08 秒。

（二）元音脱落

人称范畴附加成分的长元音有时候也有脱落现象，比较特殊。遇到这种现象不进行元音脱落标注，而做整个附加成分的音变标注。比如，进行标注时遇到过表示第二人称意愿的/-eːrɛː/附加成分的[eː]脱落，只有[rɛː]形式出现的现象，这种情况标注为<W,eːrɛː;rɛː>。

六、动词态范畴的标注

动词的态范畴的附加成分/-ʊːl²/，/-lk/-lɜk⁴/-lkɜ⁴/-lkɛː⁴/，/-k/-kɛː⁴/，/-eː⁴/，/-kt/-t/-tʰ/-ktɜ⁴/，/-lt/-ltɜ⁴/，/-lʧʰ/，/-ʧʰɘkɛː⁴/等属于基本形式，在语料标注中根据实际发音用国际音标转写，出现的其他形式做发生音变的标注。

（一）元音的缩减

在语料库标注过程中，态范畴附加成分的长元音长度小于 0.08 秒，就做元音缩减标注。比如<W,ʊːl;ʊl>，<W,uːl;ul>，<W,eːeːe>，<W,kɘː; kɘ>标注，表示长元音的长度小于 0.08 秒。

（二）辅音的音变

在语料标注过程中，遇到过辅音音变现象。比如，<W,lʧʰ;ltsʰ>标注，表示[lʧʰ]附加成分变为[ltsʰ]。

（三）辅音的脱落

在连续话语资料中，常常出现语音脱落现象。在态范畴的标注过程中遇到过附加成分的[t]，[k]辅音脱落现象。比如，<W,kt;k>标注，表示被动态[-kt]的[t]辅音脱落。<W,ʧʰɔkɔː;ʧʰɔː>标注，表示众动态[-ʧʰɔkɔː]的短元音[ɔ]

和[k]辅音脱落成为[ʧʰɔ:]。⟨W,ʧʰɔkɔ:;ʧʰɔ⟩标注，表示众动态[-ʧʰɔkɔ:]的短元音[ɔ]和[k]辅音脱落并且长元音的长度小于0.08秒。⟨W,lʧʰ;tsʰ⟩标注，表示同动态[-lʧʰ]的[l]辅音脱落，[ʧʰ]辅音发成[tsʰ]辅音。

七、动词体范畴的标注

动词的体范畴的附加成分/-ʧʰx/-ʧʰxe:⁴/-ʧʰ/，/-e:tʰɜx⁴/，/-sxi:/，/-pxi:/，/lʧ/等属于基本形式，在语料标注中，根据实际发音用国际音标转写即可。其他形式做语音变化标注，主要有元音脱落和辅音音变等现象。例如，⟨W,e:tʰɜx; e:tx⟩标注，表示附加成分的短元音脱落，[tʰ]辅音发音成[t]辅音。⟨W,ʧʰix;ʧʰk⟩标注，附加成分的元音脱落，[x]辅音变为[k]辅音。

八、形动词的标注

在语料标注过程中发现，形动词的附加成分出现率不均匀，有些使用频率高，变化多，而有些出现次数少，频率低。形动词的附加成分/-sɜn⁴/-sn/，/-x/，/-tɜk⁴/-tk/，/-(k)e:⁴/，/-ʊ:ʃtʰɛ:²/，/-me:r⁴/，/-kʧʰ/等属于基本形式，根据实际发音用国际音标直接转写。如果出现其他形式，都做语音发生变化标注。

（一）元音缩减

在语料标注中，如果形动词附加成分的长元音音长小于0.08秒，就做语音变化标注，⟨W,e:;e⟩，⟨W,ə:;ə⟩，⟨W,o:;o⟩，⟨W,e:;ke⟩，⟨W,ə:;kə⟩，⟨W,ɔ:;kɔ⟩，⟨W,mɔ:r;mɔr⟩等标注表示元音音长小于0.08秒。

（二）元音拖长

在自然口语中，句末出现的附加成分的短元音常常有延长现象。短元音延长到一定程度时就会感到跟长元音相似，我们在长短元音的标注方面已定为0.11秒以上就明显感觉到长，标注为长元音。例如，在语料里出现过[-sən]发成[-sɔ:n]，标注为⟨W,sən;sɔ:n⟩。

（三）辅音音变

形动词的附加成分受到前后语音的影响出现语音变化现象，比如[n]辅音发成[m]或[ŋ]，[t]辅音发成[tʰ]，[k]辅音发成[x]，[x]辅音发成[k]或[kʰ]，[s]辅音发成[tsʰ]等。比如，⟨W,sɜn;sm⟩，⟨W,sɜn;sɜm⟩，⟨W,sɜn;sŋ⟩，⟨W,sɜn;sɜŋ⟩，⟨W,sɜn;sən⟩等标注表示/-sɜn/附加成分的[n]辅音发成[m]或[ŋ]辅音。⟨W,tɜk;tʰɜk⟩表示，/-tɜk/附加成分的[t]辅音发成[tʰ]辅音。⟨W,tɜk;tɜx⟩，⟨W,x;k⟩，⟨W,x;kʰ⟩等标注，附加成分的[k]辅音发成[x]，[x]辅音发成[k]，[kʰ]。⟨W,sɜn;tsʰɜm⟩标注表示/-sɜn/附加成分的[s]辅音发成[tsʰ]。⟨W,sɜn;tsʰ⟩，⟨W,sɜn;z⟩标注表示/-sɜn/附加成分[s]发为[tsʰ]，[z]并且短元音和[n]辅音脱落。

（四）辅音脱落

在语料标注中发现有时会出现形动词附加成分的[n]，[t]，[k]等辅音脱落现象。例如：⟨W,sɜn;s⟩标注表示形动词附加成分/-sɜn/的短元音和[n]辅音脱落。⟨W,sɜn;sɜ⟩，⟨W,nɐ;ɐ⟩，⟨W,sɵn;sɵ⟩，⟨W,sɵn;sɵ⟩等标注，表示形动词附加成分/-sɜn⁴/的[n]辅音脱落。

除此之外，同时出现元音拖长辅音脱落的现象。例如，⟨W,sɜn;sɐ:⟩，⟨W,sɵn;sɵ̞:⟩，⟨W,sɵn;sɵ̞:⟩，⟨W,sɵn;sɵ̞⟩等标注表示形动词附加成分/-sɜn⁴/的元音发音时间延长且弱化，[n]辅音脱落。

九、副动词的标注

在语料库中，副动词附加成分的出现形式有多种变体。副动词附加成分/-ʧ/，/-ʧʰ/，/-(k)eːt⁴/，/-n/，/-mɜkʧʰ⁴/，/-xleːr⁴/，/-meːnʧin⁴/，/-pɜl⁴/，/-pʧʰ/，/-tʰɜl⁴/，/-xeːr⁴/，/-ŋkuːt⁴/，/-seːr⁴/等属于基本形式，根据实际发音用国际音标直接转写。对于语音发生变化的具体标注如下。

（一）元音的缩减

在语料库标注中，有⟨W,eːt;et⟩，⟨W,eːt;ɣet⟩，⟨W,sɐːr;sɐr⟩，⟨W,xɔːr;ɔr⟩等标注，它们的共同点是元音长度小于 0.08 秒。

（二）辅音音变

在语料库中，副动词附加成分的辅音出现音变现象，比如，⟨W,pʧʰ; nʧʰ⟩标注，表示/-pʧʰ/附加成分的[p]辅音发成[n]。

（三）辅音脱落

在语料库中，常遇到副动词附加成分的[t]，[x]辅音脱落现象。比如，⟨W,eːt;ɐ:⟩标注，表示附加成分/-eːt/的[t]辅音脱落。⟨W,eːt;ɐ⟩，⟨W,ɔːt;ɔ⟩标注，表示/-eːt/，/-ɔːt/附加成分的[t]辅音脱落并且元音长度小于 0.08 秒。⟨W,xleːr;ler⟩，⟨W,xɔːr;ɔr⟩标注，表示/-xleːr/，/-xɔːr/附加成分的[x]辅音脱落并且元音长度小于 0.08 秒。

（四）元音的增生

由于自然口语的自由性，说话人的个人特点，出现副动词附加成分后增加发长元音的现象。增加元音的物理长度为 0.08—0.11 秒，附半长元音符号，元音长度大于 0.11 秒，就表记为长元音。例如，⟨W,ɐːt;ɐːtɐ:⟩标注表示副动词附加成分/-ɐːt/发成[-ɐːtɐ:]。

在副动词附加成分的变化中常常遇到同时出现多个语音变化的现象。比如，⟨W,eːt;kɐ⟩标注表示附加成分/-eːt/的[t]辅音脱落，元音长度缩减，增加[k]辅音等变化。

第六节 语料库的检索方法

所有的语料库，其构建目的各有不同。建立蒙古语口语语料库的目的是研究蒙古语口语现象。我们花费了几年时间，做了各种不同层次和深度的详细标注，语料库能够实际应用才能体现出它的价值。为此我们研制了蒙古语口语语料库的检索方法，不懂脚本程序的使用者可以用我们的检索方法利用本语料库。

一、使用检索方法

（一）第一步：把 TextGrid 读到 Excel

CSM 的每一个文件夹含两个文件，一个是 Wav 格式的声音文件，另一个是进行标注的 TextGrid 文件。首先用 Praat 软件读取 TextGrid，按 List 确定后出现图 2-32 的画面。此窗口的 Time decimals 是切分声音文件的每一个时间点的小数点，按照自己的要求确定小数点位数。确认后（我们习惯留 4 位小数点）就会出现图 2-33 的窗口，即 Praat Info。图中的 tmin 是切分的开始时间，tier 是各标注层级名称，text 是各层级的标注内容，tmax 是结束时间，这就是按照时间切分点出现的所有标注内容。这个直接复制到 Excel。这样就会在 Excel 上显示各切分时间段的各层级信息和所有标注内容。

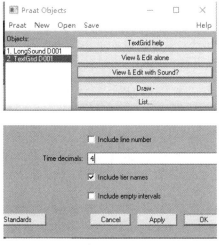

图 2-32 确定时间点　　　　图 2-33 读取标注内容

（二）第二步：修改名词附加成分前的《一》符号

进行语料标注时，在第三、四层名词附加成分前加的《一》符号复制到 Excel 就变成乱码。Excel 表的 C 列中出现的"#NAME?"就是名词附加成分之前加的《一》符号的乱码，见图 2-34 的"#NAME?"。从 C 列中选择该乱码后，全部替换为《'一》，就能解决问题。替换后必须保存文件。

	A	B	C	D
1	tmin	tier	text	tmax
65	3.7095	Morp	ʃil	4.063
66	3.7095	Pro	ʃiliŋ	4.2531
67	3.7095	Mong	ᠰᠢᠯᠢ	4.2531
68	3.9662	Seg	i	4.0129
69	4.0129	Seg	l	4.063
70	4.063	Seg	i:	4.1809
71	4.063	Tra	#NAME?	4.2531
72	4.063	Morp	#NAME?	4.2531
73	4.1809	Seg	ŋ	4.2531
74	4.2531	Seg	<cl>k	4.2821
75	4.2531	Pro	kɔl	4.4222
76	4.2531	Tra	GOOL	4.4222
77	4.2531	Mong	ᠭᠣᠣᠯ	4.4222
78	4.2531	Morp	kɔl	4.4222
79	4.2821	Seg	ɔ	4.3403
80	4.3403	Seg	l	4.4222

图 2-34　显示乱码

（三）第三步：导入每个层级的标注内容

复制 Excel 表的表示起始和结束时间的 A 和 D 列，粘贴到新表（表2）的 A，B 列，然后将五个标注层的名称——Mong，Pro，Tra，Morp，Seg——复制粘贴到新表的 C、D、E、F、G 列的第一行，见图 2-35。然后以发音时间的开始为线索，导入每个层级的标注内容。具体操作如下：在新表的 C2、D2、E2、F2、G2 里写命令取得内容，首先在 C2 里写：=IF(AND（A∶A=Sheet1！A∶A，"Mong"=Sheet1！B∶B），Sheet1！C∶C，" ")。在 D2 中写的时候只换掉上述命令的标注层名称就可以了，即"Mong"换成"Pro"，依次填写 E2、F2、G2 的命令取得标注内容。写完命令后，选中 C2、D2、E2、F2、G2，拉右下角的小方块就能进行填充。这样每个标注层的内容就会分别出现在 C、D、E、G 列，见图 2-36。

	A	B	C	D	E	F	G
1	tmin	tmax	Mong	Pro	Tra	Morp	Seg
2	0	0.3287					
3	0.3287	0.3774					
4	0.3287	0.4129					
5	0.3287	0.4129					
6	0.3287	0.5947					
7	0.3287	0.5947					
8	0.3774	0.4129					
9	0.4129	0.4634					
10	0.4129	0.4634					
11	0.4129	0.4634					
12	0.4634	0.5663					
13	0.4634	0.5947					
14	0.4634	0.5947					
15	0.5663	0.5947					
16	0.5947	0.634					
17	0.5947	0.7525					
18	0.5947	0.7525					

图 2-35 标注层的整理

	A	B	C	D	E	F	G	H	I
1	tmin	tmax	Mong	Pro	Tra	Morp	Seg		
2	0	0.329	=IF(AND(A:A=Sheet1!A:A,"Mong"=Sheet1!B:B),Sheet1!C:C," ")						
3	0.329	0.377							
4	0.329	0.413	EHI						
5	0.329	0.413					ə.x		
6	0.329	0.595	əxlə:t						
7	0.329	0.595							
8	0.377	0.413					x		
9	0.413	0.463					t		
10	0.413	0.463					t		
11	0.413	0.463	LE						
12	0.463	0.566					ə:		
13	0.463	0.595					tɛ:/ə		
14	0.463	0.595	/GED						
15	0.566	0.595					<cl>d		
16	0.595	0.634					j		
17	0.595	0.753					ɪəl		
18	0.595	0.753	YARI						
19	0.595	1.035							
20	0.595	1.035					əxɪəɣl		

图 2-36 填充标注内容

（四）第四步：按切分时间整理内容

复制表格 2 的全部内容，用值和数的格式粘贴到新表里（表 3）。然后选中表示起始时间的 A 列，一对一对应粘贴表的 C、D、E、F、G 的 Mong，Pro，Tra，Morp，Seg 列。选 C（time）和 D（Mong）列，选数据→排序，出现图 2-37 的窗口。

	A	B	C	D	E	F	G	H	I	J	K	L
1	tmin		tmax		tmin		Mong	tmin		Pro	tmin	Tra	tmin	Morp	tmin	Seg

	A	B	C	D	E	F	G	H	I	J	K	L
1	tmin	tmax	tmin	Mong	tmin	Pro	tmin	Tra	tmin	Morp	tmin	Seg
2	0	0.3287	0		0		0		0		0	
3	0.3287	0.3774	0.3287		0.3287		0.3287		0.3287		0.3287	ə
4	0.3287	0.4129	0.3287		0.3287		0.3287	EHI	0.3287		0.3287	
5	0.3287	0.4129	0.3287		0.3287		0.3287		0.3287	ə.x	0.3287	
6	0.3287	0.5947	0.3287		0.3287	əxlə:t	0.3287		0.3287		0.3287	
7	0.3287	0.5947	0.3287	əxlə:t	0.3287		0.3287		0.3287		0.3287	
8	0.3774	0.4129	0.3774		0.3774		0.3774		0.3774		0.3774	x
9	0											t
10	0											
11	0											
12	0											ə:
13	0											
14	0											
15	0											<cl>d
16	0											j
17	0											

排序

添加条件(A)　删除条件(D)　复制条件(C)　　　选项(O)...　　☑ 数据包含标题(H)

列	排序依据	次序
主要关键字	单元格值	升序

图 2-37 起始时间与标注内容

添加条件，生成次要关键字的选项。主要关键字为选 tmin，排序依据为数值，次序选升序，次要关键字为标注层名称（Mong），排序依据为数值，次序选降序，见图 2-38，然后确定。

图 2-38　按起始时间整理内容

可见第一个单词以同样的起始时间出现五次，原因在于每个标注层的切分不同，一个单词的切分在音段层对应好几个语音的切分，所以出现重复现象，需要删除。选 tmin 和 Mong 两行数值依据开始时间删除重复值，见图 2-39，选 tmin，表示开始时间为线索删除重复内容，结果见图 2-40。

图 2-39　删除重复值的步骤

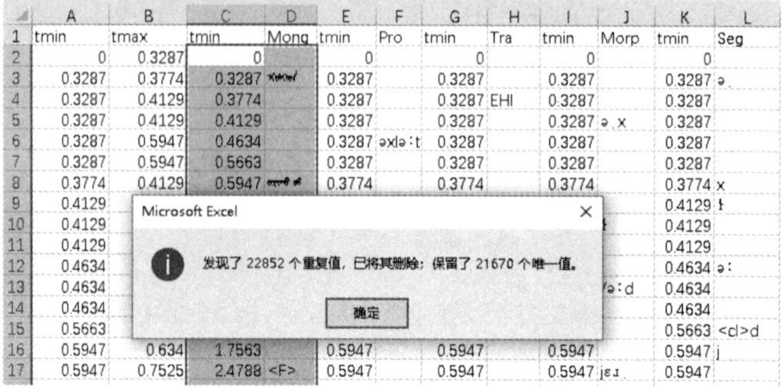

图 2-40　删除重复值的结果

用同样步骤进行操作起始时间和每个标注层（Pro，Tra，Morp，Seg）的内容，以开始时间排序后删除重复值。上述操作结束后删除每个标注层对应的起始时间列，即删除 Excel 表的 C，E，G，I，K 列。最后开始时间（A 列）和结束时间（B 列）也以同样步骤排序删除重复值，这样就能得到按照时间对应的每个标注层的所有标注内容，见图 2-41。

	A	B	C	D	E	F	G
1	tmin	tmax	Mong	Pro	Tra	Morp	Seg
2	0	0.3287					
3	0.3287	0.5947	ᠬᠦᠮᠦᠨ	əxləːt	EHI	ə.x	ə.
4	0.3774	0.4129					x
5	0.4129	0.4634			LE	ɬ	ɬ
6	0.4634	0.5947			/GED	/əːd	əː
7	0.5663	0.5947					<cl>d
8	0.5947	1.0348	ᠶᠠᠷᠢ	jɛrxʊː	YARI	jɛɹ	j
9	0.634	0.7174					ɛ
10	0.7174	0.7525					ɹ
11	0.7525	0.8296			/HV	/x	x
12	0.8296	1.0348			VV	ʊː	ʊː
13	0.982	1.0348					<fr>
14	1.0348	1.2462	<NS>	<NS>	<NS>	<NS>	<NS>
15	1.2462	1.7563		<P1>	<P1>		<P1>

图 2-41　时间对应的标注内容

（五）第五步：填充空白

声音文件的每一个标注层的切分不相同，以单词、词的结构、语音等大小不等的语言单位切分，第一层以单词，到第五层就变成每一个语音的切分。所以每一个层级的标注内容的起始结束时间不同，导致 Excel 表里出现很多空白格。Excel 表里 Seg 列的内容最多，对应的其他列的空格比较多，就是没有对应的标注。所以除了单词的词首语音有对应的单词外其他语音的对应单词没出现，只看语音切分即 Seg 列，无法判断是哪个单词的音段。比如，图 2-41 的第一个单词的词首语音[ə]有对应的单词，其他[x，l，əː，d]等语音都没有对应的单词，是空白格。填充对应的单词之后才明确该语音所属的上级语言单位。填充空格时，首先把表 3 的内容复制到新表（表 4）里。在表 4 的 C2 里写命令：=IF(Sheet3！C2<>" "，Sheet3！C2，Sheet4！C1)。在 D2 里写上面命令时，把 C2 换成 D2，C1 换成 D1 就可以了。选 C2 和 D2 往下拉就能填充，见图 2-42，能看到语音、语素的对应单词。

	A	B	C	D	E	F	G
1	tmin	tmax	Mong	Pro	Tra	Morp	Seg
2	0	0.3287	Mong	Pro			
3	0.3287	0.5947	ᠡᠭᠡᠯᠳ	əxlə:t	EHI	ə.x	ə.
4	0.3774	0.4129	ᠡᠭᠡᠯᠳ	əxlə:t			x
5	0.4129	0.4634	ᠡᠭᠡᠯᠳ	əxlə:t	LE	ɬ	ɬ
6	0.4634	0.5947	ᠡᠭᠡᠯᠳ	əxlə:t	/GED	/ə:d	ə:
7	0.5663	0.5947	ᠡᠭᠡᠯᠳ	əxlə:t			<cl>d
8	0.5947	1.0348	ᠶᠡᠷᠦ	jɛrxʊ:	YARI	jɛɹ	j
9	0.634	0.7174	ᠶᠡᠷᠦ	jɛrxʊ:			ɛ
10	0.7174	0.7525	ᠶᠡᠷᠦ	jɛrxʊ:			ɹ
11	0.7525	0.8296	ᠶᠡᠷᠦ	jɛrxʊ:	/HV	/x	x
12	0.8296	1.0348	ᠶᠡᠷᠦ	jɛrxʊ:	VV	ʊ:	ʊ:
13	0.982	1.0348	ᠶᠡᠷᠦ	jɛrxʊ:			<fr>
14	1.0348	1.2462	<NS>	<NS>	<NS>	<NS>	<NS>

图 2-42　语音、语素对应单词的样例

做到这里，我们就把所有的标注内容根据切分的起始时间和结束时间分别移到 Excel 表里，再用 Excel 的功能可以进行统计分析。

二、检索功能

有了检索查找功能，语料库才能体现价值，能活跃起来。本语料标注的第三层的拉丁转写目的就是用于检索，实际发音中各种各样的变体，在第三层有统一的标注，根据这个线索可以找到一个词或每一个附加成分的不同形式。查找过程中发现标注的错误还可以返回原文件修改。由于研究目的，还可以在语料标注上进一步详细标注，利用本检索方法导入到 Excel，结合 Excel 的功能很容易进行统计分析。

第三章 语音分析

第一节 元音音长分析

蒙古语的长短元音对立存在，具有区别词义的功能。传统语音研究认为，长元音音长大概比短元音的长一倍。后来学者们用实验语音学的研究方法分析了音长。呼和、确精扎布（1999）[①]一文分析了影响元音音长的因素，提出音节结构、音节类型、音节数、词中位置等都影响音长，认为词首元音比非词首元音长，随着音节数的增长元音变短，对于长元音来说词首的长元音最长，词中的长元音比词尾的长元音短。呼和（2009）[②]用数值的比例解释元音长度分布模式。S 为短元音，L 为长元音，S–S 表示词的结构类型。认为元音长度分布模式共有九种，S–S、L–L 类：3:2，S–L 类：2:3，L–S 类：4:1，S–S–S、L–L–L、L–L–S 类：5:3:2，S–S–L 类：3:2:5，S–L–S 类：3:5:2，S–L–L 类：3:4:3，L–S–L 类：5:2:3，L–S–S 类：7:2:1等。哈斯其木格（2015）[③]，分析了元音音长的影响因素，提出在音质、词内音节个数、音节位置、音节类型、元音构成、前后辅音等多个因素中，音节个数、音节位置对元音音长具有显著影响，其他因素的影响程度低。长元音音长相对稳定，短元音容易受影响；词首音节短元音音长波动范围大，非词首音节短元音音长浮动范围小；词首音节元音明显长于非词首音节元音等观点。

用声学的方法分析语音，确定元音音长多少为长元音或短元音的标准是个复杂的问题，因为关系到发音人的发音速度、风格、语言物理性以及区别意义性。我们在语料标注过程中发现，多数短元音的音长小于 0.08 秒，多数长元音的音长大于 0.11 秒，0.08—0.11 秒长短元音都出现。本次主要分析元音的物理长度，未能涉及影响元音音长因素等问题。

---

① 呼和、确精扎布：《蒙古语语音声学分析》，内蒙古大学出版社 1999 年版。
② 呼和：《蒙古语语音实验研究》，辽宁民族出版社 2009 年版。
③ 哈斯其木格：《蒙古语词内元音音长分布模式》，《民族语文》2015 年第 4 期。

一、分析的语料

本次选用说话语速适中，方言现象少的 D001 和 D008 两个语料（分别为 30 分钟的对话），统计并分析了语料库中出现的所有元音的音长。D001 是内蒙古广播电台的两名播音员的自然对话语料，D008 是内蒙古大学蒙古学学院播音与主持专业的两名大学生的自然对话语料。在非词首音节的短元音的音长，除了特殊重读的时候大于 0.08 秒外，总体都小于 0.08 秒。举例，在分析资料中，音节结构为"短—短"的双音节词共出现 906 个，其中第二音节的元音音长大于 0.08 秒的只出现了 12 次，占总数的 1.3%。鉴于出现频率如此低，我们认为非词首音节的短元音音长大约小于 0.08 秒。音长小于 0.08 秒时，在语料库标注中元音音长分为四个层级的短元音音长范围，非词首音节的短元音音长在此范围内。基于上述现象，本次实验统计分析了词首音节短元音和各音节的长元音音长。

二、问题及解决方法

（一）了解口语词的界定

此语料库是连续口语语料库，因此需要把语料按韵律词切分。在前人研究中常常见到单音节、双音节、三音节词等说法，均为单词朗读语料为基础提到的，所以没有涉及到语流中出现的虚词的变化。利用连续话语的资料做分析，首先要切分单词，其次考虑音节结构及语音等各种现象。所以，有必要准确理解黏着性语言的连续话语语料中的"词"的含义。

在此我们以韵律词为单位切分连续话语资料。韵律词不等于词典词，在连续口语中，情况比较复杂。首先，若虚词和助动词与其前邻实词紧密相连，处在一个节奏群里，将其划分为一个韵律词。例如，yabuǰu bain_a（正在走着）是动词+助动词构成的语法词，在口语中常常说成[jɐβʧɛːn]，是一个韵律词。其次，因不同发音风格导致的同一个词的两种发音，处理方法也不同。例如，xeleǰü baiɣsan ügei（没说）是，动词+助动词+语气词一起构成的语法词。如果发音成[xəlʧɛːsŋkue]，动词和后续的两个虚词紧密连接在一起，无法分开，认为一个韵律词；若发音[xəlʧ]之后停顿，再发音[pɛːsŋkue]，这种情况认为是两个韵律词。在口语中，不同发音风格导致同一个词的音节结构有所不同，需要根据实际发音灵活处理。例如：bičin_e（写）一词发音成[piʧʰin]的时候，其音节结构为"短—短"双音节词；发音成[piʧʰnəː]的时候，音节结构为"短—长"双音节词。在蒙古语中这种不同的发音风格，都属于准确的，常见的现象。因此掌握口语的灵活性，基于实际发音恰当的处理才是获得正确结论的保障。

（二）元音脱落造成的影响

在口语中，词首音节元音有弱化或脱落现象。随着元音的脱落，导致同一类结构词的前后元音次数不相等，本次分析也遇到过此现象。例如，本次分析中最多出现的是"短—长"结构的韵律词。应该是"短—长"结构词中含短元音的音节数和含长元音的音节数相同，即第一音节的短元音的次数和第二音节的长元音的次数是相等的。但是在实际分析中，含短元音的音节有 1843 个，含长元音的音节有 2178 个。这就是第一音节的元音弱化或脱落造成的结果，无法测量第一音节元音的音长。我们用出现频次最多的 tegeged （于是）来举例说明，D001 语料中出现了 416 次，出现的形式为[tʰəkəːt]，[tʰəkəˑt]，[tʰəkət]，[tʰkət]，[tʰkə]，[tʰkəˑt]等，并且其中第一音节元音脱落的现象有 214 次。因此，在同一个词中的元音次数有了明显的差别，影响音节结构的元音的统计。这种现象还关系到本文的"短—短—长"，"短—长—长"等多音节词的元音的统计。

（三）关于复合元音

考虑到复合元音是由两个元音复合而成，所以其物理长度不能比长元音短。因此在语料库中出现的音长短于 0.11 秒的复合元音，标记为<sh>符号。本次分析没有包含复合元音的语料。

三、元音音长分析

利用语料库检索方法把标注好的 TextGrid 文件导入到 Excel，做好整理内容、填充空白格等工作。然后在 Excel 表里手动标记每一个韵律词的音节结构，最后用 Excel 的功能统计分析音长。

所分析的 1 小时的口语语料中，出现了 1 个音节到 7 个音节的韵律词。以 S 代表短元音，以 L 代表长元音，按照韵律词内长短元音的分布分类词的音节结构。单音节词有两个类型，双音节词有 S–S、S–L、L–L、L–S 4 种类型，三音节词有 S–S–S、S–S–L、S–L–S、S–L–L、L–L–L、L–S–S、L–S–L、L–L–S 8 种类型，依此类推，分析资料中出现的韵律词的音节结构类型很多。出现频次多于 20 次的韵律词的结构有 19 种。本节统计分析该 19 种韵律词的词首音节短元音和各音节长元音的物理长度，总共分析 9936 个元音的音长。本研究用 S 和 L 代表词的音节结构，用数字表示音节位数。用表归纳时，词的音节结构—所分析元音的音节位数—元音的长短性质等顺序表示。比如 SLS–1–S 指"短—长—短"结构韵律词的第一音节的短元音。[jɛrʧɛːsən]（说来着）词的音节结构为[jɛr-ʧɛː-sən]，即"短—长—短"，以 SLS 代表词的音节结构，SLS–1–S 表示第一音节的元音[ɛ]，SLS–2–L 表示第二音节的长元音[ɛː]。

（一）词首音节的短元音

语料分析中词首音节含短元音并出现频次超过 20 次的词的结构类型共有 12 种。在表格 3-1 里归纳不同音节结构的词中，词首音节的短元音在不同音长阶段上出现的频次和该结构中所占的比例。

表 3-1   词首音节短元音的音长分布

词的音节类——元音		音长	小于 0.08 秒	0.08—0.11 秒	0.11—0.2 秒	大于 0.2 秒	总计
单音节词	S-1-S	频次	1013	141	55	6	1215
		比例（%）	83.4	11.6	4.5	0.5	
双音节词	SL-1-S	频次	1498	281	64	0	1843
		比例（%）	81.3	15.2	3.5		
	SS-1-S	频次	719	141	44	2	906
		比例（%）	79.4	15.6	4.9	0.2	
三音节词	SSL-1-S	频次	213	34	14	1	262
		比例（%）	81.3	13.0	5.3	0.4	
	SLL-1-S	频次	224	25	8	0	257
		比例（%）	87.2	9.7	3.1		
	SSS-1-S	频次	121	27	6	0	154
		比例（%）	78.6	17.5	3.9		
	SLS-1-S	频次	131	17	2	0	150
		比例（%）	87.3	11.3	1.3		
四音节词	SSSL-1-S	频次	41	3	3	0	47
		比例（%）	87.2	6.4	6.4		
	SSLL-1-S	频次	24	7	1	0	32
		比例（%）	75.0	21.9	3.1		
	SSLS-1-S	频次	22	6	0	0	28
		比例（%）	78.6	21.4			
	SLSL-1-S	频次	20	4	1	0	25
		比例（%）	80.0	16.0	4.0		
	SSSS-1-S	频次	17	3	0	0	20
		比例（%）	85.0	15.0			

表格数据分析：

1. 总体上，词首音节短元音的音长小于 0.08 秒的多，这种现象在 12 种不同结构的词里均占 80%左右。音长小于 0.08 秒，"短—长—短"结构的占比最高，占 87.3%，"短—短—长—长"结构的占比最低，占 75.0%。

2. 12 种不同结构的词中，词首音节短元音音长在 0.08—0.11 秒的比例最高的是"短—短—长—长"结构，占总数的 21.9%。比例最低的是"短—短—短—长"结构，占总数的 6.4%。

3. 不同结构的词中，词首音节短元音音长在 0.11—0.2 秒和大于 0.2 秒范围的出现频次相对少，所占比例低，全部都没能达到 10%。

4. 词首音节元音音长与词的结构无关系。也就是说，单音节、双音节、三音节和四音节词中的第一音节元音音长没有明显的差别。

（二）词首音节的长元音

语料分析中，词首音节含长元音并出现频次超过 20 次的词的结构类型共有 7 种。元音音长统计在于表 3–2。

表 3–2　　　　　　　　词首音节长元音的音长分布

词的音节类——元音		音长	小于 0.08 秒	0.08—0.11 秒	0.11—0.2 秒	大于 0.2 秒	总计
单音节词	L–1–L	频次	190	164	153	23	530
		比例（%）	35.9	30.9	28.9	4.3	
双音节词	LL–1–L	频次	76	89	109	8	282
		比例（%）	27.0	31.6	38.6	2.8	
	LS–1–L	频次	90	108	73	7	278
		比例（%）	32.4	38.8	26.3	2.5	
三音节词	LSL–1–L	频次	16	20	13	0	49
		比例（%）	32.7	40.8	26.5		
	LLS–1–L	频次	9	14	10	4	37
		比例（%）	24.3	37.8	27.0	10.8	
	LLL–1–L	频次	6	11	17	0	34
		比例（%）	17.6	32.4	50.0		
	LSS–1–L	频次	9	12	5	0	26
		比例（%）	34.6	46.2	19.2		

表格数据分析：

1. 单音节和双音节词中，词首音节长元音的长度大于 0.2 秒的出现率低，其他三个音长段的出现频次没有太大的区别。单音节词里小于 0.08 秒的所占比例较高，双音节词的"长—长"结构的 0.11—0.2 秒的所占比例较高，"长—短"结构的 0.08—0.11 秒的所占比例较高。

2. 三音节词中，词首音节长元音的音长小于 0.08 秒 的少，大多数大于 0.08 秒。仔细观察，词首音节元音为长元音的 4 种不同结构的三音节词中，只有"长—长—长"结构的 0.11—0.2 秒范围的占据比例高，达 50%，"长—短—长""长—长—短""长—短—短"三种结构的元音音长是在 0.08—0.11 秒的所占比例最高。

3. 很少出现词首音节元音音长大于 0.2 秒的范围。只有在"长—长—短"结构里大于 0.2 秒的占 10.8%，其他结构的所占比例都没能达到 10%。

（三）第二音节的长元音

分析中，第二音节含长元音并出现频次超过 20 次的词的结构类型共有 7 种。在表格 3-3 里统计第二音节的长元音的音长。

表 3-3　　　　　　　　　第二音节长元音的长度分布

词的音节类——元音		音长	小于 0.08 秒	0.08—0.11 秒	0.11—0.2 秒	大于 0.2 秒	总计
双音节词	SL-2-L	频次	884	743	467	84	2178
		比例（%）	40.6	34.1	21.4	3.9	
	LL-2-L	频次	144	81	54	3	282
		比例（%）	51.1	28.7	19.1	1.1	
三音节词	SLL-2-L	频次	129	104	32	1	266
		比例（%）	48.5	39.1	12.0	0.4	
	SLS-2-L	频次	66	68	22	1	157
		比例（%）	42.0	43.3	14.0	0.6	
	LLS-2-L	频次	21	10	4	0	35
		比例（%）	60.0	28.6	11.4		
	LLL-2-L	频次	20	10	4	0	34
		比例（%）	58.8	29.4	11.8		
四音节词	SLSL-2-L	频次	12	11	2	0	25
		比例（%）	48.0	44.0	8.0		

表格数据分析：

1. 第二音节有长元音的各类词中，"短—长—短"类型的长元音音长在 0.08—0.11 秒之间的占据比例略高，其他各类型的长元音音长在小于 0.08 秒的比例高，其次集中在 0.08—0.11 秒，大于 0.2 秒的极少，占据比率都不到 5%。

2. 词的结构为"短—长—短"和"短—长—短—长"的第二音节的长元音的音长小于 0.08 秒和 0.08—0.11 秒范围中出现的比例相近。

（四）第三音节的长元音

在分析中，第三音节含长元音并且出现频率多于 20 次的词的结构类型出现了 6 种。第三音节长元音的音长统计情况如表 3–4 所示。

表 3–4　　　　　　　　　第三音节长元音的音长分布

音节类——元音		音长	小于 0.08 秒	0.08—0.11 秒	0.11—0.2 秒	大于 0.2 秒	总计
三音节词	SLL–3–L	频次	122	93	48	3	266
		比例（%）	45.9	35.0	18.0	1.1	
	SSL–3–L	频次	129	73	60	9	271
		比例（%）	47.6	26.9	22.1	3.3	
	LSL–3–L	频次	31	11	5	2	49
		比例（%）	63.3	22.4	10.2	4.1	
	LLL–3–L	频次	14	15	5	0	34
		比例（%）	41.2	44.1	14.7		
四音节词	SSLL–3–L	频次	24	6	2	0	32
		比例（%）	75.0	18.8	6.3		
	SSLS–3–L	频次	19	7	2	0	28
		比例（%）	67.9	25.0	7.1		

表格数据分析：

1. 第三音节含长元音的词中，"长—长—长"结构的第三音节元音音长为 0.08—0.11 秒范围的比音长小于 0.08 秒的频次多了一个，比例略高。其他所有类型的第三音节元音的音长，小于 0.08 秒的占据比例高。

2. 除了"长—长—长"结构外，第三音节的长元音音长占据比例最高的音长范围为小于 0.08 秒，均在 40% 以上，时常越长占据比例越低，元音音长大于 0.2 秒的所占比例都未达 5%。

（五）第四音节的长元音

语料分析中第四音节含长元音并且频次超过 20 次的有 3 种结构类型的词。第四音节的长元音音长的统计见表 3–5。

表 3–5　　　　　　　　　第四音节长元音的音长分布

词的音节类——元音		音长	小于 0.08 秒	0.08—0.11 秒	0.11—0.2 秒	大于 0.2 秒	总计
四音节词	SSSL–4–L	频次	24	14	9	0	47
		比例（%）	51.1	29.8	19.1		
	SSLL–4–L	频次	20	5	7	0	32
		比例（%）	62.5	15.6	21.9		
	SLSL–4–L	频次	10	9	6	0	25
		比例（%）	40.0	36.0	24.0		

这三种类型的词中第四音节里出现的长元音音长小于 0.08 秒的比例最高，并在 40%—63%。"短—短—短—长"和"短—长—短—长"结构的词，第四音节的长元音音长为 0.08—0.11 秒的所占比例大于 0.11—0.2 秒。第四音节的元音长度未出现大于 0.2 秒的情况。

四、小结

本节主要分析了一小时自由谈话中出现的元音物理长度。非词首音节短元音音长通常小于 0.08 秒。虽出现极少的大于 0.08 秒的情况，其所占比例很小。故，本节主要统计分析了词首音节短元音音长和在词中音节出现的长元音音长，共计 9936 个元音。通过分析得到以下结论。

（一）词首音节短元音有 4939 个。其中元音音长小于 0.08 秒的有 4043 个，占所有短元音的 81.9%，因此可以认为大多数短元音音长小于 0.08 秒。

（二）短元音音长大于 0.11 秒的很少。

（三）长元音共出现 4997 次，其情况较复杂。如果不考虑含长元音词的音节结构类型、长元音的词中位置以及韵律特征，只观察物理长度的话，小于 0.08 秒的出现 2065 次，占所有长元音的 41.3%；0.08—0.11 秒的出现 1678 次，占所有长元音的 33.6%；0.11—0.2 秒的出现 1109 次，占所有长元音的 22.2%；大于 0.2 秒的出现 145 次，占所有长元音的 2.9%。

（四）词首音节长元音比非词首音节长元音长。长元音出现的位置越靠后其音长越减缩。

（五）单音节和双音节词中出现的词首音节长元音音长分布在小于 0.08

秒、在 0.08—0.11 秒和 0.11—0.2 秒，其在该三个范围里出现的概率大致相同，三音节词的词首音节长元音音长集中在 0.08—0.11 秒。

（六）多数非词首音节元音的音长小于 0.08 秒。下一步我们需要详细研究其与音节类型、词的结构的关系。本次研究没有看出明确的关系。

（七）有必要进一步分析词首音节短元音音长与其音节类型、音节数和语境等有何关联。

通过本次统计分析，大致了解了关于蒙古语元音音长的一些问题。自然口语语料中短元音音长通常小于 0.08 秒，但是长元音的情况比较复杂，其音长如同短元音小于 0.08 秒的也较多，比短元音音长长于一倍的情况极少。语料库中长元音的长度不一致，很难找出规律。有些长元音与短元音的音长相近原因很可能是关系到语言历史的演变。例如，日常谈话中，人们时常把原有含长元音的[peru:n]（西）一词说成长元音短化或弱化的[perun]，甚至有脱落长元音说成[pern]。关于元音长度的影响因素方面需要进一步的研究。

第二节　词首音节元音的清化

在诸多蒙古语语法书籍中对蒙古语短元音的解释是：词首音节短元音清晰，可听辨，第二音节以及之后出现的短元音模糊不清，易于脱落。近年来随着实验语音学的方法进入蒙古语语音研究以来，不断提出新的观点。关于词首音节的短元音，确精扎布（1993）[①]提到，词首音节的元音发生清化现象，有时候完全脱落。白音门德（1997）[②]也提到词首音节元音有清化或脱落现象。瑞典语言学者 Anastasia Mukhanova karlsson（2005）[③]提出蒙古语词首音节的元音有时会脱落，但是第二音节的元音往往都能清晰分辨。玉荣（2011）[④]做了专题研究，考虑不同语音环境中词首音节出现的所有短元音，共选取 1204 个单词做分析。观察元音清化发现，蒙古语词首音节的所有短元音出现清化现象，频率不高，元音清化的主要语音条件为前后出现送气辅音或清擦音。

元音清化现象在其他语言中也普遍存在，但具体情况有所不同。例如，

---

① 确精扎布：《关于蒙古语词重音—语音实验研究中间报告》，《内蒙古大学学报》（蒙文版）1993年第 1 期。

② 白音门德：《巴林土语研究》，内蒙古人民出版社 1997 年版。

③ Anastasia Mukhanova karlsson，Rhythm and Intonation in Halh Mongolian，Printed in Sweden Student litteratur Lund，2005.

④ 玉荣：《蒙古语第一音节元音的脱落与无声化》，《内蒙古大学学报》（蒙文版）2011 年第 6 期。

日本语的元音清化研究的历史比较悠久，不仅涉及语音环境角度的分析，而且也有从语音清化的原因、重音和停顿的影响等方面的探析，并利用喉肌电子图做过分析。前川喜久雄（1989）[①]教授，分析了影响元音清化的语言因素，指出日本语的闭元音[i]、[u]发生清化，其语音环境为前后出现清辅音。他认为由闭元音和清辅音组成的音节中辅音的发音特点不同而引起元音清化的差异；若是清擦音，相比塞音和塞擦音等其他清音更容易导致元音清化；标准语的两个闭元音的清化频率的差异不明显；后置辅音为鼻音时清化的可能性较大。

一、研究目的

本研究从语料库中选出 10 个小时的语料作为研究对象，统计词首音节的元音清化与脱落现象，分析自然口语中哪些元音清化与脱落以及发生的语音环境。

元音清化是指发音时有声元音变成无声，也就是声带不会振动的现象。这种情况下，在语图上能看到由无规律清擦乱纹构成的、相似于清辅音的频谱，能听到不清楚的语音。元音脱落是指，元音消失而听不到看不见的情况。这种情况下在语图上，只能看到相邻辅音的语图。虽然蒙古语的词首音节的所有元音发生清化与脱落现象，但完全脱落的少。本节的研究目的，主要是观察元音清化与脱落现象发生的语音条件，所以少量出现的脱落没有单独分析，清化与脱落一并分析，叫成元音清化，含少量的脱落现象。

二、语料及研究方法

从语料库的 D001、D002、D005、D007、D008、D010、D011、D012、D013、D014、D015、D017、D018、D020、D021、D022、D025、D027、D029、D030 等 20 个文件中筛选出词首音节出现的全部短元音，并对清化元音进行了分析。该 20 个语料的发音者共有 40 位，男性发音人 16 位、女性发音人 24 位。构建语料库时，虽然选择的发音人都受过标准音培训课程的训练，但是在自由谈话资料中难免出现方言特点。我们在加工语料库时坚持根据实际发音转写的原则，按照发音人的实际发音进行标注，因此不追究发音的对与错，方言还是标准音。

分析步骤为将每个声音文件上做标注的 TextGrid 文件，采用语料库的检索方法读入 Excel，结合元音脱落的标注符号和 Excel 表的功能进行统计

[①] 前川喜久雄：『母音の無声化』，『日本語と日本語教育』，第 2 卷日本語の音声音韻，杉籐美代子编集，明治書平成元年（1989）。

分析。

三、元音清化的分析

（一）/ɐ/元音的清化

在 10 个小时的语料中，词首音节的/ɐ/元音 5 次以上发生清化的语境次数以及总数的占据比例，见表 3–6。其中 C1 表示清化元音的前置辅音，C2 表示清化元音的后置辅音，以音位层面标记（以下同样）。

表 3–6 /ɐ/元音的清化

C1	元音	C2	清化	总数	比例（%）
ʧ	ɐ	x	9	36	25.0
x	ɐ	l	14	60	23.3
ʧ	ɐ	s	13	78	16.7
tʰ	ɐ	l	61	402	15.2
j	ɐ	p	92	675	13.6
s	ɐ	n	20	276	7.2
x	ɐ	m	25	356	7.0
j	ɐ	m	22	329	6.9
p	ɐ	k	23	431	5.3
k	ɐ	r	25	533	4.7
j	ɐ	r	20	522	3.8
x	ɐ	r	7	209	3.3
s	ɐ	r	6	238	2.5
ʧʰ	ɐ	k	7	321	2.2

表格数据分析：

1. 由于前后辅音的不同，元音清化频次差异较大，在语料库中出现的总数差别也较大。

2. /ɐ/元音清化的前置辅音有/x, s, j, tʰ, p, k, ʧ, ʧʰ/等擦音、塞音和塞擦音，其后置辅音除了有/x, s, p, k/等擦音和塞音之外还有/m, l, n, r/等浊音。

3. 按/ɐ/元音清化所占比例大小排列的前后辅音序列为/ʧ-x/>/x-l/>/ʧ-s/>/tʰ-l/>/j-p/>/s-n/>/x-m/>/j-m/>/p-k/>/k-r/>/j-r/>/x-r/>/s-r/>/ʧʰ-k/。前置辅音为塞擦音、擦音或送气塞音，后置辅音为擦音、塞音的擦音变体和边音/l/辅音的清化变体条件下，/ɐ/的清化比例高，达

10%—25%。前置辅音为擦音或塞音的擦音变体，后置辅音为鼻音或塞音条件下，/ɐ/的清化比例为7%—10%。前置辅音为塞音、擦音、塞擦音，后置辅音为/r/或/k/时清化比例小于5%。

4. 与/ɐ/元音的清化有关联的辅音以塞音、塞擦音、擦音等清辅音为主。后置辅音为浊音时也出现清化现象，这种情况比较复杂，从语图上看，难以分辨清化元音和浊辅音的边界。

（二）/ɛ/元音的清化

蒙古语中元音 ɑ 受到其后面的 i 元音的影响而出现元音前化现象，读作[ɛ]。比如，xara-xari（看一回）的发音为[xɐr-xɛr]，bara-bari（结束—抓住）的发音为[pɐr-pɛr]等。在 10 个小时的语料中，/ɛ/元音在同等语音环境下 5 次以上清化的频次以及该条件下语料中出现的总数等，见表 3–7。

表 3–7　　　　　　　　　　　　/ɛ/元音的清化

C1	元音	C2	清化	总数	比例（%）
t	ɛ	x	44	162	27.2
x	ɛ	tʰ	18	123	14.6
tʃʰ	ɛ	t	22	148	14.9
tʃʰ	ɛ	r	9	101	8.9
x	ɛ	r	14	417	3.4
ʃ	ɛ	l	7	211	3.3

从表格可以看出/ɛ/元音清化的语音条件是较集中的。

1. 观察/ɛ/元音清化的语音环境，前置辅音为擦音、塞擦音和塞音，后置辅音为擦音、塞音和颤音、边音。按清化/ɛ/元音的大小比例可排列成/t-x/>/x-tʰ/>/tʃʰ-t/>/tʃʰ-r/>/x-r/>/ʃ-l/等前后辅音的语境。

2. 从表格的数据可以清楚地观察到，出现在塞音、塞擦音、擦音中间的元音/ɛ/的清化次数较多，所占比例高。而当/ɛ/元音后面的辅音为浊音时，虽然也会清化，但所占的比例小，不到10%。

（三）/ə/元音的清化

在 10 个小时的语料分析中，/ə/元音的清化比其他元音多，共出现 2579 次，占清化元音总数的 53%。所出现的前后辅音序列种类也比其他元音的多，在同一个语音环境下 5 次以上清化的频次以及该语音条件下语料中出现的总数的统计，如下表 3–8 所示。

表 3-8 /ə/元音的清化

C1	元音	C2	清化	总数	比例（%）
tɕʰ	ə	tɕʰ	18	19	94.7
x	ə	tɕʰ	72	79	91.1
k	ə	s	317	377	84.1
k	ə	tʰ	25	34	73.5
k	ə	x	95	151	62.9
s	ə	tʰ	74	146	50.7
tʰ	ə	k	876	1855	47.2
tɕʰ	ə	k	210	465	45.2
x	ə	s	12	31	38.7
tʰ	ə	x	18	51	35.3
t	ə	s	8	24	33.3
k	ə	tɕ	185	650	28.5
k	ə	p	17	74	23.0
x	ə	p	5	26	19.2
k	ə	t	29	166	17.5
k	ə	r	44	323	13.6
tʰ	ə	n	42	302	13.9
x	ə	l	99	727	13.6
k	ə	n	21	163	12.9
t	ə	l	9	85	10.6
x	ə	r	22	235	9.4
tʰ	ə	r	179	2125	8.4
k	ə	j	6	95	6.3
tʰ	ə	t	8	141	5.7
x	ə	t	17	329	5.2
m	ə	t	17	350	4.9
x	ə	n	5	107	4.7
n	ə	k	37	3280	1.1

表格数据分析：

1. /ə/元音的清化现象较多，其语音环境种类也较多。该元音 5 次以上清化的语音环境比其他元音多，其不同的辅音组合出现 28 种。/ə/元音在不同语音条件下清化的比率差别大，清化比例最高可达 94.7%，最小 1.1%。语料库中该元音在不同辅音序列中出现的频次差距较大，有些出现几千次，有些出现几十次等，比如，语料中/tʃʰətʃʰ/共出现 19 次，而/nək/出现 3280 次。

2. /ə/元音清化的前置辅音/tʃʰ, tʰ, t, k, x, s/等塞擦音、塞音和擦音之外还有/m/，/n/两个浊辅音。后置辅音/tʃ, tʃ, tʰ, t, k, x, s, p/等塞擦音、塞音和擦音之外还有/l, n, j, r/等浊辅音。

3. /ə/元音清化的语音环境是前置辅音为/tʃʰ, x, s, k/等送气塞擦音、擦音、塞音，后置辅音为/tʃʰ, s, tʰ, x/等送气塞擦音和塞音、擦音时，清化的比例高达 50%以上。当前置辅音为/tʃʰ, tʰ, t, x/等送气塞擦音和塞音、擦音或塞音，后置辅音为/x, s, k/等不送气塞音或擦音时，清化的比例也较高，在 30%—50%。而出现在不送气塞音和擦音中间的元音/ə/的清化比例较低，占 15%—30%。前置或后置辅音为浊辅音时，清化比例较低，小于 15%。前后置辅音为/tʰ-t/，/x-t/的情况下，清化比例小于 15%。

4. /ə/元音清化的最大诱因可能是相邻辅音的送气或强摩擦特征，前置辅音条件比较稳定，根据后置辅音的不同而清化比例有所不同，可见后置辅音的影响力比前置辅音大。分析资料中，前置辅音为塞音/k/的条件下，出现 9 个不同的后置辅音，并且清化比例各不相同，最高 84.1%，最低 6.3%，受到后置辅音的影响较大。另外，若后置辅音为浊辅音时，清化的占据比例较低。

根据分析，/ə/元音容易清化，其语音条件比较广泛，清化比例的差别大。送气音、擦音、塞擦音、塞音的条件下清化比例高。

（四）/i/元音的清化

在 10 个小时的语料分析中，不同语音环境下/i/元音的清化比例差别大。/i/元音在同一个语音环境下 5 次以上清化的频次以及该条件下语料库中出现的总数等归纳，见表 3-9。

表 3-9 　　　　　　　　　　　/i/元音的清化

C1	元音	C2	清化	总数	比例（%）
tʃ	i	ʃ	47	58	81.0
p	i	tʃʰ	66	165	40.0
tʃʰ	i	m	6	16	37.5
tʃʰ	i	k	5	18	27.7
tʃʰ	i	n	13	58	22.4
p	i	tʰ	5	28	17.9
ʃ	i	ŋ	10	57	17.5
ʃ	i	l	10	65	15.4
ʃ	i	n	12	125	9.6
tʃ	i	l	10	348	2.9

表格数据分析：

1. /i/元音在前后不同辅音的条件下，清化比例有所不同，而且语料库中出现的总数差别也比较大。/i/元音清化的最高比例达 81.0%，最小比例为 2.9%。

2. /i/元音清化的语音环境，前置辅音为/p, tʃ, tʃʰ, ʃ/等塞音、塞擦音和擦音。而后置辅音除了有/tʃʰ, tʰ, k, ʃ/等塞擦音、塞音和擦音之外还有鼻音和边音/l，m，ŋ，n/等浊辅音。

3. 按/i/元音清化所占比例的大小排列前后辅音序列为/tʃ-ʃ/>/p-tʃʰ/>/tʃʰ-m/>/tʃʰ-k/>/tʃʰ-n/>/p-tʰ/>/ʃ-ŋ/>/ʃ-l/>/ʃ-n/>/tʃ-l/等。在语料中出现的清化/i/的相关单词比较集中，同一个语音条件下清化的几十个/i/元音，在语料库中只关联一两个语法词。比如，前置辅音为塞擦音/tʃ/,后面的辅音为擦音/ʃ/时，/i/元音清化的比例为最高，语料库中只关系到 jišiy_e（例）[tʃiʃəː]一个词根。

4. /i/元音清化的前置语音条件均为清音，后置辅音则浊和清音都出现。其中前后辅音均为清塞音、擦音、塞擦音时，清化比例占清化/i/元音总数的 66.8%，可以推定，虽然/i/元音清化的后置辅音为浊辅音多，但是清化的语音条件为清塞音、塞擦音和擦音的占据比例高。

5. /i/元音清化的后置辅音为浊辅音的种类多。分析 10 种不同前后辅音序列，6 种的后置辅音为浊音，出现浊辅音时比较复杂，在语图上很难分辨出是弱化元音还是浊辅音。

（五）/ɔ/元音的清化

在 10 个小时的自然对话语料中，/ɔ/元音的清化总数为 402 次。/ɔ/元音在同一个语音环境下出现 5 次以上清化现象的前后辅音序列以及该条件下语料库中出现的总数等，见表 3-10。

表 3-10　　　　　　　　　　　/ɔ/元音的清化

C1	元音	C2	清化	总数	比例（%）
tʃʰ	ɔ	x	29	46	63.0
j	ɔ	s	55	143	38.5
x	ɔ	ʃ	15	41	36.6
tʰ	ɔ	tʰ	20	66	30.3
tʃ	ɔ	x	12	46	26.1
tʃ	ɔ	k	6	23	26.1
tʰ	ɔ	s	8	35	22.9
x	ɔ	tʰ	16	120	13.3

续表

C1	元音	C2	清化	总数	比例（%）
p	ɔ	s	5	53	9.4
x	ɔ	p	11	147	7.5
tʰ	ɔ	k	5	92	5.4
x	ɔ	r	5	131	3.8
p	ɔ	l	25	788	3.2

表格数据分析：

1. 由于元音前后的辅音不同，/ɔ/元音的清化频次也有所差异，并且语料库中出现的总数差别较大。清化元音所占比例之间的差别大，比例最高达 63.0%，最低为 3.2%。

2. 清化/ɔ/元音的前置辅音有/tʃʰ, tʃ, tʰ, p, x, j/等塞擦音、塞音、擦音，后置辅音有/x, s, ʃ, p, tʰ, t, k, r/等擦音、塞音和颤音，语音环境较集中。

3. 按清化元音所占比例大小的顺序可以排列为/tʃʰ-x/>/j-s/>/x-ʃ/>/tʰ-tʰ/>/tʃ-k/>/tʃ-x/>/tʰ-s/>/x-tʰ/>/p-s/>/x-p/>/tʰ-k/>/x-r/>/p-t/ 等辅音序列。虽然/ɔ/元音清化的语境主要为塞擦音、擦音和塞音，但所占的比例差别较大。若前后辅音为送气塞音和塞擦音、擦音，那么/ɔ/元音的清化比例较高，占 30%—63%。前后辅音为塞擦音、擦音、塞音时清化比例为 10%—30%。前后辅音为塞音、擦音、浊音的语音环境下/ɔ/元音清化比例较低，小于 10%。

语料分析中，/œ/元音的清化较少。5 次以上清化的前后辅音序列只有/tʰ-x/，在语料库中共出现 38 次，其中 11 次有清化现象，占 28.9%。

（六）/ʊ/元音的清化

在 10 个小时的语料分析中，/ʊ/元音的清化总数共有 336 次，在同一个语音环境下 5 次以上清化以及该条件下语料库中出现的总数等统计，见表 3–11。

表 3–11　　　　　　　　　　/ʊ/元音的清化

C1	元音	C2	清化	总数	比例（%）
x	ʊ	k	38	52	73.1
tʃʰ	ʊ	x	18	29	62.1
tʃ	ʊ	s	14	23	60.9
tʰ	ʊ	tʰ	8	15	53.3
x	ʊ	ʃ	61	120	50.8

续表

C1	元音	C2	清化	总数	比例（%）
tʰ	ʊ	x	41	100	41.0
t	ʊ	tʰ	5	13	38.5
p	ʊ	tʃʰ	13	42	31.0
tʰ	ʊ	s	15	88	17.0
k	ʊ	tʃʰ	7	52	13.5
x	ʊ	p	6	63	9.5
s	ʊ	r	56	894	6.3
t	ʊ	r	5	120	4.2

表格数据分析：

1. /ʊ/元音的清化情况与其他元音一样，清化元音的所占比例之间也有差异，但是清化发生的前后辅音条件的种类少，清化的总数较多。

2. 分析/ʊ/元音清化的语音条件，前置辅音为/tʃ, tʃʰ, tʰ, t, x, s, p, k/，后置辅音为/tʃʰ, tʰ, s, ʃ, x, k, p, r/等主要为塞音和塞擦音、擦音。后置辅音为/r/时也出现清化，但占据比例小。

3. 按清化元音所占比例大小的顺序可以排列为/x-k/>/tʃʰ-x/>/tʃ-s/>/tʰ-tʰ/>/x-ʃ/>/tʰ-x/>/t-tʰ/>/p-tʃʰ/>/tʰ-s/>/k-tʃʰ/>/x-p/>/s-r/>/t-r/。虽然/ʊ/元音清化的语境主要为塞擦音、擦音和塞音，但清化元音所占比例之间的差异大。最高达到73.1%，最低仅为4.2%。若前置辅音为送气塞音和擦音或塞擦音时，/ʊ/元音的清化比例较高，可达40%以上。

（七）/o/元音的清化

在10个小时的语料分析中，/o/元音的清化总共出现111次，在同一个语音环境下/o/元音5次以上发生清化以及该语音条件的语料库中出现的总数统计，见表3-12。

表3-12　　　　　　　　　　　　　/o/元音的清化

C1	元音	C2	清化	总数	比例（%）
x	o	x	26	87	29.9
x	o	tʰ	14	55	25.5
tʃ	o	p	6	36	16.7
tʰ	o	p	5	35	14.3
x	o	t	7	91	7.7
j	o	r	8	222	3.6

表格数据分析：

1. /o/元音清化的总数少，且出现的语音环境较集中。/o/元音的清化比率最高占总数的29.9%，由此可以发现/o/元音相比其他元音不易清化。

2. 分析/o/元音清化的语音条件，前置辅音为/x, tʃ, tʰ, j/，后置辅音为/x, tʰ, p, t, r/等。出现在擦音或送气音之间时/o/元音较容易清化。前后语音条件为/j-r/时/o/元音的清化所占比例最低，为3.6%。

（八）/u/元音的清化

在10个小时的自然语料分析中，/u/元音的清化总数有382次。同样的语音环境下/u/元音5次以上发生清化以及该条件下的语料库中出现的总数等归纳，见表3-13。

表3-13　　　　　　　　　　/u/元音的清化

C1	元音	C2	清化	总数	比例（%）
p	u	tʰ	7	18	38.9
x	u	s	10	27	37.0
x	u	ŋ	16	44	36.4
x	u	tʃʰ	23	66	34.8
tʰ	u	k	7	22	31.8
x	u	m	58	211	27.5
p	u	x	30	140	21.4
x	u	r	48	250	19.2
x	u	x	7	40	17.5
s	u	r	6	39	15.4
x	u	k	6	46	13.0
p	u	k	14	133	10.5
x	u	t	7	86	8.1
x	u	n	41	589	7.0
p	u	r	34	565	6.0
t	u	r	5	156	3.2

表格数据分析：

1. 虽然/u/元音清化的前后辅音的种类较多，但总数的所占比例不高，最高仅达38.9%。同其他元音的情况一样，清化元音所占比例之间的差异较大。

2. 分析/u/元音清化的语音条件，前置辅音为/p, tʰ, t, x, s/等塞音或擦音，后置辅音除了有/tʃʰ, tʰ, s, x, k, t/等清辅音以外，还有/ŋ, m, n, r/等浊辅音。

四、小结

本次对 40 名发音人 10 个小时（约 10 万字）的 20 份话语材料进行元音清化现象的分析。分析结果归纳如下。

（一）分析的所有资料中均出现清化现象，并且蒙古语的词首音节所有元音均发生清化现象，故可以判断蒙古语元音清化现象是普遍存在的。分析资料中元音清化现象共出现 4857 次。其中 /ə/ 元音的清化频次最多，共 2579 次，占清化元音总数的 53.1%。其他元音的清化频次分别为 /ɔ/ 元音 402 次，/u/ 元音 382 次，/ʊ/ 元音 336 次，/ɐ/ 元音 349 次，/i/ 元音 279 次，/ɛ/ 元音 244 次，/o/ 元音 111 次，/œ/ 元音 15 次。还有词首元音（以元音开头的词）清化的出现 160 次。

（二）元音发生清化的语音条件种类居多，即清化元音的前后出现辅音的种类多，元音在相同的语音环境下发生 5 次以上清化的前后辅音种类共出现 70 种。例如，5 次以上发生清化的 /ə/ 元音的前后辅音类型有 28 种，/ɔ/ 元音的有 13 种。所有清化的元音中，只是元音 /o/ 和 /œ/ 的清化频次较少，且语音环境比较集中、单一。

（三）各元音清化的最高比率不均等，最高比例的前后语音环境也不同。前后语音环境主要为塞擦音、塞音和擦音。各元音清化的最高比例及语音环境，见表 3-14。

表 3-14　　　　　　　　　各元音清化的最高比例及语音环境

元音	C1	C2	清化	总数	比例（%）
ɐ	ʧ	x	9	36	25.0
ə	ʧʰ	ʧʰ	18	19	94.7
i	ʧ	ʃ	47	58	81.0
ɔ	ʧʰ	x	29	46	63.0
ʊ	x	k	38	52	73.1
o	x	x	26	87	29.9
u	p	tʰ	7	18	38.9
ɛ	t	x	44	162	27.2
œ	tʰ	x	11	38	28.9

（四）各元音在不同语音环境下的清化频次以及比率的差别较大。例如，/i/ 元音在 /ʧ-ʃ/ 语音环境下清化比率为 81.0%，在 /ʧ-l/ 语音环境下清化比率为 2.9%，如此，各个元音的清化比例相差大。

（五）各元音在相同的语音环境下的清化频次以及比率差别较大。比如，/tʃʰ-tʃʰ/语音环境下/ə/元音的清化比率为94.7%，但是其他元音没有发生清化。本次分析中相同的语音条件下最多出现 5 种元音清化现象。即，前后辅音为/x-r/的条件下/ə/、/ɔ/、/u/、/ɐ/、/ɛ/等元音出现了清化现象，但清化比例均不高。/u/元音的清化比例最高，占 19.2%，其他元音的清化比率都不到10%。本次分析中没有出现四种不同元音在相同的语音条件下发生清化的现象。在前后辅音为/tʰ-x/、/tʰ-k/、/tʃ-k/、/x-tʰ/、/x-p/、/s-r/、/x-t/等语音环境下出现了不同 3 个元音清化现象。清化的比例均不高，达不到50%。例如，/tʰ-x/条件下的/ə/、/ʊ/、/œ/等元音发生清化的比例分别为35.3%、41.0%、28.9%。

相同语音环境下不同两个元音发生清化现象的前后辅音序列有20种。辅音环境及其清化元音如下：/x-tʃʰ/：/ə, u/，/tʃʰ-x/：/ɔ, ʊ/，/x-ʃ/：/ɔ, ʊ/，/x-k/：/u, ʊ/，/tʰ-tʰ/：/ɔ, ʊ/，/tʃ-s/：/ʊ, ɐ/，/x-s/：/ə, ʊ/，/p-tʃʰ/：/ʊ, i/，/p-tʰ/：/u, i/，/tʃ-x/：/ɔ, ɐ/，/x-x/：/u, o/，/tʰ-s/：/ɔ, ʊ/，/x-l/：/ə, ɐ/，/x-m/：/u, ɐ/，/ʃ-l/：/i, ɛ/，/k-r/：/ə, ɐ/，/p-k/：/u, ɐ/，/x-n/：/ə, u/，/j-r/：/ɐ, o/，/t-r/：/u, ʊ/。归纳看，前置辅音有/x, tʰ, tʃʰ, s, tʃ, p, ʃ, k, j, t/等，后置辅音有/tʃʰ, x, ʃ, k, s, tʰ, t, p, l, m, n, r/等。

（六）连续话语材料中不仅出现词首音节元音的清化现象，也有词首元音（元音开头的词，前面没有辅音）清化的现象。这种现象在本次分析中共出现 160 次，其中词首/ə/元音的清化最多，在[ŋ]辅音的前面 89 次，[x]和[n]辅音的前面清化 10 次。

（七）元音清化频次与总数相比发现，分析资料中的总数多，清化比率低，总数少，反倒清化比例高。例如，/xətʃʰ/的语料中出现的总数为79 次，其中/ə/元音有 72 次的清化，占总数的91.1%。/tʰər/在语料中出现的总数为 2125 次，其中/ə/元音有 179 次的清化，占总数的8.4%。/ɔ/元音在/tʃʰ-x/语境中出现的总数为 46，有 29 次的清化，占总数的比例较高；/pɔl/在语料中出现的总数为 788 次，有 25 次的清化，其比例较低。当然，语料中出现的总数较少情况，相关的单词也少，同一个词根的语法词较多，今后可以对前后辅音相同的不同单词之间进行比较。

通过分析发现蒙古语词首音节元音的清化现象是很普遍存在的语音变化现象。元音清化的语音条件较为广泛，前后辅音的种类较多。各元音发生清化比例较高的主要语音环境为塞音、塞擦音、擦音等清音，且送气、擦音时更容易清化。元音清化现象中前后辅音的性质是最为重要的条件。但也不能忽略词的结构、长短元音的位置、音的强弱、高低、音势以及发音速度、方言等诸多方面的因素，该问题作为今后的研究题目需要进一步探究。

附图

图 3–1：/ʧ-x/条件的/ɐ/元音的清化

图 3–2：/t-x/条件的/ɛ/元音的清化

图 3–3：/ʧʰ-ʧʰ/条件的/ə/元音的清化

图 3–4：/ʧ-ʃ/条件的/i/元音的清化

图 3–5：/ʧʰ-x/条件的/ɔ/元音的清化

图 3–6：/t-tʰ/条件的/ʊ/元音的清化

图 3–7：/tʰ-l/条件的/o/元音的清化

图 3–8：/x-ʧʰ/条件的/u/元音的清化

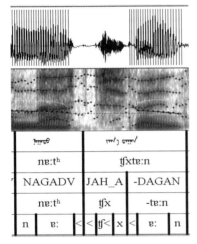

图 3–1 /ɐ/元音的清化

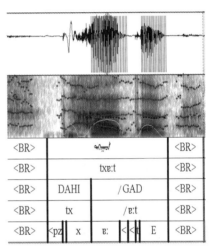

图 3–2 /ɛ/元音的清化

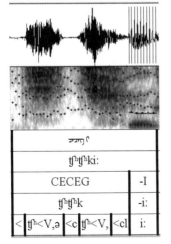

图 3–3 /ə/元音的清化

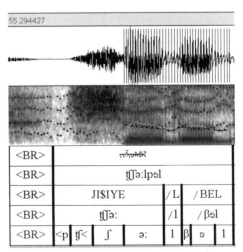

图 3–4 /i/元音的清化

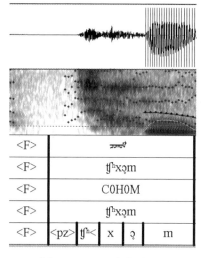

图 3-5　/ɔ/元音的清化

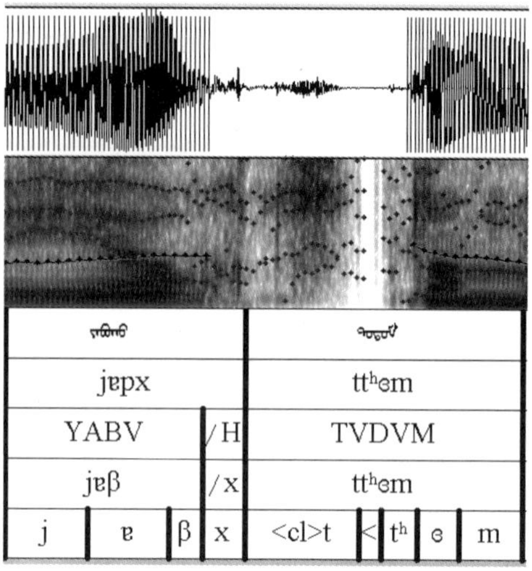

图 3-6　/ʊ/元音的清化

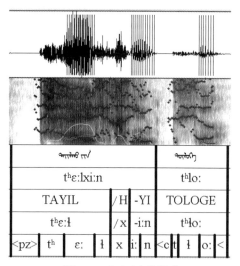

图 3-7　/o/元音的清化

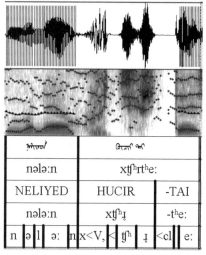

图 3-8　/u/元音的清化

第三节　词首音节的/ɪ/元音

关于蒙古语阳性词词首音节的/ɪ/元音，专家学者的观点不一致。一些专家认为，/ɪ/元音是独立的音位，而有的则看成它不是独立的音位，是音位变体。尽管在《蒙古语标准音水平测试大纲》（2009）^①中把元音/ɪ/当作独立音位，但是专家们的意见还未得到统一。因此有必要在语言应用中继续探究该元音。

一、研究概况

学者们对蒙古语阳性词词首音节/ɪ/元音的研究比较多，传统语音学描写方法的研究有：

（一）《现代蒙古语》（1964）[②]，i 为舌面前、口腔开合度为"闭"、非圆唇、阳性元音。发 i 音时，口腔开合度为"闭"，舌根后缩，中前部分向上靠近硬腭，嘴唇往两旁进一步伸展。

（二）那森柏等（1982）[③]，察哈尔音系有一个特殊音 [ɪ]，是舌面前、非圆唇、半高，与国际音标的 [ɪ] 相似。只出现在词首音节，少数词语中区别词义。该音多数方言土语中不存在，所以没纳入标准音系统。

（三）武达（1982）[④]，察哈尔土语有阴阳两个 i 音，没有中性 i。ɪ是阳性、舌前、非圆唇、次高元音。与阴性 i 相比，舌位稍靠后并且紧张。

（四）那德木德（1986）[⑤]，ɪ是口腔半闭、非圆唇、紧元音。发音时咽部紧张，舌面前部隆起，唇形呈扁平且向两嘴角微微拉开。

（五）清格尔泰（1999）[⑥]，发 [ɪ] 音时，口腔开合度为"闭"、舌位为前、非圆唇、阳性元音。与汉语的 [i] 相比，舌根向后缩，喉头有些紧张并且发音部位稍靠后一些，嘴唇往两旁明显伸展。

（六）诺尔金（1998）[⑦]认为，元音 [ɪ] 是舌前、非圆唇、半高、阳性元音。与 [i] 比发音稍靠后，与闭音 [i] 相比发音部位稍靠前、口腔稍开合。该元音与蒙古语书面语的阳性词词首音节的 i 音相符合，不会在第一音节之后出现。因为 [ɪ] 元音通常在阳性词里使用，所以在多音节词中不会与 [i] 相同条件下出现。只有在单音节词中与 [i] 对立、辨别词义。

（七）呼日勒巴特尔（1993）[⑧]，阳性词词首音节的 i（ᠢ）元音，在察

---

① 蒙古语标准音水平测试大纲编写组：《蒙古语标准音水平测试大纲》（修订本），内蒙古人民出版社 2009 年版。

② 内蒙古大学蒙古语文研究所：《现代蒙古语》，内蒙古人民出版社 1964 年版。

③ 那森柏等：《现代蒙古语》，内蒙古教育出版社 1982 年版。

④ 武达：《察哈尔土语语音音系系统的某些特点》，《内蒙古大学学报》（蒙文版）1982 年第 4 期。

⑤ 那德木德：《蒙古语察哈尔土语的元音和辅音》，《民族语文》1986 年第 5 期。

⑥ 清格尔泰：《现代蒙古语语法》（修订版），内蒙古人民出版社 1999 年版。

⑦ 诺尔金：《标准音——察哈尔土语》，内蒙古人民出版社 1998 年版。

⑧ 乌·呼日勒巴特尔：《关于察哈尔土语阳性词词首音节 i 元音》，《蒙古语文》1993 年第 11 期。

哈尔土语发音成[iɛ]或[ɛ]，并非发成 [ɪ] 音。呼日勒巴特尔（2007）[①]指出，书面语有些词的第二音节有ɑ元音的条件下，第一音节的 i 元音发成 æ 音。实际上，它是ɑ元音的音位变体，并非独立的音位。

（八）《蒙古语标准音水平测试大纲》（2009）认为，[ɪ] 元音是舌前、次闭、非圆唇、阳性音。该元音与书面语的阳性词第一音节的 i （ᠢ）元音相符合。因此，[ɪ] 元音只出现在词首音节。标准音的词首音节的元音 [ɪ] 与阴性 [i] 相对立，并且有分辨词义的作用。

还有些学者使用实验语音学的方法分析过阳性词词首音节的 i 音。

（九）呼和、确精扎布（1999）[②]认为，[ɪ] 是独立的音位，其共振峰值为 F1＝481Hz，F2＝1947Hz。

（十）呼和（2009）[③]，指出察哈尔土语中确实存在[iː]～[i]和[ɪː]～[ɪ]的对立现象，但是现实中，这种对立相对少；该地区的人甚至广播电视播音员之间的读法也不一致；人数庞大的基础土语中没有该元音。还指出，标准音中把 [ɪ] 和 [ɪː] 归纳为/ɛ/和/ɛː/的自由变体可能更为切合实际。

（十一）图雅（2018）[④]认为，阳性词词首音节的 [ɪ] 元音在词首音节中发音成[jᶜɛ]，Cʲ+[ɪɛ～ᶜɛ～ᶜɛ]，像复合元音。若在词首，前面增加[j]发音，若 [ɪ] 元音前有辅音、该辅音腭化，[ɪ] 元音基本上属于前元音，开合度一直有变化，与[ɛ]元音的差别比较大。

（十二）哈斯其木格（2019）[⑤]认为，[ɪ] 元音是次高、舌前元音。开合度比[ɛ]小，稍前，比 [i] 元音开合度大、稍后。接近于[ɛ]元音，但没有完全统一化，它还保持着音位的功能。

喀尔喀蒙古语中，符拉基米尔佐夫（1988）[⑥]认为，前元音 [ɪ] 是非唇化的闭元音，发音时舌向后移，比 [i] 开口更大一些。Ж·Цолоо（2008）[⑦]，认为喀尔喀蒙古语的 i 元音是中性音位，阴阳性词里都可以使用。

二、分析资料及研究方法

本研究从语料库中选取 5 个小时的语料进行分析。选取的语料为 D001、

[①] 乌良合台·呼日勒巴特尔：《现代蒙古语标准音》，内蒙古大学出版社 2007 年版。

[②] 呼和、确精扎布：《蒙古语语音声学分析》，内蒙古大学出版社 1999 年版。

[③] 呼和：《蒙古语语音实验研究》，辽宁民族出版社 2009 年版。

[④] 图雅：《标准音/ɪ/元音音质的声学分析》，《内蒙古大学学报》（蒙文版）2018 年第 6 期。

[⑤] 哈斯其木格：《蒙古语阳性元音/ɪ/》，《蒙古语文》2019 年第 12 期。

[⑥] 符拉基米尔佐夫：《蒙古书面语与喀尔喀方言比较语法》，陈伟、陈鹏译，青海人民出版社 1988 年版。

[⑦] Ж·Цолоо，Орчин Цагийн Монгол Хэлний Авиа Зүй，УЛААНБААТАР，2008.

D009、D011、D013、D014、D017、D023、D027、D029、D030 等 10 组谈话资料。发音合作人为 5 位男生、15 位女生共 20 位，人员构成为编辑记者、播音员以及公务员。

首先从《蒙汉词典》（修订本）[①]中选取阳性词词首音节含 i（ᠠ）元音的常用词 ilalta（胜利），ilangγuy_a（更加），ilay_a（苍蝇），ilγaγ_a（区别），imaγ_a（羊），imaγta（经常），inaγ（亲爱），ibčuu（窄），iraγu（优雅），irγui（白头翁），niγta（密），nimbai（认真），niγtača（密度），nidunun（去年），χimda（便宜），χingγan（兴安），χiǰaγarlal（限制），χitad（汉），γilaγar（光亮的），γiltaγanaχu（闪光），mingγ_a（千），lingχua（莲花），činar（性），čidal（力量），čidaχu（会），ǰira（六十），ǰirγal（幸福），ǰiγsaγal（队列），siltaγan（原因），silγalta（考试）30 个词。其次，从语料库中搜索以上 30 个词（含语法变化词），根据词首音节 i（ᠠ）元音的共振峰值分析该元音的性质和语音特点。

在 5 个小时的语料中查找以上词共出现 275 次，其中词首音节的元音清化，没能提取元音共振峰值的有 12 次，故本次分析了 263 个词的词首音节的元音。元音清化的词有：niγta：1 次，χitad：3 次，ǰiγsaγal：1 次，čidaχu：2 次，čidan_a：1 次，čidadaγ：1 次，silγalta：1 次，silγadaγ：1 次，silγačiχal_a：1 次等。

三、分析元音/ɪ/的特点

本节分析/ɪ/元音的声学特征时，参考了呼和、确精扎布（1999）中提出的元音的 F 值。该书中指出，[A] 元音的 F1=779Hz、F2=1463Hz，[ɪ] 元音的 F1=481Hz、F2= 1947Hz，[ɛ] 元音的 F1=530Hz、F2=1844Hz，[i] 元音的 F1=281Hz、F2=2146Hz。根据该书指出的 F 值，分析的 263 个单词词首音节的 i（ᠠ）元音在自然口语中出现了 [ɛ]，[ɪ]，[jɛ]，[i]，[jɐ] 5 种对应发音。下面按着出现率的顺序介绍详细情况。

（一）[ɛ]

阳性词词首音节的 i（ᠠ）元音发音成 [ɛ] 共出现 168 次。出现在 imaγ_a（羊），inaγ（亲爱），iraγu（优雅），niγtača（密度），χimda（便宜），nidunun（去年），γilaγar（光亮的），mingγ_a（千），silγaχu（考试），siltaγan（原因），činar（性），čidaburi（能力），čidaχu（会），ǰira（六十），χitad（汉）15 个词（含语法词）的词首音节。该发音分析的 10 组谈话资料中都出现，比较普遍使用。其平均共振峰值 F1=573.05Hz、F2=2210.49Hz。该值与呼

① 内蒙古大学蒙古学研究院蒙古语文研究所：《蒙汉词典》（修订本），内蒙古大学出版社 1999 年版。

和、确精扎布（1999）的［ɛ］的值较相近。口腔开合度为半低，舌位较前。

（二）［ɪ］

阳性词词首音节的 i（ᵞ）元音发音成［ɪ］，共出现 72 次。关系到 D001、D011、D013、D017、D023、D030 等语料中的 ilangɣuy_a（更加），imaɣta（经常），ilaɣ_a（苍蝇），ilɣaɣ_a（区别），irɣui（白头翁），inaɣ（亲爱），iraɣu（优雅），χimda（便宜），χitad（汉），nidunun（去年），χijaɣarlal（限制），mingɣ_a（千），silɣalta（考试），čidaχu（会）14 个词（含语法变化词）。平均共振峰值为 F1=425.37Hz、F2=1969Hz，该值与呼和、确精扎布（1999）的［ɪ］值较相近。口腔开合度为次高，舌位较前。

（三）［jɛ］

阳性词词首音节的 i（ᵞ）元音，首先发辅音［j］后再发［ɛ］的复合形式出现 16 次，在 D001、D013、D017 三个语料的 ilalta（胜利），irɣui（白头翁），ilɣaɣ_a（区别），iraɣu（优雅）等词中出现。

除出现上述［jɛ］发音外，后置元音发音成［ɐ］的出现 1 次。在 D023 语料的 ibčuu（窄）词根的语法词 ibčuuraǰu（变窄）中出现。其共振峰值为 F1=678Hz、F2=1508Hz，该值与呼和、确精扎布（1999）的［ʌ］元音的值较相近，并且听感明显接近于［ɐ］元音。口腔开合度为开，舌位比起后元音较靠前。

词首音节的 i 元音发音时前面带辅音［j］的单词都是元音开头的词，可以理解为阳性词词首为 i 元音时，有时候带辅音［j］发音，但是并非阳性词词首为 i 元音的所有词有这样的规律。

（四）［i］

在自然口语资料中，还出现了不区别阴阳词性，直接发音成阴性［i］的现象。出现的不多，共有 6 次，在 niɣtača（密度），χimda（便宜），silɣaχu（考试），čidaχu（会），χitad（汉）等词中出现。平均共振峰值 F1=309.2Hz、F2=2048Hz，该值与呼和、确精扎布（1999）的［i］的值较相近，并且听感上也较接近于［i］的发音。口腔开合度为高，舌前音。在朗读语料中，发音人很谨慎，注意发音，希望尽量标准发音。自然口语的自由性强、不怎么受到约束，出现种种现象是可以理解的。

通过分析语料库中出现的阳性词词首音节有/ɪ/元音的词，有五种对应的发音。分析的单词在语料库中出现的频率差别大，这也会影响对应发音的出现率。例如，ilaɣ_a（苍蝇），imaɣ_a（羊），ilɣaɣ_a（区别），imaɣta（经常）等词在语料库中只出现了 1 次。而 χitad（汉）一词出现了 57 次，占总数据的 21.7%，其中发音［ɛ］出现 45 次，占该词的发音的 78.9%，占全部［ɛ］发音的 26.8%。阳性词词首音节的 i（ᵞ）元音的发音形式在分析语料中的占据比例如表 3–15 所示。

表 3–15 词首音节的 i（ᴤ）元音的发音

发音形式	[ɛ]	[ɪ]	[jɛ]	[i]	[jɐ]
出现次数	168	72	16	6	1
比例（%）	63.9	27.4	6.1	2.3	0.4

四、小结

关于阳性词词首音节的 i（ᴤ）元音，利用口语语料分析后得到的结论如下。

（一）在 5 万词的口语语料库中搜索阳性词词首音含/ɪ/元音的 30 个常用单词共出现 275 次，分析了 263 次。可以看得出阳性词词首音含/ɪ/元音的单词使用频率比较低。

（二）从语料分析中得出，词首音节的 i（ᴤ）元音有 [ɛ]，[ɪ]，[jɛ]，[i]，[jɐ] 5 种对应发音。其中发音 [ɛ] 的出现率最高，占总数的 63.9%，其次是发 [ɪ] 音，占总数的 27.4%。还有少量的词出现阴阳不区分的情况。

（三）分析 10 个元音开头的常用单词，即单词就是 i（ᴤ）元音开始，前面没有辅音。这种 10 个单词，在语料中共出现 47 次，根据 F 值分析与感知了解到其发音为 [ɪ] 的共出现 19 次，发音成 [jɛ] 的有 16 次，发音成 [ɛ] 元音的有 10 次，发音成 [i] 和 [jɐ] 的各出现 1 次。

（四）语料库中出现的词频差别大，本次分析的 30 个单词，有些仅出现一次，有些词的出现频率较高。

通过分析，得知阳性词词首音节的 i（ᴤ）元音，还没失去音位的功能，还没完全同化为某元音。在自然口语中出现的对应发音比较多，有时单元音、有时前面还带辅音。

附图：词首音节 i 元音对应发音的语图
图 3–9：iraɣu（优雅）的 i 元音的[jɛ]发音
图 3–10：iraɣu（优雅）的 i 元音的[ɛ]发音
图 3–11：χitad（汉）的 i 元音的[ɛ]发音
图 3–12：ilɣaɣ_a（区别）的 i 元音的[ɪ]发音
图 3–13：χimda（便宜）的 i 元音的[i]发音

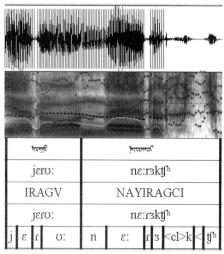

图 3-9 i元音的[jɛ]发音

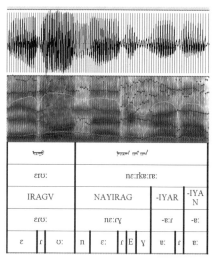

图 3-10 i元音的[ɛ]发音

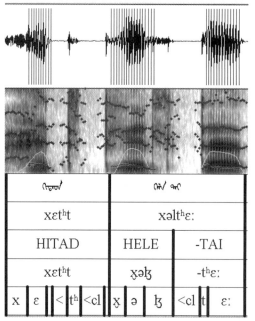

图 3-11 i元音的[ɛ]发音

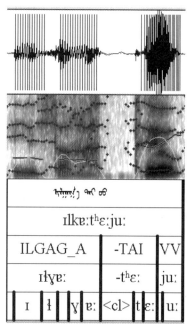

图 3-12 i元音的[ɪ]发音

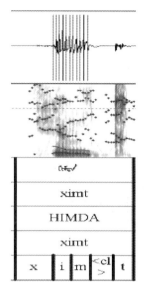

图 3-13　i 元音的[i]发音

第四节　/s/，/r/，/l/辅音及变体

我们在进行语料标注时，发现/s/，/r/，/l/等辅音在自然口语中出现的变体比起前人研究更多样化，因此利用标注语料进行定量分析。

一、/s/辅音

在过去研究中多数文献认为/s/辅音没有变体。那德木德（1982）和诺尔金（1998）认为在察哈尔土语里有浊变体。宝玉柱、孟和宝音（2011）提出送气塞擦音变体[tsʰ]。我们在进行标注过程中经常遇到送气、塞擦音变体，便引起了我们的注意。在此处利用口语资料观察/s/辅音的变体及其发生的语音条件。

（一）分析资料及研究方法

从"蒙古语口语语料库"中随机选取 D001、D014、D016、D018、D029、D040 等 6 个文件、共 3 个小时的资料进行了/s/辅音的分析。分析资料的发音人有 12 名，4 名男性和 8 名女性，均受过标准音课程的训练。

研究方法主要利用语料库的检索方法及 Excel 的功能统计分析。

（二）分析

本次分析的 6 个文件（3 万余词）中/s/辅音共出现 4055 次，共出现[s]，[ts]，[tsʰ]，[z] 4 个变体。每个文件出现的变体数据如表 3-16 所示。

表 3–16　　　　　　　　　　　　　　　/s/ 辅音及变体

资料 变体	D001	D014	D016	D018	D029	D040	合计	比率（%）
[s]	511	611	706	895	462	627	3812	94.0
[tsʰ]	34	32	30	26	44	13	179	4.4
[ts]	1	1	22	2	8	1	35	0.9
[z]	0	5	17	4	0	1	27	0.7
合计	546	649	775	927	514	642	4053	

从表 3–16 可以看出，分析资料中每个文件的[s]变体最多，普遍使用，共出现 3812 次，占据全数据的 94.0%。其他三个变体共出现 241 次，出现率比较低。

1. [s]变体

本次分析证明/s/辅音的[s]变体最普遍的使用，在任何语音环境下都可以出现。

2. [ts]和[tsʰ]变体

这两个变体出现的语音条件没有明显的区别，在前置词末或音节末为塞音[t]，[tʰ]，塞擦音[ʧ]，[ʧʰ]之后出现的/s/辅音，常常发音成[ts]或[tsʰ]变体。在分析资料中/s/辅音的[ts]，[tsʰ]变体的单词有：šistemjigsen [ʃistʰeːmʧtsʰɘn]（系统化），boduɣsan[pɔttsʰɘn]（想过），xürtegsen[xurtʰtsʰɘn]（得到），dumda suɣraɣuli[tʊnt tsʰʊrkʊːl]（中学），ajuɣad sundalaɣsan[ɛːkɐt tsʰʊntlsn]（因怕而骑），bairi_du saɣuχu[pɛːrt tsʰʊːx]（住宿），damjiɣsan[tɐmʧtsʰɘn]（传递），üledegečixegsen [ultɘːʧtsʰɘn]（留下），širɣalduɣsan[ʃɘrkɘltʰtsʰɘn]（金黄色的），xögjigsen[xokʧtsʰn]（发达），utasu_ber[ʊtʰtsʰɐːr]（用线），xebtegsen [xɘβtʰtsʰn]（躺下），čuɣlačiχaɣsan [ʧʰʊkɘltʰtsʰɘn]（集中），mörügedügsen [morɔːttsʰn]（怀念）等。在分析资料中，前置辅音[t]，[tʰ]，[ʧ]，[ʧʰ]之后/s/辅音出现的变体归纳于表 3–17。

表 3–17　　　　　　　[t]，[tʰ]，[ʧ]，[ʧʰ]之后出现的/s/辅音的变体

资料 变体	D001	D014	D016	D018	D029	D040	合计	比率（%）
[tsʰ]	34	30	28	24	42	14	172	65.6
[ts]	1	1	22	2	8	1	35	13.4
[s]	9	6	4	14	1	21	55	21.0
合计	44	37	54	40	51	36	262	

从分析表里归纳数据：

（1）本次分析中，前置辅音为[t]，[tʰ]，[ʧ]，[ʧʰ]之后/s/辅音开头的词或音节共出现 262 次，其中[tsʰ]，[ts]变体共有 207 次，占据全数据的 79.0%，其他 21.0%出现[s]变体。因此，前置辅音在[t]，[tʰ]，[ʧ]，[ʧʰ]的语音条件下，/s/辅音主要出现[tsʰ]，[ts]变体，但不全是，还有少量的[s]变体。

（2）在前置辅音[t]，[tʰ]，[ʧ]，[ʧʰ]的语音条件下，[tsʰ]变体出现的比较多，占据全数据的 65.6%。

/s/辅音的[tsʰ]变体，在语图上的表现不同于擦音的乱纹，而出现了塞音、塞擦音的持阻阶段的闭塞区 Gap 和除阻爆破后到声带颤动起始的 VOT 的特征。

（3）蒙古语/s/辅音的[ts]变体比较少，本次分析中 D016 文件的出现率明显高于其他几个文件。/s/辅音的[tsʰ]，[ts]两个变体的语音环境没有明显的区别，而很明显关系到个人的发音习惯。例如 D016 文件的一名女发音人的声音比较强、响度高、她的发音中/s/辅音常常出现[ts]变体。

（4）/s/辅音的[tsʰ]，[ts]变体除了上述语音条件之外出现了 8 次。在连续口语资料中发音人呼吸或某种原因导致停顿（比如思考等短时间的停顿）之后有些/s/出现[tsʰ]变体，还遇到过词首的/s/辅音发音成[tsʰ]，[ts]变体。比如，xəʧʰnɛːn ʧil pɔlʧʰxsɛnɔː pɐrɜk〈停顿、呼吸〉tsʰʊrkʊːl tʰɔksɔːt…（过了几年了吧好像〈停顿〉毕业学校），ʃesɜk ʃexirkɐːnɛ xɐmɛːrɜltʰiː tʰɐr〈停顿〉tsʰɐlβɜrt…（行政管理的那个〈停顿〉系），ʧʰinʃn ʧʰin〈停顿〉tsʰʊrɜkʧʰn（然后〈停顿〉学生）等连续话语之间停顿后的词首/s/辅音有[tsʰ]，[ts]变体的现象。

3. [z]变体

在语料分析中/s/辅音还出现少量的[z]变体。本次分析资料中/s/辅音共出现 4053 次，其中[z]变体仅出现 27 次，占据比例低。其语音条件是，/s/辅音的前后出现元音或浊辅音时擦音/s/发音成浊音[z]。在分析资料中观察到[z]变体的前后出现的短元音有[ɐ, ə, ɔ, ʊ]，长元音有[ɐː, əː, ɔː, ʊː, uː, ɛː, eː]，浊辅音有[ɣ, d, n]。例如：segül_dü_ni sayi[suːltnzɜː]（以后才），nige_eče[nəkəːz]（一个〈从比格〉），ɣaruɣsan_eče[kɐrsnaːz]（出〈从比格〉），ɣačayan_ eče_ban[kɐʧʰɐːnɐːzɐːn]（小组〈从比格〉），gesen[kəzən]（叫），manus[mɐnʊːz]（我们），tedenüs[tʰɐtnuːz]（他们），uran sedximji[ʊrɜnzɐtʰkɐmʧ]（思维），xümün_ü sanaɣ_a[xuneːzɐnɛː]（人的思想），door_a_eče[tɔːrɔːz]（从下面）等。从表 3-16 很明显看出来，[z]变体在有些文件里没出现或出现极少，但是在 D016 文件里出现的多，这也能说明与发音人的发音习惯有关系。

除此之外，自然口语谈话资料的随意性，同一个单词中/s/辅音出现不同变体。例如，üjegsen（看）一词发音成[neʊʧʊ]，[uʧʰeʧʊ]，/s/辅音出现[tsʰ]，[ts]两个不同变体。

（三）小结

蒙古语自然口语资料中/s/辅音的变体及出现的语音环境如下。

1. 蒙古语/s/辅音有[s]，[tsʰ]，[ts]，[z] 4 个变体。

2. /s/辅音的[s]变体出现次数最多，占据比率最高，认为是/s/辅音的主要变体。

3. /s/辅音的[tsʰ]，[ts]变体出现的语音环境主要是前置词末或音节末以[t]，[tʰ]，[ʧ]，[ʧʰ]等塞音或塞擦音结尾时，紧跟的词首或音节首的/s/辅音出现[tsʰ]，[ts]变体。

4. /s/辅音的[z]变体主要出现在前后位置有元音或浊辅音的语音条件。

二、/r/辅音及变体

蒙古语的/r/辅音在词首不出现，但音节首或音节末使用的比较多。/r/辅音的变体比较多，有时颤，有时闪，有时清。在此主要分析/r/辅音的各变体在词中的分布及各变体出现的语音环境。

（一）分析资料及研究方法

从"蒙古语口语语料库"中选取 D001、D040 两个文件，用一个小时的资料进行/r/辅音的分析。分析资料的发音人有男女各 2 名。分析方法主要利用语料库的检索方法及 Excel 的功能进行统计分析。

（二）分析

本次分析的资料中/r/辅音共出现 1822 次，有[ɾ]，[r]，[ɻ̥]，[ɻ] 4 个变体。每个变体的词中分布如表 3–18 所示。

表 3–18　　　　　　　　　　　/r/ 辅音及其变体

位置 变体	词中			词末		合计
	音节首	音节末单辅音	音节末复辅音	单辅音	复辅音	
[ɾ]	664	291	21	337	29	1342
[r]	0	15	3	14	17	49
[ɻ̥]	2	197	24	53	37	313
[ɻ]	14	36	6	30	32	118
合计	680	539	54	434	115	1822

从表中数据可以看出，/r/辅音的 4 个变体中[ɾ]变体不管是音节首还是音节末出现的次数最多，该变体占全数据的 73.7%。

1. [ɾ]变体

/r/辅音的各变体中[ɾ]变体最常用。主要出现在词中音节首，在词中音节首其他变体出现的极少，[ɾ]变体的占据比率高达 97.6%，在词中音节末出现率为 54.0%，在词末出现率为 77.6%。所以不管是词中还是词末，[ɾ]变体比起其他变体出现率高。在词中音节首[ɾ]变体出现的语音环境是前置语音为元音，即前置音节结构是 CV（C 为辅音、V 为元音），[ɾ]变体在音节首位置时，按着蒙古语的音节结构的规律其后面连接元音。所以[ɾ]变体在音节首出现的语音环境前后都是元音。除此之外，前置语音为[ŋ]，[j]或[s]，[tʰ]，[p]等塞音带不成音节的增音（蒙古语里叫超短元音或词末短元音）的条件下音节首少量出现[ɾ]变体，本次分析中词中音节首[ɾ]变体共出现 664 次，其中这种特殊情况有 17 次。例如 nebteregülügči（播音员）的发音为[nəβtʰE-ɾuː-ləktʃʰ]，辅音[tʰ]之后的 E 标记为不成音节的增音。词中音节末出现 291 次，词末位置出现 337 次。在蒙古语的词中，没有元音开始的音节。音节末和词末[ɾ]变体的前置语音肯定是元音，音节末[ɾ]变体之后只出现辅音。归纳音节末和词末[ɾ]变体的后置辅音发现，除了词首音节不能出现的[r]，[ŋ]和只用于外来词的[pʰ]，[w]以外的辅音均出现，所以[ɾ]变体不受后置语音的限制。

2. [ɼ]变体

/r/辅音的 4 个变体中除了[ɾ]变体外出现率比较高的是[ɼ]变体。词中音节首只出现 2 次，词中音节末和词末出现时前置语音环境是元音，所以[ɼ]变体出现的主要原因是受到后置辅音的影响。我们分析了[ɼ]变体的后置辅音，主要在[x, s, tʰ, tʃʰ, tʃ, k, t, ʃ]等送气音、擦音、塞音等辅音的影响下出现[ɼ]变体。比如，在词中音节末共出现 197 次[ɼ]变体，其中[tʰ]辅音之前有 53 次，[x]辅音之前有 48 次，[tʃʰ]辅音之前有 37 次，[s]辅音之前有 35 次。在词末呼吸之前出现了 10 次，这种情况关系到个人发音特点。

3. [ɹ]变体

[ɹ]变体在词中音节首出现了 14 次，出现的前后语音环境均是元音。词中音节末和词末出现了 104 次，前置语音环境为元音，主要归纳了后置音节首和词首出现的辅音。后置辅音为音节首不使用的辅音和外来词用的辅音外[s]，[tʰ]没出现，其他辅音都出现，辅音[n]，[t]，[tʃ]之前[ɹ]变体出现稍微多些。在分析过程中发现，[ɹ]变体在 D001 文件中只出现 9 次，余其 109 次都出现在 D040 文件中，所以[ɹ]变体跟发音的个人风格也有关系。

4. [r]变体

本次分析中[r]变体仅出现 49 次，各变体中出现率最低，占据全数据的

2.7%。在蒙古语中常常听到颤音[r]，总觉得颤音[r]会多，但是利用自然口语资料的分析发现/r/辅音的 4 种变体中颤音[r]出现最少。词中音节首没出现，在词中音节末和词末出现的[r]变体前置语音是元音，后置辅音为[l]，[m]，[n]等浊辅音。

5. 复辅音中的/r/辅音

蒙古语的/r/辅音在音节末可以构成复辅音。本次分析中词中音节末出现 54 次，词末出现 115 次，共出现 169 次，占全数据的 9.3%，频率不高，并且词中音节末出现的复辅音大多数相同于词末的复辅音。

（1）在含/r/辅音的复辅音中，[ɹ]变体出现的多些。前置语音为元音，构成复辅音的后置辅音为[t, tʰ, ʧ, ʧʰ, s, ʃ, x]之外还有[k]，[l]的清变体。

（2）在复辅音中，变体[ɾ]，[ɹ]与构成复辅音的后置辅音有[t, tʰ, ʧ, ʧʰ, s, ʃ, x]之外还有[l]，[m]，[n]等浊辅音，并且与这些浊辅音构成复辅音的例子比较多。例如，edür ni（在白天），yerü ni（往往）等词的词末出现的复辅音中，[ɾn]出现 13 次，[ɾm]出现 10 次，还有[rn]出现 11 次。

（3）在复辅音中，[r]变体出现的最少，其语音条件有规律，即后置辅音为[l]，[m]，[n]等浊辅音。在词中音节末[rn]出现 3 次，在词末[rn]出现 12 次，[rm]出现 3 次，[rl]出现 2 次。

（4）同一个发音人，同一个词的前后发音不一致，出现不同变体。例如，一名发音人的资料中出现 5 次 orosin_ɑ uu（能存在吗）这个词，三次发音为[ːuɴ-ʃɔ]，两次发音为[ɔ(ʃ-nʊ]。

（三）小结

本次用 1 小时的自然口语资料分析了蒙古语/r/辅音的各变体的出现情况及语音条件。简单归纳如下。

1. /r/辅音有[ɾ]，[r]，[ɹ]，[ɹ]4 个变体，其中词中不同位置出现的[ɾ]变体最多，是主要变体，不受到前后语音条件的影响。

2. 颤音[r]变体出现的最少，其出现原因是后置辅音有[l]，[m]，[n]等浊辅音。

3. [ɹ]变体出现的主要语音条件为送气音、擦音、塞音等辅音，其中送气音和擦音的影响更大。

4. [ɹ]变体出现的语音环境比较松散，与个人发音习惯也有一定的关系。

三、/l/ 辅音及变体

关于蒙古语的/l/辅音，有些学者认为是浊边音，而有些学者认为是清边音。在此利用自然口语资料分析了/l/辅音的各变体以及在词中的分布和出现的语音环境等。

（一）分析资料及研究方法

从"蒙古语口语语料库"中选取 D001、D040 两个文件，用 1 个小时的资料进行/l/辅音的分析。分析资料的发音人有男女各 2 名。分析方法主要利用语料库的检索方法及 Excel 的功能进行统计分析。

（二）分析

本次分析的资料中，/l/辅音共出现 2050 次，有[l]，[ɬ]，[ɮ] 3 个变体。蒙古语的/l/辅音具有构成音节的功能，在连续口语中这种现象出现的多，其词中作用比较特殊。/l/辅音的 3 个变体的词中分布情况归纳在表 3-19 中。表中的单辅音指音节内不构成复辅音，复辅音指音节内构成复辅音，成音节指与其他辅音构成音节。关于复辅音成音节问题待另行专题研究，在此只做统计，观察各变体出现的语音条件和出现率等。

表 3-19 /l/ 辅音及其变体

位置 变体	词首 音节首 单辅音	词中 音节首 单辅音	词中 音节末 单辅音	词中 音节末 复辅音	成音节	词末 音节末 单辅音	词末 音节末 复辅音	词末 成音节	合计
[l]	3	324	133	3	7	265	29	53	817
[ɬ]	0	233	254	40	71	162	65	102	927
[ɮ]	0	55	80	2	2	117	38	12	306
合计	3	612	512		80	676		167	2050

从表 3-19 中可以看出，/l/辅音的各变体中[ɬ]变体的出现率最高，各变体的单辅音形式共出现 1626 次，占据总数的 79.3%。本次分析中成音节的/l/辅音共出现 247 次，占据总数的 12.0%，比起音节末出现的复辅音，出现多，比例高。下面分析各变体出现的语音环境。

1. [l]变体

本次分析资料中，[l]变体共出现 817 次，占全部/l/辅音的 39.9%。词首仅出现过 3 次，词中出现的总数比词末的多一些。成音节的[l]变体共出现 60 次，占据[l]变体总数的 7.3%。

（1）在词首出现的[l]变体之后，按着蒙古语的音节结构的规律后续语音是元音，本语料也不例外。

（2）在音节首出现的 324 个[l]变体中，262 次在元音结尾的音节之后出现，占词中音节首的[l]变体的 80.9%。余其 62 次出现在辅音结尾的音节之后，前置辅音除了 /tʃʰ/，/s/，/pʰ/外都出现过，但多数集中出现在浊辅音或清辅音的浊变体之后。在音节首出现的[l]变体之后，音节结构的规律均出现元音，可以不考虑后置语音环境。

（3）在词中音节末的[l]变体，前置语音均出现元音，可以忽略前置语音条件。后置辅音是音节首。本次分析中，后置辅音为蒙古语的音节首不出现的/r/，/ŋ/辅音和外来词用的/w/，/pʰ/辅音之外没出现/ʧʰ/和/x/辅音，其他辅音都出现过，但多数是清辅音的浊变体或浊辅音。例如，/p/辅音的[β]变体之前出现 42 次，/k/辅音的[ɣ]变体之前出现 28 次，分别占词中音节末[l]变体的 31.6%、21.1%。

（4）词末出现的 265 次中，134 次即 50.6%出现在元音开头的词之前，111 次出现在辅音开头的词之前，20 次的后面出现非语言现象。词末出现的[l]变体之后，后续辅音开头的词，词首语音没有出现/ŋ/，/pʰ/，/w/和/l/辅音。蒙古语的固有词首/ŋ/辅音不出现，/pʰ/，/w/极少出现，/l/辅音开头的词也比较少。

（5）含[l]变体的复辅音，词中音节末仅有 3 次，词末有 29 次，[lt]，[lʧ]，[ls]，[lʧʰ] 4 种复辅音共出现了 32 次。

（6）成音节的[l]变体，词中仅出现 7 次，词末出现 53 次。例如：saɣulɣaɣsan[sʊ:-lk-sɜŋ]（让座），baiɣuluɣdaɣsan[pɛ:-gʊ:-lkt-sn]（被建成），ilangɣuy_a[ɛ-lŋ-gu-yɐ]（尤其）等词中，[lk]，[lkt]，[lŋ]等复辅音构成音节。bodoχu yum bol[pɔt-xɘm-βl]（想的话），dalan[tɐ-ln]（七十）等词中，[βl]，[ln]复辅音在词末构成音节。在语料中出现的这种复辅音有[βl]，[ʧl]，[tl]，[dl]，[tʰl]，[nl]，[jl]，[rl]，[ɹl]，[sl]，[kl]，[ʧʰl]，[lm]，[ln]，[lŋ]，[lx]，[lɣ]，[lʧ]，[lk]等。

2. [ɬ]变体

本次分析中[ɬ]变体共出现 927 次，占全部/l/辅音的 45.2%，频率比[l]变体高。

（1）[ɬ]变体在词中音节首出现 233 次，其元音之后有 104 次，辅音之后有 129 次。[ɬ]变体后置语音为元音，故可以忽略。分析[ɬ]变体的前置辅音，除了/w/，/ŋ/，/pʰ/，/ʃ/以外的辅音均出现过，但是在/t/，/x/，/ʧ/，/tʰ/，/ʃ/，/s/等塞音、擦音之后出现的多，本次分析中占 68.2%。

（2）在词中音节末的[ɬ]变体，前置语音均为元音，后置语音均为辅音。分析后置辅音，以/x/，/tʰ/，/s/，/ʧʰ/，/t/，/k/，/ʧ/等塞音、塞擦音、擦音时出现率高，本次分析中上述 7 个辅音之前共出现 218 次，占词中音节末出现总数的 85.8%。

（3）在词末共出现 162 次，前置语音均为元音，后置语音是属于词首语音。其中后面出现非语言现象的有 53 次，元音开头的词有 22 次，辅音开头的词有 87 次。/tʰ/，/t/，/p/，/s/，/x/，/ʧʰ/等辅音开头的词出现了

61 次，占辅音开头的全部词的 70.1%。

（4）[ɬ]变体在复辅音中出现 105 次，占该变体的 11.3%。出现了[ɬt]，[ɬtʰ]，[ɬʧ]，[ɬʧʰ]，[ɬs]，[ɬx]等复辅音。例如：aɣuljaɣu_bar[ʊ:ɬʧ-xɐ:ɾ]（为了见面），第一音节末出现[ɬʧ]复辅音。

（5）[ɬ]变体在复辅音成音节结构中出现 173 次，占该变体的 18.7%。成音节的复辅音有[ɬk]，[ɬg]，[ɬŋ]，[ɬx]，[ɬs]，[ɬn]，[ɬt]，[ɬp]，[ɬm]，[βɬ]，[bɬ]，[tɬ]，[tʰɬ]，[ɾɬ]，[jɬ]，[kɬ]，[nɬ]，[rɬ]，[sɬ]，[xɬ]，[ʃɬ]，[ɸɬ]，[gɬ]，[ɬkt]，[tɬt]，[ʧɬtʰ]，[ɾɬtʰ]，[gɬtʰ]，[tɬʧ]，[pɬx]，[ʧɬt]，[nɬtʰ]，[βɬʧ]，[gɬʧʰ]，[ɬɸʧʰ]，[ɾɬt]等多种变体。例如：bolɣadaɣ[pɔ-ɬk-tɐk]（成为），saɣulɣaʧiχal_a[sʊ:-ɬk-ʧʰx-lɐ:]（让座），soliɣdaɣad[sœ-ɬk-tɔt]（替换），baiɣuluɣdaɣsan[pɛ:-gʊ:-ɬkt-sɜn]（被建成），baidal_du[pɛ:-tɬt]（情况）等词中，[ɬk]，[ɬkt]，[tɬt]等复辅音构成音节。

3. [ʐ]变体

在自然口语中[ʐ]变体出现的比其他变体少，本次分析中共出现 306 次，占全部/l/辅音的 14.9%。

（1）[ʐ]变体在词中音节首出现 55 次，其中元音之后出现 45 次，占词中音节首出现[ʐ]变体的 81.8%，辅音之后出现 10 次，前置辅音清浊各占一半。

（2）在词中音节末位置，[ʐ]变体前置语音均为元音，后面是音节首辅音。除了音节首不出现的辅音外都出现，但是/t/，/k/，/ʧ/辅音开头的音节占据比例高，为 57.5%。

（3）在词末，[ʐ]变体之后出现非语言现象的有 37 次，后续词元音开头的有 23 次，辅音开头的有 57 次。后面连接的词首辅音，除了词首不出现的/r/，/ŋ/，借词使用的/w/，/pʰ/以外，词首音节少见的/l/，/ʃ/没出现。后续词首辅音为/tʰ/，/p/，/t/，/ʧʰ/等塞音或送气音的占据比例高。

（4）[ʐ]变体在词末，[ʐʧ]，[ʐt]，[ʐtʰ]，[ʐs]等复辅音共出现 40 次。比如，oldabal[ɔʐt-βəl]（得到），tasulju[tʰɐ-sɜʐʧ]（切分）等词中音节末出现的[ʐt]和词末的[ʐʧ]是复辅音。

（5）[ʐ]变体在复辅音成音节结构里出现 14 次。复辅音成音节的结构有[ʐk]，[ʐn]，[ʐx]，[tʐ]，[ʧʐ]，[rʐ]，[βʐ]，[nʐ]等。例如：baiʧaɣalɣaɣsan[pɛ:-ʧʰɐ:-ʐk-sn]（被检查），solin_a[sœ-ʐn]（换），negüdel[nu:-tʐ]（移）等词里，[ʐk]，[ʐn]，[tʐ]等构成音节。

（三）小结

蒙古语的/l/辅音有[l]，[ɬ]，[ʐ] 3 个变体。其中清边音[ɬ]变体出现的最多。

1. [l]变体出现的主要语音条件为元音或浊辅音。

2. [ɬ]变体在元音前后也出现，但是它的前后辅音条件比较集中，在/x/，

/tʰ/，/s/，/ʧʰ/，/t/，/k/，/ʧ/等塞音、塞擦音、擦音的条件下出现率高。

　　3. [ʐ]变体在元音前后也均出现，但是它的前后辅音条件比较集中，在/t/，/k/，/ʧ/，/tʰ/，/p/，/ʧʰ/等塞音、塞擦音和送气音条件下出现率高。

　　4. /l/辅音的各变体均出现在音节末复辅音，并且都能构成复辅音音节，占据比例不低。复辅音成音节问题有待研究。

第四章　语法分析

第一节　名词的语法形式

本节从 CSM–2 语料库中选取 D001、D002、D003、D005、D006、D007、D008、D009、D010、D011、D013、D014、D017、D018、D023、D024、D027、D028、D029、D030 二十组对话语料，利用约 10 个小时的资料统计分析名词的语法形式。分析时运用了语料库的检索功能。

一、名词的格范畴

（一）主格

主格没有固定的语法形式，也就是说没有专用的附加成分。例如：

oː(-)kloˑ piˑ xɐr ərtʰ pɔssɔːn　（D002.TextGrid）[1]

örlüge bi χar_a erte bosuγsan

今天我起了个大早

（二）领格

领格的书面形式与口语形式区别大，书面形式的读音为-yin，-un/-ün，-u/-ü。本次分析的语料中出现的领格附加成分音位层面归纳为/-ɛːⁿ⁴/，/-iːnⁿ⁴/，/-iːⁿ⁴/，共出现 5228 次。

$1. /-ɛːⁿ⁴/$

这个形式主要与书面语中的-u/-ü 形式对应，有时也对应于-yin，-un/-ün 附加成分。在语料库中根据元音和谐律出现不同的形式，也有时候前面增

---

① 本章语法形式的举例格式为：首先用国际音标转写对应的例子，并在括号中说明该例子在语料中的出处；其次，按照《蒙汉词典》（内蒙古大学出版社 1999 年版）的蒙古语拉丁转写法转写例子；最后把例子译成汉语。因口语的特殊性，无法提取其规范的整句，所以例子中不加任何标点符号。在自然口语中音变较多，为了便于理解，在国际音标标注的例子中用符号（-）表示其前面的音标或符号是音变而增加的内容，括号里的其他音标和符号均表示被省略的内容。例如：oː(-)kloˑ 一词中的(-)符号表示其前面的长音符号ː是增音现象；又如，sɐne(ː) nɛˑ 一词中第二个e后的(ː)表示实际读音中把长元音读成短元音。按照语料库的标注规则，对第二音节后的短元音脱落现象不做标记。

加[n]辅音发音。10 个小时的资料中有 18 种语音变体共出现 2011 次，占语料库所有领格的 38.5%。

/-ɛ:⁴/形式是以[n]辅音结尾的词后，以单元音的形式共出现 1925 次，占/-ɛ:⁴/形式的 95.7%。这种形式主要依据元音的紧松和唇形为元音和谐。语料中增加[n]辅音发音的共出现 86 次，占/-ɛ:⁴/形式的 4.3%。从语料库分析中能看出，增加[n]辅音发音的主要语音条件为元音结尾的词的领格变化。例如，odo（现代），tere（那）等元音结尾的词发生领格变化时发音成[ɔtɔːnœː]，[tʰərneː]等口语形式来表述。例如：

ɔjʊˑn sɐne（ː）ɐn tʰɐlɐˑr pəl   (D001.TextGrid)

oyun sanaɣan-u tal_a-bar bol

在智慧的方面

ɔtɔˑnœˑ xu(ː)xtu(ː)t ʃ(i)k i(ː)m tɐreːskʊɛ   (D001.TextGrid)

odo-yin xeüxed-üd sig eimü daruɣasu baiχu ügei

不像现在的孩子一样有压力

/-ɛ:⁴/形式的元音长度分析：

（1）元音长度比 0.08 秒短的[-ɛ]，[-e]，[-œ]，[-nœ]，[-nɛ]，[-ne]，[-ni] 7 个变体共出现 925 次。占/-ɛ:⁴/形式的 46.0%。例如：

tʰɐnɛ(ː) nʊtʰkɐ(ː)r pɔˑrɔ(ː)n ɔpɔ(ː) sɡ̊(ː)n   (D008.TextGrid)

tan-u nutaɣ-iyar boroɣan oboɣ_a sain

你的家乡雨水好

（2）元音长度为 0.08—0.11 秒的变体[-ɛˑ]，[-eˑ]，[-œˑ]，[-nɛˑ]，[-neˑ]，[-niˑ]共出现 695 次，占/-ɛ:⁴/形式的 34.6%。例如：

xuneˑ s(ə)tʰxliˑ ɔˑlxkʊ(ː) kətk p(i)lʊˑ   (D001.TextGrid)

xömün-ü sedxil-i olχu ügei gedeg biliü

不能取得他人的信任吗

（3）元音的长度为 0.11—0.20 秒的变体[-ɛː]，[-eː]，[-œː]，[-nœː]，[-nɛː]，[-neː]共出现 391 次，占/-ɛ:⁴/形式的 19.4%。例如：

mɐnɛ tʰər nʊtʰ3k pɔl ɔˑtɔˑ   (D001.TextGrid)

man-u tere nutaɣ bol odo

我们的故乡现在

从上述分析看，/-ɛ:⁴/形式的元音长度小于 0.08 秒的多。元音有一定的唇形和谐现象，并以元音结尾的词后增加[n]辅音发音的形式出现。

2. /-iːn⁴/

/-iːn⁴/形式在语料库中出现的变体种类多，首先出现的元音长度不同，其次辅音变为[n]，[m]，[ŋ]等现象，还有元音脱落而只以辅音形式出现的变体等发生多种音变现象。有 33 种变体共出现 1999 次，占语料库中出现的所有领格的 38.2%。

（1）首先根据辅音的变体进行归纳

①/-iːn⁴/形式的辅音保持原来的[n]的有[-in]，[-iˑn]，[-iːn]，[-inəː]，[-ɐn]，[-ɛn]，[-ɛˑn]，[-ən]，[-ɚn]等共出现 1465 次，占/-iːn⁴/形式的 73.3%。以上虽然辅音没有变化，但元音在一定程度上有元音和谐律的变化。例如：

ɐʧiliˑn tʊmtɐˑ ənkəʧ sʊrtk pɛˑnɐː　（D001.TextGrid）

aɉil-un dumda-ban inggiɉü surdaɣ bain_a

在工作中是这样学习的

②/-iːn⁴/形式的辅音变为[m]的有[-im]，[-iˑm]，[-iːm]，[-em]，[-əm]，[-ɐm]，[-ɔm] 7 种变体共出现 329 次，占/-iːn⁴/形式的 16.5%。[n]辅音发音成[m]辅音的主要原因是领格附加成分之后出现以[p]，[m]辅音为首的词，见图 4–1。例如：

ɐʧiliːm pɛːrt kɐˑrlɐː　（D001.TextGrid）

aɉil-un bairi-du ɣarul_a

走上工作岗位

③/-iːn⁴/形式的辅音变为[ŋ]的有[-ŋ]，[-iŋ]，[-iˑŋ]，[-iːŋ]，[-iŋk]，[-ɛːŋ] 6 种变体共出现 148 次，占/-iːn⁴/形式的 7.4%。领格附加成分的[n]变成[ŋ]的主要原因是领格附加成分之后出现词首为[x]，[k]辅音的语音条件，见图 4–2。

pi: pɔl ʃiliˑŋ kɔˑl ɛmkiːn　（D001.TextGrid）

bi bol sili-yin ɣool aimaɣ-un

我是锡林郭勒盟的

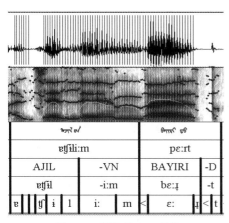
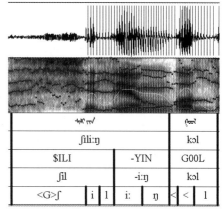

图 4–1　领格的[iːm]变体　　　　　图 4–2　领格的[iːŋ]变体

④/-iːn⁴/形式的元音脱落，只以辅音形式出现的变体[-n]，[-m]，[-ŋ]，[-ɣŋ]共出现 57 次。例如：

pɐkʃ(iː)m　tʰ(ə)nt ɔˑʧʰʧʃ　（D002.TextGrid）

baɣsi-yin tende oǰiǰu

去老师那里

（2）根据元音的长度分析/-iːn⁴/形式

① 元音长度短于 0.08 秒的变体出现很多。[-in]，[-inəˑ]，[-ɐn]，[-ɛn]，[-ən]，[-im]，[-em]，[-əm]，[-ɐm]，[-ɔm]，[-iŋ]，[-uiŋ]，[-iŋk]，[-kin]，[-ɣin]，[-kim]，[-ɣim]等变体共出现 1439 次，占/-iːn⁴/形式的 72.0%。例如：

kər ɐpxi(ː)n　tʰ(o)lo(ː) tʰərk ɐpxi(ː)n　tʰ(o)lo(ː) pur tʊˑrkʊɛ　（D0021.TextGr）

ger abχu-yin tölöge terge abχu-yin tölöge bür dur_a ügei

为了买房买车都不愿意

② 元音长度为 0.08—0.11 秒的[-iˑn]，[-ɛˑn]，[-əˑn]，[-iˑm]，[-iˑŋ]，[-kiˑn]，[-ɣiˑn] 7 个变体共出现 349 次，占/-iːn⁴/形式的 17.5%。例如：

tʰərnɛˑ tʰər nək tʰoriˑm　pɔtlkiˑn xir xəmʧəˑ iˑmu:　（D001.TextGrid）

tegün-ü tere nige törö-yin bodolɣ_a-yin xiri xemǰiy_e yum uu

这就是那个政策的水平或

③ 元音长度为 0.11—0.20 秒的[-iːn]，[-iːm]，[-iːŋ]，[-ɛːŋ]，[-ɣiːn] 5 个变体共出现 154 次，占/-iːn⁴/形式的 7.7%。例如：

sʊrkʊːl sɔjliːŋ　mor xoːləkʧeː　（D001.TextGrid）

surɣaɣuli soyol-un mör-i xögölgeǰei

让他走上了学习之路

/-iːn/形式中元音长度大多数短于 0.08 秒。虽然有一定的唇形和谐律现象，但并不严密，在后置语音的不同条件下/-iːn⁴/形式的辅音有多种变化。

3. /-iː⁴/

/-iː⁴/形式主要来源于/-iːn⁴/形式的[n]脱落，感知上听不见，语图上看不到。在语料库中把元音的长度分为四个层级及辅音也有各种变体的标注，因此/-iː⁴/有16个变体共出现1209次，占语料库中出现的所有领格的23.1%。/-iː⁴/形式中不仅领格的辅音[n]脱落，其元音有明显的元音和谐律的倾向。/-iː⁴/形式见图 4–3。

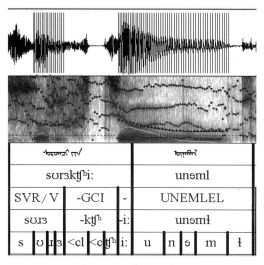

图 4-3　领格的[i:]变体

根据元音的长度分析/-i:⁴/形式：

（1）元音的长度小于 0.08 秒的有[-i]，[-ɐ]，[-ə]，[-ɔ]，[-o]，[-ki]，[-ɣi]等变体共出现 871 次（其中带增音[k]的有 24 次，根据元音的紧松性及唇形和谐律变化的不同变体有 847 次），占/-i:⁴/形式的 72.0%。例如：

ni:tʰi(:n)　mɐʃnt sʊˑx mʊː　（D002.TextGrid）

neite-yin masin-du saɣuχu yum uu

要坐公交车吗

（2）元音长度为 0.08—0.11 秒的[-iˑ]，[-ɐˑ]，[-əˑ]，[-ɣiˑ]变体共出现 201 次（有增音[k]辅音的 12 次，其他 189 次），占/-i:⁴/形式的 16.6%。例如：

ʧʰɐkɐˑn sɐriˑ(n)　ʃiniˑ(n)　nɛmniˑk　（D0017.TextGrid）

čaɣan sar_a-yin sin_e-yin naiman-yi

正月初八

（3）元音长度为 0.11—0.20 秒的[-i:]，[-ɐ:]，[-ɔ:]，[-o:]，[-ɣi:]形式共出现 137 次（有增音[k]辅音的 4 次，其他 133 次），占/-i:⁴/形式的 11.3%。例如：

tʰər jɐtʊˑki:(n)　ʃiltʰkɐˑ(n) ɔtɔ(ː)　（D001.TextGrid）

tere yadaɣu-yin siltaɣan odo

那贫穷的原因是

/-i:⁴/形式的各种变体中[-i]的不同长度的[-i]，[-iˑ]，[-i:]变体共出现 1153 次，占/-i:⁴/形式的 95.3%。所以在领格的[n]辅音脱落的情况下，虽然有一定的唇形为基础的元音和谐律的现象，但[-i:]形式仍为主要变体。元音长度短于 0.08 秒的比例较多。

　　领格的附加成分出现三个主要形式以外还有几种特殊形式。基础形式 /-i:n⁴/结构的[n]辅音脱落，增加[x]，[k]辅音发音的现象在语料库中出现 6 次，还有领格被省略的现象 3 次。例如：有 tende-yin（他们那边的）发音成[tʰəntxix]，naiʝa-yin-iyan（朋友的）发音成[nɛːʧxɐ]。

　　归纳语料库中出现的领格形式能看出，在语流中的音变多种多样。辅音脱落；受到后置辅音的影响而发生音变；有增辅音[n]，[k]的变体；还有一定的元音和谐律等现象。在所有变体中[-in]，[-i]，[-ɛ]的占据比例大一些，即领格附加成分的元音长度小于 0.08 秒的比较普遍。

　　（三）向位格

　　向位格在口语中有/-t/，/-tʰ/两种形式。《现代蒙古语》（1964）中解释，/-tʰ/附加成分适用于书面和口语的/p，k，r/辅音结尾的词根之后，其他条件下用/-t/附加成分。以/t，tʰ，ʧ，ʧʰ，s，ʃ，x/辅音结尾的词根之后连接 /t/附加成分时增加元音。在我们的分析资料中向位格有/-t/，/-tʰ/两种形式共出现 2278 次。

　　1. /-t/

　　/-t/形式在语料库中以[-t]，[-d]，[-tɐː]，[-təː]，[-dəː]，[-tə]，[-də]，[-tɔ˞]，[-tʊ˞]，[-tu:]等多种变体共出现 2120 次，占全部向位格的 93.1%。其中/-t/ 附加成分的有声变体有 289 次。主要受到前后语音的影响所发生的变体，即前后有元音或有声辅音的条件下出现有声变体。后面未带元音的[-t]，[-d] 两个变体共出现 2050 次，占/-t/形式的 96.7%，其中有声变体有 279 次。词末出现的元音长度短于 0.08 秒，我们在语料标注时统一认为词末短元音，所以未带元音的形式中包含不成音节的词末短元音。/-t/附加成分带元音并音长大于 0.08 秒的变体有[-tɐː]，[-təː]，[-tə]，[-tɔ˞]，[-tʊ˞]，[-tu:]，[-də]，[-dəː] 8 种，共出现 70 次，占/-t/形式的 3.3%。其中元音长度在 0.08—0.11 秒的共出现 30 次，0.11—0.20 秒的共出现 40 次，见图 4-4。例如：

　　pitni: pɐː(-)k pɛxi˞ŋ uʝt pɔl　（D001.TextGrid）

　　biden-i baɣ_a baiχu-yin üy_e-dü bol

　　在我们小时候

　　k(ə)xtə(ː)n tʰərni(ː) xuntə: x(u)rtʰəl pɔ˞lximu:　（D003.TextGrid）

　　gexü-dü-ben tere_yi xömün-dü xürtel_e bolχu yum uu

　　那个对人也可以用吗

　　pi: ɔirtə: 〈F〉 ʊlsi(ːn) ɐlɜptʰnɛ˞ ʃilkɜltʰɜt ɔrɜlʧʰxɔ(ː)r pɔlɔ˞t

　　bi oir_a-du ulus-un albatan-u silɣalta-du orolčaχu-bar boloɣat

　　我最近打算参加公务员考试

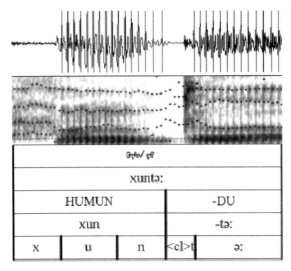

图 4-4　向位格的[tə:]变体

2. /-tʰ/

/-tʰ/形式在语料库中共出现 158 次，占所有向位格的 6.9%。例如：

tʰɐnɛ· k(ə)rtʰ ɔʧʰɔ(:)t ɛ(:)lʧʰljɐ:　　(D011.TextGrid)

tan-u ger-tü očiɣad ailčilay_a

去你们家串门

归纳语料库中出现的向位格，由于说话者的语言风格不同，出现了附加成分之后带元音的现象。自然口语中/-t/形式使用的比较广泛，/-tʰ/形式出现的少。也遇到过同样的词后/-t/，/-tʰ/两种形式都出现的现象，显然是由自然口语的不规范、不严谨造成的，但不影响人们的交际。

（四）宾格

在《蒙古语标准音水平测试大纲》（2009）一书中解释，宾格有 -i:g/-ɪ:g，-g，-i: /-ɪ: 等几个形式，以长元音、复合元音和 ng（鼻音 ŋ）结尾的词后发音成-g，宾格附加成分之后连接 ni（第三人称附加成分）的条件下发音为-i:/-ɪ:，其他情况下都发音成-i:g /-ɪ:g。在我们分析的语料库中宾格附加成分有/-i:/，/-i:k/，/-k/等形式共出现 1735 次。

1. /-i:/

/-i:/形式在语料库中有[-i]，[-i·]，[-i:]，[-ə]，[-ɛ]，[-ɛ·]，[-ɛ:]，[-e]，[-e·]，[-ɣə:]，[-ki]，[-ki·]，[-ɣi]，[-ɣi·]，[-ɣi:]，[-kə:]等多种变体，共出现 1449 次，占宾格全数据的 83.5%。这些变体主要是依照阴阳元音和谐律和唇形的和谐律出现的变体，在元音和[ŋ]之后连接时有增音/k/（88 次）辅音的变体、不同音长的变体等。

根据元音长度分析/-iː/形式：

（1）元音长度小于 0.08 秒的[-i], [-ə], [-ki], [-ɣi], [-ɛ], [-e] 6 种变体共出现 972 次，占/-iː/形式的 67.0%。例如：

xotoˑne(ː) nʊthki(ːn) mɐlʊ(ː)ti(ː) pukti(ː) xʊtltʊˑlɐˑtɐˑ　（D0014.TextGrid）

xödegen-ü nutaɣ-un mal-ud-i bügüde-yi χudaldᴜɣᴜlᴜɣad

逼迫卖掉了农村老家的所有家畜

（2）元音长度在 0.08—011 秒的[-iˑ], [-kiˑ], [-ɣiˑ], [-ɛˑ], [-eˑ] 5 个变体共出现 314 次，占/-iː/形式的 21.7%。例如：

pitniˑ ʧɐːpɜl ə:(-)n thəri(ː)k sʊr kəʧ　（D001.TextGrid）

biden-i ǰabal ene tere-yi sur geǰü

叫我们学这学那

（3）元音长度在 0.11—0.20 秒的[-iː], [-ɣiː], [-ɣəː], [-ɛː] 4 个变体共出现 163 次，占/-iː/形式的 11.2%。例如：

pitniː pɐ:(-)k pɛːxiˑŋ ujt pɔl　（D001.TextGrid）

biden-i baɣ_a baiχu-yin üy_e-dü bol

在我们小时候

2. /-iːk/

在分析的语料库中[-iːk], [-ikəː], [-ɛˑk], [-ix], [-kik]等变体，共出现 230 次，占语料库中出现总宾格的 13.3%。

根据元音长度分析/-iːk/形式：

（1）元音长度小于 0.08 秒的[-ik], [-iɣ], [-iɣə], [-iɣəː], [-ikəˑ], [-ikəː], [-ix], [-ɣik]等变体，共出现 158 次，占/-iːk /形式的 68.7%。例如：

pɐkʃiˑ nəkəː nɔˑmi(ː)kəˑ xurpu(ː)lsn　（D027.TextGrid）

baɣsi-yin nige nom-i xürbegülügsen

翻阅了老师的一本书

（2）元音长度在 0.08—0.11 秒的[-iˑk], [-iˑɣ], [-ɛˑɣ], [-iˑɣəˑ]等变体共出现 50 次，占/-iːk/形式的 21.7%。

ʧhɐkɐˑn sɐriˑ ʃiniˑ nɛːmɜniˑk　（D017.TextGrid）

čaɣan sar_a-yin sin_e-yin naiman-yi

正月初八

（3）元音长度在 0.11—0.20 秒的[-iːk], [-iˑɣ]两个变体共出现 22 次，占/-iːk/形式的 9.6%。例如：

piː pɔl ɔtɔˑ kərtəˑniːk ɔˑtɔː ɐx tʊˑ tɔlʊːl ossəŋ　（D001.TextGrid）

bi bol odo ger-tü-ben odo aχ_a degüü doloɣula ösögsön

在家中我有七个兄弟姐妹

3. /-k/

在分析的语料中/-k/形式共出现 53 次，其中有声的变体有 39 次，见图 4–5。/-k/形式主要出现在元音或[ŋ]辅音结尾的词后。例如：

sɔjli(ː) xɔpsxəli(ː) <u>noˑloˑk</u> təmiˑ xurtʰsəŋkuə　(D001.TextGrid)

soyol-un χubisχal-un nölöge-yi demei xürtegsen ügei

没怎么受"文化大革命"的影响

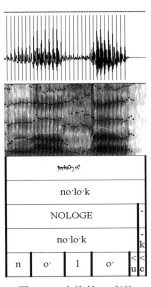

图 4–5　宾格的[k]变体

此外，表示宾格的/-ni/形式在 D005 资料中出现 3 次。都出现在 ene（这个）一词的宾格。例如：

pi(ː) pɔtpl <u>ənni</u> nələ(ː)n mʊ(ː) ʁsʊ(ː)tl k(ə)ʧ pɔttək　(D017.TextGrid)

bi bodobal egün-i neliyed maɣu asaɣudal gejü bododaɣ

我觉得这件事是比较糟糕的

（五）凭借格

凭借格在口语中以/-ɑːr⁴/形式出现并按照元音和谐律区别使用。连接在长元音、复合元音、[ŋ]辅音结尾的词之后，发音时增加[k]辅音。在语料库中/-ɐːr⁴/，/-ɐː⁴/的形式共出现 1399 次。

1. /-ɐːr⁴/

这种形式以变体[-ɐːr]，[-əːr]，[-ɔːr]，[-ʊr]，[-oːr]，[-or]，[-kɐːr]，[-kəːr]，[-kɔːr]，[-kʊr]，[-koːr]等共出现 1379 次，占全部凭借格的 98.6%。这种形式主要依据元音和谐律出现了多种变体，并以元音与辅音[ŋ]结尾的词后发音时增加[k]辅音（共有 159 次）。还有/-ɐːr⁴/形式中的/r/辅音以闪音[ɾ]、颤音

[r]、清擦音[ɹ]、浊擦音[ɻ] 4 种变体出现在语料中。

根据元音长度分析/-ɐːr⁴/形式:

（1）元音音长短于 0.08 秒的有[-ɐr]，[-ɹa-]，[-r̃a-]，[-ɐ̃ɹ]，[-ər]，[-ər]，[-ə̃ɹ]，[-ə̃ɹ]，[-ɔr]，[-ɔɹ]，[-r̃ɔ-]，[-rɔ]，[-ʋr]，[-rʋ]，[-rʋ]，[-kɹɐ]，[-kɹɐ]，[-ɣɹɐ-]，[-ɣɹɐ]，[-ɣɹɐ]，[-ɹɐ]，[-kər]，[-ɣər]，[-ɣə̃ɹ]，[-ɣə̃ɹ]，[-ɣə̃ɹ]，[-r̃ɔɣ]，[-ɹɔɣ]，[-ɣʋr]，[-kor]，[-ɣor]，[-ɣor]，[-ɣoɹ]等多种变体，共出现 978 次，占/-ɐːr⁴/形式的 70.9%。例如:

nʋtʰxi(ː) oŋko(ː)r tɔŋkɵttɘk　　(D030.TextGrid)

nutaɣ-un öngge-ber dongɣuddaɣ

发出故乡的音韵

（2）元音音长在 0.08—0.11 秒的有[-r.a-]，[-r̃.a-]，[-ɐ̇ɹ]，[-ə̃.ɹ]，[-r.ɵ-]，[-r̃.ɵ-]，[-ə̇ɹ]，[-ə̇.ɹ]，[-ɔ̇r]，[-ɔ̇ɹ]，[-ɔ̇r]，[-r.ɔ-]，[-o.ɹ]，[-o.ɹ]，[-r̃.o-]，[-kɵ̇r]，[-kɐ̇r]，[-ɣɐ̇r]，[-r̃.aɣ]，[-r̃.aɣ]，[-ɣ.aɣ]，[-ɣ.ɵ̇r]，[-ɣ.ɵ̇r]，[-ɣ.r.ɵ-]，[-ɐ̇.a-]等变体，共出现 314 次，占/-ɐːr⁴/形式的 22.8%。例如:

piˑ xɘrpɘː nikɘl ukɘ̇r xʋreˑŋkʋilʧ xɘlxjm pɘl　　(D027.TextGrid)

bi xerbe nige le üge-ber ɣuriyangɣuilaǰu xelexü yum bol

如果我用一句话概括说就

（3）元音音长在 0.11—0.20 秒的有[-ɐːr]，[-ɐ̃ːɹ]，[-r.aː-]，[-ɐ̃ːɹ]，[-əːr]，[-ə̃ːɹ]，[-əːɹ]，[-ɔːr]，[-r̃ɔ-]，[-ɔːɹ]，[-ɔːɹ]，[-ɣɐːɹ]，[-ɣɐːɹ]等变体，共出现 87 次，占/-ɐːr⁴/形式的 6.3%。例如:

ɘn tʰɐleːr ɔtɔ(ː) pit oːro(ːn) nɘk ʧʰɛrmɘˑʧ　　(D001.TextGrid)

ene tal_a-bar odo bide öber-iyen nige čirmaiǰu

这方面我们自己努力

2. /-ɐː⁴/

/ɐː⁴/形式在语料库中有[-ɐ]，[-ɐ̇]，[-ɐː]，[-ə]，[-ə̇]，[-əː]，[-ɔ]，[-ɔ̇]，[-oː]，[-ɣɐ]等变体，共出现 20 次。这种形式的出现主要是语流中[r]辅音脱落的结果。从整个句意能辨别出这种形式的语法意义，能分别它表示凭借格，而不是领属格。见图 4-6。例如:

ɔtɔ(ː) ɘnn oːrɘ(ːr) xɘlpɘl nɘmɘik pɔtpɘl pɘs nɘ(k) xɐr ʋlst kɘrɐ̇t　(D018.TextGrid)

odo ene ni öger_e-ber xelebel namayi bodobal basa nige χari ulus-tu ɣaruɣad

这种情况换句话说比起我还出过国什么的

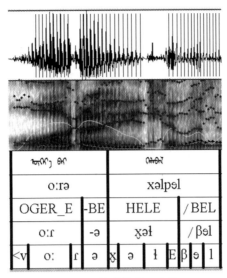

图4-6　凭借格的[ə]变体

根据元音长度分析/-ɐː/形式：

（1）元音音长小于0.08秒的有[-ɐ]，[-ə]，[-ɔ]，[-ɣɐ]等变体，共出现9次。

（2）元音音长在0.08—0.11秒的[-ɐ·]，[-ə·]，[-ɔ·]3个变体出现了9次。

（3）元音音长在0.11—0.20秒的[-əː]，[-oː]2个变体各出现了1次。

根据上述分析，语料库中凭借格的辅音以4种变体出现，具有元音和谐律现象。元音音长小于0.08秒的多，占全数据的70.6%。虽然有附加成分的辅音脱落的现象，但出现不多。

（六）和同格

大家公认的和同格的口语形式为/-tʰɛː/，/-tʰeː/，/-tʰœː/等。在我们的分析语料中有/-tʰɛː³/，/-teː²/，/-tʰ/等形式，共出现1524次。

1. /-tʰɛː³/

/-tʰɛː³/形式在语料库中以元音的不同长度共出现1481次，占和同格全数据的97.2%，以元音和谐律区别使用。

根据元音长度分析/-tʰɛː³/形式：

（1）元音长度小于0.08秒的[-tʰɛ]，[-tʰe]，[-tʰɐi]，[-tʰœ]，[-tʰɔi]等变体共出现919次，占/-tʰɛː³/形式的62.1%。例如：

ɔtɔ·nœ(ː)xtʰœ(ː) ɔtɔ(ː)ʋ·ctɕ　ɛtltʰxkiˑ ɐrɜkkʋɛ　(D001.TextGrid)

odo-yin-tai odo adalidχaχu-yin arɣ_a ügei

与现在无法比较

（2）元音音长在0.08—011秒的[-tʰɐˑ]，[-tʰeˑ]，[-tʰœˑ]，[-tʰiˑ]，[-tʰɔˑ]变

体共出现 329 次，占/-tʰɛː³/形式的 22.2%。例如：

nɔm <u>mətlktʰeˑ</u> i(ː)m nɔm sʊrʧɛ(ː)kɐ(ː) xunu(ː)s p(ɔ)lpɐʧʰ　（D005.TextGrid）

nom medelge-tei eimü nom surču baiɣ_a xömüs bolbaču

即使是有智慧并学知识的人们

（3）元音音长在 0.11—0.20 秒的[-tʰɛː]，[-tʰeː]，[tʰœː]等变体，共出现 233 次，占/-tʰɛː³/形式的 15.7%。例如：

<u>əməktʰe(ː)</u> sʊrkʧʰttʰɛː xəltk pɛ(ː)sn　（D003.TextGrid）

emegtei suraɣčid-tai xeledeg baisan

与女学生常说

2. /-teː²/

/-teː²/形式有[-tɛː]，[-teː] 2 个变体，共出现 26 次。这种形式出现的主要原因是说话者的方言特征把[tʰ]发音成[t]辅音。其中元音长度小于 0.08 秒的[-tɛ]，[-te]变体出现 14 次，元音长度在 0.08—0.11 秒的变体[-tɛˑ]，[-teˑ]出现 6 次，元音长度在 0.11—0.20 秒的变体[-tɛː]，[-teː]出现 6 次。例如：

ɐ·ʧʲlʧʰ iˑx <u>ɐ·mʲʧltʰtɐˑ</u> pɛːnɐˑ　（D013.TextGrid）

ajil ču yexe amjiltatai bain_a

工作很顺利

3. /-tʰ/

/-tʰ/形式主要是因说话者的说话风格或者语速太快而元音脱落形成的变体。它在分析的语料中共出现 17 次。例如：

ɔjʊtʰn <u>tuˑnərtʰkɐ(ː)</u> xɐmtʰ pɐs nək utəʃi(ː) kɔj tʰəmtkəlsn　（D003.TextGrid）

oyutan degüü nar-tai-ban χamtu basa nige üdesi-yi ɣoyo temdeglegsen

与大学生弟妹们共同度过了又一个美好的夜晚

（七）从比格

大家公认的从此格的口语形式是/-ɑːs⁴/。在语料库分析中以/-ɐːs⁴/，/-s/，/-əː⁴/等形式共出现 918 次。

1. /-ɐːs⁴/

在语料库中元音的不同长度，辅音的有声无声变体等有 36 种，共出现 902 次，占据全部从比格的 98.3%。这些变体主要是以元音和谐律出现的种类多，在[ŋ]辅音结尾的词后连接时增加[k]辅音（19 次），有时也增加[n]辅音，比如，nom-eče（书的从比格）发音成[nɔmnɔs]，附加成分/-ɔːs/的音长小于 0.08 秒，所以直接标注为[ɔ]，见图 4–7。

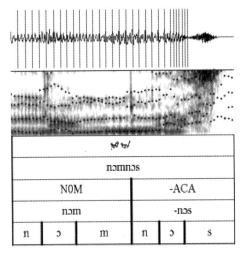

图4–7　从比格的[ɔs]变体

根据元音长度分析/-ɐːs⁴/形式：

（1）元音长度小于 0.08 秒的有[-ɐs]，[-ɐz]，[-ɐʦ]，[-əs]，[-əz]，[-ɔs]，[-os]，[-kɐs]，[-ɣɐs]，[-ɣəs]，[-kɔs]，[-ɣos]，[-nɐs]，[-nəs]，[-nɔs]等变体，共出现 514 次，占/-ɐːs⁴/形式的 57.0%。例如：

xoto: nʊtʰkɐ(ː)s iˑrsəm　（D007.TextGrid）

xödege nutaɣ-eče iregsen

从农村来的

（2）元音音长在 0.08—0.11 秒的变体有[-ɐˑs]，[-ɐˑz]，[-ɐˑʦ]，[-əˑz]，[-əˑs]，[-ɔˑs]，[-ɔˑz]，[-oˑs]，[-oˑz]，[-kɐˑs]，[-ɣɐˑs]，[-ɣəˑs]，[-ɣɔˑs]，[-nəˑs]等，共出现 334 次，占/-ɐːs⁴/形式的 37.0%。例如：

kʊrpɐˑs təˑʃə(ː)n ʊŋk pəl omsʧʰ pɔlχkʊɛ　（D027.TextGrid）

ɣurba-eče degegsi-ben öngge bol emüsčü bolχu ügei

三种以上的颜色不能穿

（3）元音长度在 0.11—0.20 秒的变体有[-ɐːs]，[-əːs]，[-ɔːs]，[-ɔːz]，[-oːs]等，共出现 54 次，占/-ɐːs⁴/形式的 6.0%。例如：

maˑnɛˑxaːs xœr kʊʧʰn ʧili(ː)n omnx tʰər nək　（D002.TextGrid）

man-u-eče χori ɣučin ǰil-ün emünexi tere nige

比我们早二三十年的那个

2. /-s/

/-s/形式在语料库中有[-s]，[-z]，[-ks] 3 个变体，共出现 10 次。出现这种变体的原因是说话者语速太快而元音脱落，只留辅音形式/-s/，见图 4–8。例如：

ʃili:xɔtʰs nək nɛ:ʧɛ:rɛ:n ənkə:t ɐsʊ:lkɜʧɛ:kɐt

silingχota-eče nige naiǰa-bar-iyan inggiged asaɣulɣaǰu baiɣad

让锡盟的一位朋友打听一下

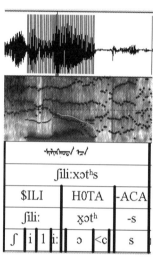

图 4–8　从比格的[s]变体

3. /-ə:⁴/

这个形式在语料库中有[-ə]，[-ə:]，[-ɔ:]等变体，共出现 6 次。这些变体中，元音音长小于 0.08 秒的[-ə]出现 3 次，元音音长大于 0.11 秒的[-ə:]，[-ɔ:]出现 3 次，见图 4–9。例如：

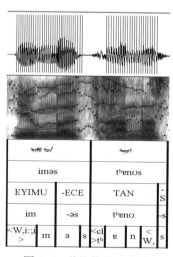

图 4–9　从比格的[ə]变体

i(:)mə(:s) tʰɛnʊ(:)s xɜrpə(:)　mɛnʊ(:)si(:)n ʧɛ(:)prɛːr jɐpxkʊɛ mɔŋklɔ(:)r xɛrʊ(:)lʧʰɐ·t　(D010.TEXTGRID)

eimü-eče tanus xerbe manus-un ǰiɣaburi-bar yabuχu ügei mongɣol-iyar χariɣulčiχaɣad

因此你们不按照我们的要求去做，用蒙古语答题

归纳资料中出现的从比格发现，在语流中，附加成分结构中的元音和辅音都发生脱落现象，但出现率不高。在三种形式中，元音音长小于 0.08 秒的出现比例高。

（八）关于双重格

蒙古语的格范畴在词语连接中表示各种关系以及语法意义，多数情况下只用一个格范畴，但是有时候出现双重格范畴。通常说，蒙古语的双重格有三种类型，以领格为基础；以向位格为基础；以和同格为基础不同程度地并列使用其他的格范畴。我们分析的语料中以领格为基础的和以和同格为基础的两种形式共出现 29 次。这样看，自然口语中很少使用双重格。

1. 以领格为基础的双重格

分析资料中以领格为基础，向位格、从比格、凭借格等格范畴重叠使用的现象共出现 18 次。其中领格＋向位格的双重格出现 6 次，领格＋从比格的双重格出现 3 次，领格＋凭借格的双重格出现 9 次。例如：

tʰətne(:)t xɔjʊ·l ərtʰ ɔʧʰʧʰsm pɛ(:)s(n) ʃ(i)tʰ(ə:)　(D009.TextGrid)

teden-ü-dü χoyaɣula erte očičiχaɣsan baiɣsan side

我俩早就去他们那里了呀

tʰətne· tʰər ɛ·mtɜrln ma·nɛ·xaːs xœr kʊʧʰn ʧili(:)n omnx tʰər nək　(D002.TextGrid)

teden-ü tere amidural ni man-u-eče χori ɣučin ǰil-ün emünexi tere nige

他们的那种生活比我们的早了二三十年的那个

2. 以和同格为基础的双重格

在语料库中以和同格为基础，宾格、凭借格重叠使用的出现 11 次。其中和同格＋宾格的双重格出现 7 次，和同格＋凭借格的双重格出现 4 次。例如：

ʊːln pur tʰi(:)m naːtk j(ʊ)mtʰɛ(:)ki(:)　omsu(:)ltk p(i)ʃmʊ(:)　(D029.TextGrid)

uul ni bür teimü naɣaddaɣ yaɣum_a-tai-yi emüsügüldeg bisi yum uu

原先都是穿戴玩具的衣服，不是吗

tʰəntʰxiːn ʊ·tɜrtlɜk tark narʊ(:)t p(ɐ)s maʃ pajrtʰɛ(:)ka(:)r xulə(:)n ʧopʃo(:)rsn tə·　(D030.TextGrid)

tendexi-yin uduridulɣ_a daruɣ_a nar-ud basa masi bayar-tai-bar xüliyen jübsiyeregsen de

他们那里的领导们也很快乐地表示接受，同意

二、名词的复数形式

蒙古语名词的数有单数、复数形式。单数没有专有的表达形式，复数的表达方式有复数的附加成分、词的重叠法和基本数字等方法。

（一）表示复数的附加成分

蒙古语的复数在口语中以/-nɐr/，/-ʊːt²/，/-ʧʰʊːt² (ʧʰʊːl²)/，/-t/，/-s/等形式出现。在本次分析语料库中共出现了 1771 次。

1. /-nɐr/

/-nɐr/形式在分析的语料库中以[-ɐr]，[-nər]，[-nr]等变体共出现了 145次。该形式用于表示人物的名词之后，区别用于阴阳性词，比如，[pekʃnɐr]，[tuːnər]。在语流中出现[-nr]，[-nɐˑrː]，[-nərə]等变体。/-nɐr/形式的元音长度大多数为小于 0.08 秒。元音的长度为 0.08—0.11 秒的出现了 4 次。还有[-nɐrɐ]，[-nɐˑrː]，[nərə]，[nr]等变体各出现 1 次，见图 4-10。例如：

nʊtʰɜk ʊˈsntənʧʰ xɔˈrɐktlɔˈ pitnɐrː　tʰɐr ɔˈtɔˈ　　（D008.TextGrid）

nutaɣ usan-du ni χoryodal_a bide nar tere odo

我们是不舍得离开故乡

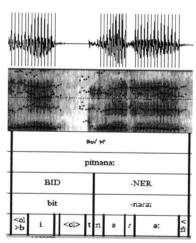

图 4-10　复数的[nərə]变体

2. /-ʊːt²/

/-ʊːt²/形式可用于表示人、事物和动物的名词之后。口语形式/-ʊːt²/用于任何元音辅音结尾的名词之后依照元音和谐律使用。连接于长元音和复

合元音结尾的名词之后增加[k]辅音。在分析的语料库中有[-ʊ]，[-u]，[-ʊːt]，[-ʊtʰ]，[-uːt]，[-oˑt]，[-nut]，[-nuˑt]，[-ɣut]等变体，共出现 634 次。

（1）/-ʊːt²/形式的[t]辅音脱落而成为[-ʊ]，[-u]变体，以元音的不同长度共出现了 8 次，见图 4–11。

（2）在长元音、复合元音结尾的词之后连接/-ʊːt²/附加成分时增加[k]辅音。在分析资料中[k]增音的形式只出现 1 次，即[-ɣut]。变体[-nut]，[-nuˑt]出现 4 次，其中元音的长度为 0.08—0.11 秒的有 3 次。

（3）/-ʊːt²/的辅音[t]变为有声[d]的变体共出现了 39 次。还出现了 1 次[-ʊtʰ]。

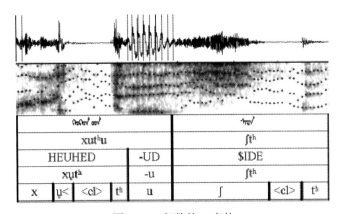

图 4–11 复数的[u]变体

根据元音长度分析/-ʊːt²/形式：

（1）元音的长度小于 0.08 秒的有[-ʊ]，[-u]，[-ʊt]，[-ʊtʰ]，[-ʊd]，[-ut]，[-ud]等变体，共出现了 451 次，占/-ʊːt²/形式的 71.1%。例如：

tʰər keʧrʊ(ː)tɐ(ː)r kuinəˑ　　(D028.TextGrid)

tere ɣaǰar-ud-iyar güyün_e

往那些地方跑

（2）元音的长度为 0.08—0.11 秒的有[-ʊˑ]，[-uˑ]，[ʊˑt]，[-ʊˑd]，[-uˑt]，[-uˑd]，[-oˑt]等变体出现了 155 次，占/-ʊːt²/形式的 24.4%。例如：

iˑm i(ː)m keʧɜrɐˑr ɐˑɟllɜx ʊlsʊˑt ʃ(i)tʰ(əː)　　(D007.TextGrid)

eimü eimü ɣaǰar-ud-iyar aǰillaχu ulus-ud side

在这些地方工作的人们

（3）元音的长度为 0.11—0.20 秒的变体[-ʊːt]，[-ʊːd]，[uːt]，[uːtəː]共出现 28 次，占/-ʊːt²/形式的 4.4%。例如：

mɛnɛː ɛŋkiˑm pexʃnɐrʊˑt xəlʧ pɛːnɐˑ　　(D001.TextGrid)

man-u aŋγi-yin baγsi nar-ud xelejü bain_a

我们班的老师们说呢

3. /-ʧʰʊ:t² (ʧʰʊ:l²)/

/-ʧʰʊ:t² (ʧʰʊ:l²)/形式在语料库中有[-ʧʰʊ]，[-ʧʰu]，[-ʧʰʊ:t]，[-ʧʰu:t]，[-sut]等变体，共出现了 195 次。其中辅音[t]脱落的变体[-ʧʰʊ]，[-ʧʰu]，[-tsʰʊ]出现了 7 次，受方言或前后语音环境的影响，[ʧʰ]变为[tsʰ]或[s]，[t]变为有声[d]的变体的[-ʧʰʊ:t]，[-ʧʰu:t]，[ʧʰʊd]，[-ʧʰu:d]，[-tsʰʊt]，[-tsʰud]，[-sʊt]等共出现了 175 次。还有元音脱落的变体[-ʧʰt]，[-tsʰt]出现了 3 次，见图 4-12。/-ʧʰʊ:l/形式有[-ʧʰʊl]，[-ʧʰul]，[sul]，[-ʧʰu·l]，[-ʧʰʊ·l]，[-ʧʰu:l]等变体，共出现了 10 次，见图 4-13。例如：

nʊtʰki(:)n ʧɛlʊ(:)ʧʰʊ(:)tn ɔ·lŋxin ɛ:(-)rx ʊ(:)kɛ:t　　(D015.TextGrid)

nutaγ-un ɟalaγučud ni olaŋxi ni arixi uuγuγad

乡下的年轻人大部分都喝酒

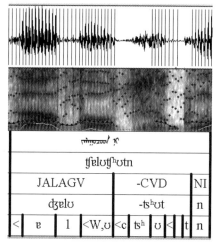
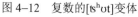
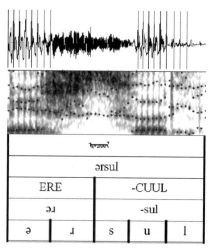

图 4-12　复数的[tsʰʊt]变体　　　　图 4-13　复数的[sul]变体

根据元音长度分析/-ʧʰʊ:t²(ʧʰʊ:l²)/形式：

（1）元音的长度小于 0.08 秒的变体[-ʧʰʊ]，[-tsʰʊ]，[-ʧʰʊt]，[-ʧʰʊd]，[-tsʰʊt]，[-tsʰʊd]，[-sʊt]，[-ʧʰut]，[-ʧʰud]，[-ʧʰʊl]，[-ʧʰul]，[sul]等共出现 150 次，占全部/-ʧʰʊ:t²(ʧʰʊ:l²)/形式的 76.9%。

（2）元音的长度在 0.08—0.11 秒的变体[-ʧʰʊ·]，[-ʧʰʊ·t]，[-ʧʰʊ·d]，[-tsʰʊ·t]，[-ʧʰu·t]，[-ʧʰu·t]，[-ʧʰu·l]，[-ʧʰʊ·l]等共出现了 37 次。

（3）元音的长度为 0.11—0.20 秒的变体[-ʧʰʊ:t]，[-ʧʰu:d]，[-ʧʰu:l]等出现了 5 次。

4. /t/

表示复数意义的/-t/形式，在人和事物的词根之后使用。在语料分析中出现了 94 次。其中在前后语音的影响下变成浊辅音[-d]的变体出现 6 次。例如：

ɔtɔˑ me·ltʃʰtʊˑtiˑ ɛˑmtɜrl jɛk x(ə)tʃʰu(ː) ʃ(i)tʰəː   (D014.TextGrid)

odo malčid-ud-un amidural yaɣ xečegüü side

牧民们的生活不容易

5. /-s/

/-s/形式连接在表示人和事物的词根之后，表示复数。在语料库中复数附加成分的/-s/形式共出现 703 次。其中在前后语音的影响下变成浊辅音[-z]变体有 17 次，说话人的缓慢发音导致发音成[-sə]变体，出现 6 次。例如：

ɔtɔ(ː) menʊ(ː)s xotʰləktʃʰ nəptʰru(ː)lktʃʰ ən mərəktʃləˑ   (D028.TextGrid)

odo manus xötölügči nebteregülügči ene mergeǰil-iyen

现在我们的播音主持这专业

（二）叠词法表示复数

在蒙古语中表示复数的叠词法有两种。一种是名词本身的重叠使用，另一种是把原来的名词通过语音变化成为概称，重叠使用。我们利用定量语料以穷尽法进行比较在蒙古语口语中表示复数的附加成分和叠词法的使用情况。在口语语料中叠词法使用少，共出现 55 次。

1. 名词本身的重叠使用

（1）名词或代替名词本身的重叠使用能表示人和事物的复数。在分析的语料中[kɛtsɜr kɛtsrin], [pəj pəjnəs], [nikən niknə], [xuː xuneː], [uˑk uˑkəˑn], [tʃil tʃiliˑn], [poːm poˑmoˑr], [orloˑ orlo], [ɔˑrœː ɔrœː], [ɔːntɔ ɔntɔː], [sun tsʰun], [xəˑn xntʃʰ]重叠使用的 12 个词共出现 18 次。例如：

ɔtɔ(ː) kɛtsɜr kɛtsri(ː)n neˑtm   (D003.TextGrid)

odo ɣaǰar ɣaǰar-un naɣadum

各个地方的那达慕

menʊ(ː)s pəj pəjnə(ː)s sʊrx im ix pɛːn   (D003.TextGrid)

manus bey_e bey_e-eče surxu yaɣum_a yexe bain_a

我们互相学习的地方很多

tʃil tʃiliˑn kəŋ kətʃʰɪknɛˑs pɔlɔ(ː)t ʃ(i)tʰəˑ   (D011.TextGrid)

ǰil ǰil-ün yang yačig-eče boloɣad side

因每年都出现干旱

ɔˈrœː ɔrœː ɛː(-)rɜx ʊˑ （D014.TextGrid）

oroi oroi ariχi uuɣu

每晚喝酒吧

（2）形容词或代词本身的重叠使用，表示相关的人和事物的复数。在分析的语料中[sɛˑxɜn sɛˑxɜn]，[ɐmɜrxɐː ɐmɜrxɐ]，[ən ən]，[iːm im]，[tɜːr tɜr]等重叠，共出现了 13 次。例如：

mɐnɛˑ nʊtʰɜk ʧʰim pɐs iːm sɛˑxɜn sɛˑxɜn ʧy(ː)lstʰeː （D014.TextGrid）

man-u nutaɣ čini basa eimü saiχan saiχan jüiles-tei

我们的家乡还有这么多好东西

ɐmɜrxɐː(-)(n) ɐmɜrxɐ (n) ɐʧili: xiˑkəˑtl moŋk ɔlɔ(ː)t （D003.TextGrid）

amarχan amarχan ajil-i xiged le möngö oloɣad

做简单的事情挣钱

ʊʧʰrn tʰər kɐʧɜr ɛˑmɐr kɔj kɔj pɛrlɜktʰɛ(ː) （D014.TextGrid）

učir ni tere ɣajar ayumar ɣoyo ɣoyo barilɣ_a-tai

因为那个地方有很多好的建筑

2. 名词的概称表示复数

本来指某个具体事物的主体词后更换原词的词首语音进行重复，概括某事物的相同或相近的事物。

（1）以元音为首的名词变为概称时，后边的辅助词是在原词的词首加一个[m]辅音的形式重复，表示复数。在分析的语料中[ɐʧl mɐʧl]，[ɔxən mɔxn]，[ɐsɜr mɐsɜr]，[oˑps mups]，[ʊːrxɛ mʊrxɛ]，[oˑr moˑr]，[ʊˑrlɜl mʊˑrlɜl]，[əˑls məls]共出现 15 次。例如：

mɐnɛ(ː) mɔŋkɐlʧʰʊ(ː)t ʧʰiˑ(n) iŋkɜːl ɔˑtɔ(ː) ɐʧl mɐʧl ɐltɐ(ː)t （D006.TextGrid）

man-u mongɣolčud čini inggiged le ajil majil aldaɣad

我们蒙古族人就这样下岗了

xoxxɔtʰ jɐmɜr sɛ(ː)xɜ(n) ɐsɜr mɐsɜr tʰiˑm uˑntɜr untɜr （D007.TextGrid）

xôxeχota yamar saiχan asar masar teimü öndör öndör

呼和浩特有很多高楼大厦

tʰɐisnɛ(ː) ʊˑrlɜl mʊˑrlɜli(ː) jɛːʧ xi(ː)kə(ː)ku(ː) （D024.TextGrid）

taisan-u uralal muralal-i ɣaɣaχiǰu xige ügei

没怎么做过舞台艺术

əˑls məls ʧʰ(i)xəˑt tʰukʧiʧ tʰukʧəˑt pəl ix pɔlkʧʰkɔˑt （D029.TextGrid）

elesü melesü čixiged tügjiǰü tügjiged bol yexe bolɣačixaɣad

塞了很多沙粒使它弄大

（2）以辅音为首的名词变为概称时，后边的辅助词是把原词的词首辅音换成[m]辅音的形式重复，可以表示复数。在分析的语料中[ʧoroˑ moroː]，[juˑ muˑ]，[xol mol]，[tʰʊkзl mʊkзl]，[xʊpʧʰзs mʊpʧʰs]，[nɔm mɔm]等共出现了 6 次。例如：

　　pi: pəl əkəˑt nɐsnɐˑ ʧoroˑ moroː kətl jɛrx tʊrkuə　（D003.TextGrid）
　　bi bol ergiged nasun-u jöriy_e möriy_e getel_e yariχu dur_a ügei
　　我不喜欢说什么年龄差别
　　ɔtɔˑ xol moli(ː)n pɔlʧɔˑsɔ(ː)r p(ɐ)s əˑpɐˑr ɐːnɐˑ ʃ(i)k　（D010.TextGrid）
　　odo xöl möl-i ni bolĵoɣaɣsaɣar basa egebüri aniy_a siɣ
　　崴了脚像个恶人的阿姨似的
　　ʧɐˑxзn ʧʊʧɐˑn ʃik xʊpʧʰзs mʊpʧʰs ɐpɐˑt jɐp tɐː　（D013.TextGrid）
　　ĵiɣaχan ĵuĵaɣan siɣ χubčasu mubčasu abuɣad yabu da
　　多带点厚衣服
　　ən nɔm mɔmɔ(ːn) uʧx ʧʰoloː　（D013.TextGrid）
　　ene nom mom-iyan üjexü čilüge
　　看书的时间

（3）以辅音为首的词，后边的辅助词是把原词的词首辅音换成[x]或[s]辅音后重复，可以表示复数。在分析的语料库中[im xum]，[pak sak]共出现了 3 次。例如：

　　tʰiˑm，təlku(ː)r kəsəˑtl im xum ɐˑpn k(ə)x j(ʊ)m　（D017.TextGrid）
　　teimü，delgegür gesüged le yaɣum_a xeüm_e abun_a gexü yum
　　是的，要逛商场买东西
　　p(ɐ)s pɐk sɐk ɔtɔˑ nɐːttзk　（D007.TextGrid）
　　basa baɣ_a saɣ_a odo naɣaddaɣ
　　或多或少玩点

三、名词的领属范畴

蒙古语的领属是，通过加特定的某种附加成分或语气词来说明人、事物和行为是属于谁的。根据明确属于哪个人称，蒙古语的领属可以分为反身领属和人称领属两种。

（一）反身领属

反身领属表明人、事物或行为等属于主语，也表达对事物的区别，强调的含义。反身领属口语用/-ɐːn⁴/形式表达。其中，以长元音、复合元音和辅音[n]结尾的词之后连接时增加[k]辅音。在分析的语料中除了/-ɐː⁴/和/-ɐːn⁴/之外，还有几种特殊形式，一共出现了 2161 次。

1. /-ɐ:⁴/

在语料中，/-ɐ:/形式的[-ɐ:]，[-ə:]，[-i]，[-ɔ:]，[-o:]，[kɐ:]，[-kə]，[-kɔ]，[-ko:]，[-kʰɐ:]，[-kʰə:] 11 种变体共出现 1089 次，占所有领属形式的 50.4%。这些变体主要是在自然口语中受前后语音的影响，附加成分中的辅音[n]脱落而产生的现象，全数据的占据比例高，能看出来在语流中[n]辅音容易脱落，如图 4–14 所示。领格附加成分后连接反身领属附加成分时，增加[x]辅音，共出现 136 次。以元音和辅音[ŋ]结尾的词后连接时，增加[k]辅音，这种共出现 83 次。在语料中，[-kʰɐ:]，[-kʰə:]等变体出现的原因是辅音[n]，[ŋ]之后连接领属附加成分时插入[kʰ]辅音造成的，如图 4–15。而且多数情况下，前面的词是阴性词。我们的分析中插入[kʰ]辅音的共出现 19 次，16次是阴性词。

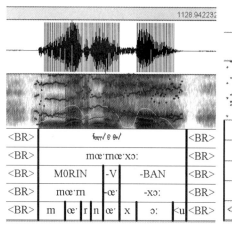

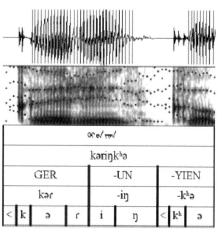

图 4–14　反身领属的[ɔ]变体　　　　图 4–15　反身领属的[kʰə]变体

按照元音长度分析/-ɐ:⁴/形式：

（1）音长短于 0.08 秒的[-ɐ]，[-ə]，[-i]，[-ɔ]，[-o]，[-kɐ]，[-ɣɐ]，[-kə]，[-ɣə]，[-kʰə]，[-kʰə]，[-xɐ]，[-xə]，[-xɔ]，[-xo]等变体共出现 644 次，占据/-ɐ:⁴/形式的 59.1%。例如：

ən tʰɐlɐ:rɐ(:n)　ɔtɔ pit o:ro(:n)　nək ʧʰɛrmɛʧ ʊnʃnɐ:　(D001.TextGrid)
ene tal_a-bar-iyan odo bide öber-iyen nige čirmaiǰu ungsin_a
这方面我们得自己努力阅读

（2）音长在 0.08—0.11 秒的[-ɐ·]，[-ə·]，[-ɔ·]，[-o·]，[-kɐ·]，[-ɣɐ·]，[-kə·]，[-ɣə·]，[-ɣɔ·]，[yo·]，[-kʰə·]，[-xɐ·]，[-xə·]，[-xo·]，[-ɣo·]等变体共出现了 276 次，占/-ɐ:⁴/形式的 25.3%。例如：

xɔn xʊrkɜnɛ·xɐ·(n) ɐrɐ:s kuǰəltə:tl　(D001.TextGrid)

χoni χuraγan-u-ban aru-eče güyüldüged le

跟在羊群后面跑

（3）音长在 0.11—0.20 秒的[-ɐː]，[-əː]，[-ɔː]，[-oː]，[-kɐː]，[-ɣɐː]，[-kəː]，[-ɣəː]，[-ɣoː]，[-kʰɐː]，[-kʰəː]，[-xɐː]，[-xəː]，[χəː]，[-xɔː]等变体共出现 169 次，另外，还有一个特殊的形式[-oːnəˑ]，占据/-ɐː⁴/形式的 15.5%。例如：

tʰʊkɜl xʊrkɐː(n) xɐrʊːlɐːtl　(D001.TextGrid)

tuγal χuraγ_a-ban χariγuluγad la

放着牛犊，小羊

2. /-ɐːn⁴/

在分析的语料中，有[-ɐːn]，[-əːn]，[-iːn]，[-ɔːn]，[-oːn]，[-ɐːm]，[-əːm]，[-ɔm]，[-om]，[-ɐːŋ]，[-əːŋ]，[-ɔːŋ]，[-oŋ]，以及插入辅音[k]，[kʰ]，[x]的[-kɐːn]，[-kəːn]，[-kɔn]，[-kon]，[-kɐŋ]，[-kəŋ]，[-kʰɐn]，[-kʰən]，[-kʰoːn]，[-kʰəm]，[-kʰəŋ]，[-xɐːn]，[-xəːn]，[-xɔn]，[-xɐŋ]，[-xɐm]，[-xəm]，[-ɣm]，[kɐm]，[-kəm]，[-kɔm]等变体一共出现 1048 次，占总领属附加成分形式的 48.5%。

（1）先从辅音的变体归纳分析

① 以辅音[n]结尾的[-ɐːn]，[-əːn]，[-iːn]，[-ɔːn]，[-oːn]，[-kɐːn]，[-kəːn]，[-kɔn]，[-kon]，[-kʰən]，[-kʰoːn]，[-xɐːn]，[-xəːn]，[-xɔn]等变体共出现过 729 次，占据/-ɐːn⁴/形式的 69.6%。例如：

ɔtɔ xitʃʰəˈlən sɛn sʊr　(D001.TextGrid)

odo xičiyel-iyen sain sur

学好课程

② 结尾辅音变为[m]的[-ɐːm]，[-əːm]，[-ɔm]，[-om]，[-kɐm]，[-kəm]，[-kɔm]，[-kom]，[-kʰəm]，[-xɐm]，[-xəm]等变体共出现过 283 次，占据/-ɐːn⁴/形式的 27.0%。主要是领属附加成分之后连接以辅音[p]，[pʰ]，[m]开头的词时，领属附加成分的[n]变成[m]。例如：

pilʊrtʰlɐ(ː)m pʊˈs ittək ʃ(i)t(əˑ)　(D017.TextGrid)

bilaγuratal_a-ban buusa idedeg side

吃包子吃到腻了

③ 结尾辅音变为[ŋ]的[-ɐːŋ]，[-əːŋ]，[-ɔːŋ]，[-oŋ]，[-kɐŋ]，[-kəŋ]，[-kʰəŋ]，[-xɐŋ]等变体共出现过 36 次，占据/-ɐːn⁴/形式的 3.4%。在领属附加成分后加以辅音[k]开头的词时，大多数情况下领属附加成分的[n]会变成[ŋ]。例如：

mɐʃ ix ʊtʰk ʊˈlkɐŋ ɔlʃ pɛ(ː)n　(D030.TextGrid)

masi yexe udχ_a aγulγ_a-ban olju bain_a

感受到了极大的意义

（2）按照元音长度分析

① 音长小于 0.08 秒的[-ɐn]、[-ɐn]、[-in]、[-nɐ]、[-on]、[-ɐŋ]、[-əŋ]、[-ɔŋ]、[-oŋ]、[-ɐm]、[-əm]、[-im]、[-ɔm]、[-om]、[-kɐn]、[-ɣɐn]、[ɣɐŋ]、[-kən]、[-ɣəʌ]、[-kɔn]、[-kəŋ]、[-ɣɐm]、[-kəm]、[-ɣəm]、[-kɔm]、[-ɣom]、[-kom]、[-kʰɐn]、[-kʰən]、[-kʰon]、[-kʰəm]、[-xax]、[-xɐn]、[-xən]、[-xəx]、[-xɔn]、[-xɐm]、[-xəm]、[-ɐxŋ]等变体共出现过 669 次，占据/-ɐːn⁴/形式的 63.8%。

② 音长在 0.08—0.11 秒的[-nɐ]、[-əˑnˑ]、[-ɔˑnˑ]、[-oˑnˑ]、[-ɐˑnˑ]、[-ɔˑnˑ]、[-oˑŋ]、[-ɐˑm]、[-əˑm]、[-ɔˑm]、[-oˑm]、[-kɐn]、[-ɣɐˑnˑ]、[-ɣəˑnˑ]、[-kon]、[-ɣəˑŋ]、[-ɣɐˑm]、[-ɣəˑm]、[-kʰɐˑnˑ]、[-kʰɐˑm]、[-kʰəˑŋ]、[-xɐˑnˑ]、[-xɐˑ]、[-xɐx]、[-xəˑn]、[-xəˑn]等变体共出现 274 次，占/-ɐːn⁴/形式的 26.1%。

③ 音长在 0.11—0.20 秒的[-ɐːn]、[-əːn]、[-iːn]、[-ɔːn]、[-oːn]、[-əːŋ]、[-ɔːŋ]、[-kɐːn]、[-ɣɐːn]、[-kəːn]、[-ɣəːn]、[-ɣoːn]、[-ɣoːm]、[-kʰɐːn]、[-kʰəːn]、[-kʰoːn]、[-oːnə]、[-xɐːn]、[-xəːn]等变体一共出现 105 次，占/-ɐːn⁴/形式的 10.0%。

在分析的语料中，领属附加成分的形式主要体现在这两个方面之外还有两种特殊情况。一种是元音脱落，只有辅音的[-m]、[-ɣm]、[-n]、[-ŋ]、[-xn]形式，这种共出现 17 次，见图 4-16。另一种以[-ɐ]、[-nɐn]、[-nən]、[-nɐm]、[-nɐˑn]、[-nəˑn]等形式共出现 7 次，这主要与 χamiɣ_ɑ（哪里）一词有关，在口语发音中加[n]辅音，见图 4-17。例如：

图 4-16　反身领属的[n]变体

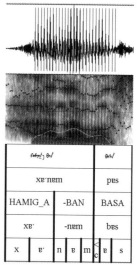

图 4-17　反身领属的[nɐn]变体

ʧʰɐˑʃn xiːx tʊrkʊɛ p(ɔ)lɔ(ː)t　　(D010.TextGrid)

čaɣasi-ban xixü dur_a ügei boloɣad

不想继续做下去

xɛˑnɐm pɐs ʧɐ(ːxɜn) ɪlkɐ(ː)tʰɛ(ː) pɛˑnʊː　　(D018.TextGrid)

xamiɣ_a-ban basa jiɣaxan ilɣaɣ_a-tai bain_a uu

哪里还有点区别呢

（二）人称领属

人称领属说明的是，该人、事物和现象属于第一人称、第二人称或第三人称中的哪一个人称。蒙古语口语有/min/，/ʧʰin/，/n/三种形式表示人称领属。

1. /min/

表示人物、动作属于第一人称。在分析的语料中，[min]，[miniˑ]，[mən]，[miˑ]，[miˑn]，[mim]，[mɛn] 7 种变体一共出现了 34 次。在词后连接时，因元音和谐律变为[mən]和[mɛn]，在/min/附加成分之后连接以辅音[p]，[pʰ]，[m]开头的词时，末尾的辅音变为[m]等变化所引起的变体。这里出现频率最高的是[min]，共有 21 次，占总数的 61.8%。例如：

nʊtʰɜk min pɛˑsn ʧʰɐkt pi(ː) xoto(ː)ne(ː) ɐrɜt mɛlʧʰm pɔlsnʧʰ　　(D030.TextGrid)

nutaɣ mini baiɣsan čaɣ-tu bi xödegen-ü arad malčin boloɣsan ču

只要有草原，我愿当牧民

2. /ʧʰin/

表示人物、动作属于第二人称。在语料库中，不同变体的/ʧʰin/形式共出现 933 次。把这些详细归类如下：

（1）在话语中，元音脱落的[ʧʰ]，[ʧʰn]，[tʰn]，[ʃn]，[ʃ]，[ʧʰm]，[tsʰn]，[sn]，[ʃm]，[ʧʰŋ]，[ʧʰniː]，[ʧʰnəˑ]等变体一共出现 325 次，见图 4-18。其中变体[ʧʰn]的出现频率为最高，共有 189 次。出现多个变体的主要原因是受前后的语音影响和发音人的发音特征或受方言的影响。例如：

pi(ː) ʧʰn tʊˑnt tʊrtʰɛˑ jm ʧʰn　　(D023.TextGrid)

bi čini daɣun_du duratai yum čini

我喜欢歌曲

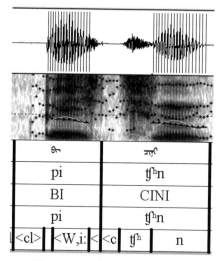

图4–18　人称领属的[ʧʰn]变体

（2）[ʧʰi]，[ʧʰɿ·]，[ʧʰiː]，[ʧʰə]，[ʧʰə·]，[ʃi]，[ʧi]，[ʤi]，[ʧʰɛ]，[ʧʰɛː]，[ʧʰe]等末尾辅音[n]脱落的变体共出现225次，见图4–19。其中，变体[ʧʰi]出现过159次，出现频率最高。在这些变体中，音长短于0.08秒的有209次，音长在0.08—0.11秒的有10次，音长在0.11—0.20秒的有6次。例如：

ʧi(ː)　ʧʰə　ɔtɔ(ː)　opər　mɔŋkli(ː)n　ɐrɐ·ʧʊki(ː)n　sətʰku(ː)lʧʰ　pɛ·n　ʃtʰə·
(D023.TextGrid)

či čini odo öbör mongγol-un araǰu-yin sedgülči pain_a side

你是内蒙古电台的记者啊

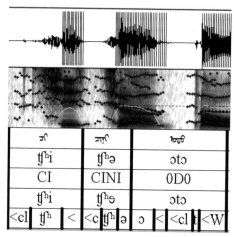

图4–19　人称领属的[ʧʰə]变体

（3）[ʧʰin]，[ʧʰiˑn]，[ʧʰiːn]，[ʧʰinəː]，[ʧin]，[tsʰin]，[ʧʰən]，[ʧʰəːn]，[ʧʰɔn]，[ʤin]，[ʤiˑn]，[ʧʰɛˑn]，[ʧʰɛn]等变体共出现 327 次，[ʧʰin]变体出现的频率为最高，共有 302 次。例如：

ɛrpn ʊnʃɐˑtɛ(ː)xnɐ(ː)r ʧʰin tʰɛr ʧʰin （D013.TextGrid）

arbin ungsiɣad baiχular čini tere čini

你阅读的多了就

（4）[ʧʰim]，[ʧʰəm]，[ʤim]，[ʃim]，[ʧʰəm]等变体出现 51 次。因受后面连接辅音特点的影响，附加成分的[n]变成了[m]。例如：

ən ʧʰim pɐs nək pɔtʊ(ː)ʃtʰɛ(ː) ɐsʊ(ː)tl （D023.TextGrid）

ene čini basa nige bodoɣusitai asaɣudal

这也是一个值得思考的问题

（5）[ʧʰəŋ]，[ʧʰiŋ]，[ʧəŋ]等变体共出现过 5 次，主要是受后面连接的辅音[x]和[k]的影响，附加成分的[n]变为[ŋ]。例如：

tʰɛr ʃimʊ(ː)l ʧʰiŋ xəʧʰuː pɛ(ː)s

tere simaɣul čini xečegüü baiɣsan

那蚊子挺厉害的

3. /n/

表示人物、行为主要属于第三人称。在分析的语料中，/n/和/niː/共出现过 1365 次。

（1）/n/形式有[n]，[m]，[ŋ] 3 种变体。后面连接以辅音[p]，[pʰ]，[m]开头的词时，[n]变为[m]，有时变为[ŋ]。[n]共出现 1326 次（前面插入[g]辅音的[gən]，[gɜn]两种变体出现过 3 次），[m]出现 28 次，[ŋ]出现 1 次。从以上可以看出，在人们的交际当中变体[n]最为广泛使用。例如：

oŋki(ː)n tʰœxrʊ(ː)ljɛ(ː) （D017.TextGrid）

önge-yi-ni toχiraɣuljai

调整一下颜色

（2）/niː/形式有[nəː]，[niː]，[nɔː] 3 种变体，共出现 9 次。这些变体主要与发音人发音时的迟缓，拖延有关。例如：

ɛmsxɐːlɐːniː tʰiməː ən ʊʧʰirkʊi jx （D001.TextGrid）

amisχul-iyan-ni teimü ba ene učir ügei yexe

气息吧并不是

除此之外，在 jarim（有的，有些）一词中以[ʧɛrmnən]形式出现过 1 次。

（三）格范畴之后的领属

通过分析发现，蒙古语的格范畴之后经常连接领属附加成分，而且向位格附加成分后连接现象最多。基于 10 个小时的语料统计分析情况如下。

1. 领格附加成分之后连接领属附加成分时会插入辅音[x]，有时也插入[k]，[kʰ]。语料中[-xɐ:]，[-xə:]，[-xɔ:]，[-xo]，[-xæ:n]，[-xə:n]，[-xɔn]，[-xɐŋ]，[-xæm]，[-xəm]等变体共出现 198 次。领属附加成分的音长短于 0.08 秒的有 124 次，占 62.6%。音长 0.08—0.11 秒的出现 38 次，占 19.2%。音长 0.11—0.20 秒的出现 36 次，占 18.2%。例如：

ʊ˙rlki˙ x(u)sli(:)nkə(:)n ʧɐmæ(:)rɐ(:)m pɐs əxəlʧɐˑlxɐːkʊˑ　(D006.TextGrid)
uraliɣ-un xüsel-ün-iyen ǰam-iyar-iyan basa exilejü alχuɣ_a ügei
对艺术的梦想之路还没有开始呢

2. 在语料中，向位格附加成分之后连接领属附加成分的共出现 1025 次。其中，领属附加成分的音长短于 0.08 秒的出现过 649 次，占 63.3%。音长 0.08—0.11 秒的出现 251 次，占 24.5%。0.11—0.20 秒的变体出现 125 次，占 12.2%。例如：

tʰɐiwɐˑn ʊlstɐ(:)n pʊʧʰɜʧ irlə˙　(D001.TextGrid)
taiwan ulus-tu-ban bučaǰu irel_e
台湾回归祖国了

3. 宾格附加成分之后连接领属附加成分时会插入辅音[k]，在语料中出现过 23 次。例如：

tʰəri:kə(:)m pi(:) pɐs xərəklɐ: kue ɛˑnɐˑ　(D013.TextGrid)
tere-yi-ben bi basa xereglege ügei bain_a
我也没用到那个呢

4. 凭借格附加成分之后连接领属附加成分，直接叠加表达。在语料中共出现过 205 次。例如：

ɜˑnˑ tʰɐlɐ:rɐ(:n) ɔtɔ(:) pit oːrɔ(:n) nək ʧʰɛrmɐ:ʧ ʊˑnʃnɐˑ　(D001.TextGrid)
ene tal_a-bar-iyan odo bide öber-iyen nige čirmaiǰu ungsin_a
这方面我们得自己努力阅读

5. 和同格附加成分之后连接领属附加成分时会插入辅音[k]，在语料中出现 48 次。例如：

mɐnɐˑ tʰər xətən xemtʰ sʊrkʧʰtʰɛ(:)kɐ(:)n tʰɐnɐˑ k(ə)rtʰ ɔʧʰɔ(:)t ɛ(:)lʧʰljɐ˙ (D011.TextGrid)
man-u tere xedün χamtu suruɣčid-tai-ban tan-u ger-tü očiɣad ailčilay_a
我们和那几位同学一起去拜访你们家吧

6. 从比格之后连接领属附加成分，分析资料中出现 130 次。例如：

xunttʰ pɐkʃɐ(:)sɐ(:n) nək xɔjr ix sʊrkɐ(:)l sɔnsmɔ(:)r　(D030.TextGrid)
xündütü baɣsi-eče-ban nige χoyar yexe surɣal sonosumar
我想听听敬爱的老师的教导

四、小结

本次基于 10 个小时的自然对话语料,统计分析了名词的语法形态变化。在连续的自然对话语料中, 名词的语法形态变化由于元音、辅音的脱落以及音变的原因出现了多个变体。

（一）在 10 个小时的语料中，格附加成分出现 13082 次。其中领格附加成分出现的频率最高，一共有 5228 次。向位格附加成分出现 2278 次，宾格附加成分出现 1735 次，和同格附加成分出现 1524 次，凭借格附加成分出现 1399 次，从比格附加成分出现 918 次。

（二）领格附加成分的/-ɛːⁿ⁴/，/-iːnⁿ⁴/，/-iːⁿ⁴/等形式中/-ɛːⁿ⁴/形式的出现频率最高并占 38.5%，/-iːnⁿ⁴/，/-iːⁿ⁴/两种形式分别占据 38.2%和 23.1%。其中音长短于 0.08 秒的占据比例大，音长在 0.08—0.11 秒和 0.11—0.20 秒的占据比例小。

（三）虽然语料中，向位格的变体种类较多，但可以归纳为/-t/，/-tʰ/两种形式。/-t/形式在口语中广泛使用，/-tʰ/的使用频率较少。

（四）在语料中出现宾格附加成分的变体种类多，大致可以归纳为/-iː/，/-iːk/，/-k/ 3 种形式。其中/-iː/形式的出现次数多，占总宾格附加成分的 83.5%，音长短于 0.08 秒的占/-iː/形式的 67.0%。

（五）凭借格附加成分的众多变体可以归纳为/-ɐːrⁿ⁴/，/-ɛːⁿ⁴/两种形式，其中/-ɐːrⁿ⁴/形式占 98.6%，辅音脱落形式的占据比例极小。/-ɐːrⁿ⁴/形式的音长短于 0.08 秒的出现频率最高，占 70.9%。

（六）和同格附加成分以/-tʰɛːⁿ³/，/-tɛ/，/tʰ/ 3 种形式出现 1524 次，/-tʰɛːⁿ³/形式占 97.2%。音长短于 0.08 秒的次数多。

（七）从比格附加成分以/-ɐːsⁿ⁴/，/-s/，/-ə⁴/ 3 种形式出现 918 次，/-ɐːsⁿ⁴/形式因为元音和谐律以及插入辅音[k]或[n]等原因出现多个变体，而且占据从比格总数的 98.3%，音长短于 0.08 秒的出现次数多于一半。

（八）领格、凭借格和从比格附加成分的形式都有末尾辅音[n], [r], [s]脱落现象，因只以元音显示。还有附加成分的元音脱落，只以辅音出现的[-n], [-m], [-ŋ], [-r], [-s]等变体，也有和同格附加成分的末尾元音脱落而成为[-tʰ]变体。但是这些变体出现的次数不多。从分析可以看出，虽然语料中出现多个变体，但是出现最多的还是基本形式，占据比例一半以上。

（九）从所有格附加成分的音长来看，短于 0.08 秒的占 50%以上的比例。据我们对语料库的分析，短元音的物理长度一般都短于 0.08 秒，可以得出附加成分的音长近似于短元音的结论。

（十）语料中名词的复数用/-nɐr/，/-ʊːt²（nʊːt²）/，/-tʃʰʊːt²（tʃʰʊːlʲ²）/，

/-t/，/-s/等附加成分来表示，并且前 4 种形式随着元音和谐律有所变化，出现多个变体。在/-ner/和/ʧʰʊːt²（ʧʰʊːl²)/两种形式中，中间位置的元音脱落而变成[-nr]，[-ʧʰt]，[-tsʰt]等变体。在 10 个小时的语料中表达复数的附加成分共出现 1771 次，使用比例最多的/-s/形式占 39.7%，其次是/-ʊːt²/形式占 35.8%和使用频率最低的是/-t/形式，仅占 5.3%的比例。

（十一）语料中也有用叠词法表示复数的现象。本次分析的 10 个小时的语料中，叠词法表示复数的一共出现 55 次。

（十二）反身领属附加成分主要表现为/-eː⁴/，/-eːn⁴/两种形式，/-eːn⁴/形式占总数的 48.5%，/-eː⁴/形式占 50.4%。因此，在境内蒙古语，反身领属附加成分的辅音[n]脱落的现象比较普遍。从音长分析得知，短于 0.08 秒的占一半多的比例。

（十三）对于人称领属附加成分而言，虽然有末尾的辅音脱落或元音无声化的现象，但是[min]，[ʧʰin]，[n] 3 种变体出现的次数最多。

（十四）在语料中，也出现双重格和格附加成分后连接领属附加成分的现象。

第二节　动词的式与态

本节从语料库中随机选取 D001、D002、D005、D007、D008、D010、D011、D012、D013、D014、D015、D017、D018、D020、D021、D022、D025、D027、D029、D030 等 10 个小时的资料，统计分析所出现的动词式与态附加成分的各形式。分析方法利用了语料库的检索方法和 Excel 表格的功能。

蒙古语的动词"式"范畴的陈述式具有时间范畴，祈使式具有人称范畴。

一、动词的时间范畴

分析 10 个小时的语料中动词的陈述式及表示时间范畴的各附加成分共出现了 2606 次。

（一）过去时

分析资料中，表示过去时的附加成分以/-ʧεː²，ʧʰεː²/，/-peː⁴/，/-leː⁴/共出现了 687 次，占陈述式所有附加成分的 26.4%。

1. /-ʧεː²，ʧʰεː²/

分析资料中以[ʧ]，[ʧε]，[ʧεˑ]，[ʧεː]，[ʧe]，[ʧeˑ]，[ʧeː]，[ʤεː]，[ʧʰ]，[ʧʰε]，[ʧʰεˑ]，[ʧʰεː]，[ʧʰi]，[tʰ]等变体共出现了 304 次，占所有过去时附加成分的

44.3%。观察这些附加成分的结构，有些是发生元音脱落，只以辅音形式出现。这种的[ʧ]，[ʧʰ]变体共出现 42 次，占此形式的 13.8%。从统计分析来看，口语中出现的[ʧɛ:]类型的变体比[ʧʰɛ:]的变体多。例如：

ən muri: xo:ko:t jɛpʧɛ　(D001.TextGrid)

ene mür-i xögeged yabuǰai

走上了这条路

ʧʰəkə:t nək sɔŋssən ʧʰin nək ʧɛxtʰl i:(-)rʧ　(D001.TextGrid)

čingiged nige sonosuɣsan čini nige ǰaχidal ireǰei

然后一听，来了一封信

以元音长度分析/-ʧɛ:²，-ʧʰɛ:²/形式：

（1）附加成分的元音长度小于 0.08 秒的[ʧɛ]，[ʧʰɛ]，[ʧʰi]，[ʧe]等变体共出现 118 次，占/-ʧɛ:²，ʧʰɛ:²/形式的 38.8%。例如：

xœrən nəkənt irʧe(:)　(D001.TextGrid)

χorin nigen-dü ireǰei

二十一号来的

（2）附加成分的元音长度为 0.08—0.11 秒的[ʧɛ·]，[ʧʰɛ·]，[ʧe·]，[ʧʰe·]变体共出现了 72 次，占/-ʧɛ:²，ʧʰɛ:²/形式的 23.7%。例如：

omno·tʰ ɔ·rnɛ: xətən kɐʧrɐ(:)r jɐpʊ(:)lʧɛ·　(D011.TextGrid)

emünetü oron-u xedün ɣaɣar-iyar yabuɣulǰai

让去了南方的几个地方

（3）附加成分的元音长度为 0.11—0.20 秒的[ʧɛ:]，[ʧʰɛ:]，[ʤɛ:]变体共出现 54 次，占此形式的 17.8%。例如：

sətəp xɛrʊ·lnɐ· kə(:)t mətu(:)lʧe:　(D010.TextGrid)

sedüb χariɣulun_a ged medegülǰei

为了回答问题报名的

（4）元音长度大于 0.20 秒的[ʧɛ:]，[ʧe:]变体共出现了 18 次，占此形式的 5.9%。例如：

sʊrkʊ:l sɔjli:ŋ mur xo:ləkʧe:　(D001.TextGrid)

surɣaɣuli soyol-un mür xögegelgeǰei

让上学了

附加成分的元音长度的四个层级的归纳中，音长小于 0.08 秒的比其他分类多。

2. /-pɐ:⁴/

/-pɐ:⁴/形式在资料中共出现了 55 次，占过去式附加成分的 8.0%，在口语中该形式的出现率较低。表示过去式的/-pɐ:⁴/附加成分，在口语中以带元音的/-pɐː⁴/和不带元音的/p/两种形式出现。表达的意义不变，只是与发音习惯和语句的韵律有关。

（1）/-p/

表示过去时的附加成分只以辅音[p]，[β]形式共出现了 41 次，占/-pɐː⁴/附加成分的 74.5%，在口语中的常用形式，如图 4–20。例如：

tʰ(ə)nt ɔʧʰʧɛ̆pʊː　（D025.TextGrid）

tende očiju baiba uu

去过那里吗

ʧʰəkə(ːt) pur tɔktʰʧʰxpʊː　（D013.TextGrid）

činggiged bür toɣtačixaba uu

那都定下来了吗

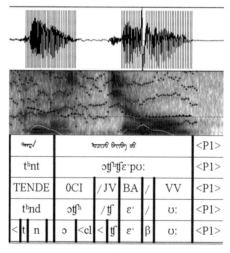

图 4–20　过去时的[β]变体

（2）/-pɐː⁴/

/-pɐː⁴/形式在资料中以[bɐ]，[βɐ]，[ɸɐ]，[βɔ]，[βɐˈ]，[βɔː]，[pɐː]，[bɐː]，[βɐː]等变体共出现了 14 次，约 10 万词语中的出现率显然不高。

元音长度小于 0.08 秒的[bɐ]，[βɐ]，[ɸɐ]，[βɔ]等变体共出现了 6 次，占此形式的 42.9%。元音长度为 0.08—0.11 秒的[βɐˈ]变体仅出现 1 次，元音长度为 0.11—0.20 秒的[pɐː]，[bɐː]，[βɔː]变体出现了 4 次。例如：

jɐ(ː)kɐ(ː)t tʰʊrɛx pɔlʧʰpɐ(ː)　（D010.TextGrid）

yaɣaxiɣad turaxu bolčixaba

怎么要减肥了呢

pi: onoꞏtər ʊntʰpɐꞏ　(D029.TextGrid)

bi önödör untaba

今天我睡觉了

xɐ(:)nɐ(:)s kəʧ xəlpəꞏ　(D025.TextGrid)

χamiɣ_a-eče geǰü xelebe

说从哪里来着

此外，元音长度大于 0.20 秒的[βɐ:]变体出现了 3 次。例如：

nə(k) ɐʧl ɔꞏlɔ:(t) jɐꞏʧʰpɐ:　(D021.TextGrid)

nige aǰil oloɣad yaɣaχičiχaba

找到一份工作后怎么了

3. /-lɐ:⁴/

该附加成分主要连接在动词词干之后，表示刚刚过去以及动作的开始与结束。分析资料中以[lɐ]，[lɐꞏ]，[lɐ:]，[lə]，[lɚ]，[lə:]，[lɔ]，[lɔꞏ]，[lɔ:]，[le]，[leꞏ]，[le:]，[lo]，[loꞏ]，[lo:]，[lɛ]，[l]等变体共出现了 328 次，占据表示过去时附加成分的 47.7%。例如：

tʰətnu(:)s sɔnslɔꞏ kɐrʧ　(D007.TextGrid)

tedenüs sonosul_a ɣarčai

他们一听就出去了

（1）以元音长度分析/-lɐ:⁴/附加成分

① 元音长度小于 0.08 秒的[lɐ]，[lɔ]，[lo]，[lə]，[le]变体共出现 126 次，占/-lɐ:⁴/附加成分的 38.4%。例如：

ɛ:ŋk tekʊ(:)lɐ(:)t sʊꞏlkʧʰxlɐ(:)　(D001.TextGrid)

angɣi daɣaɣuluɣad saɣulɣačiχal_a

让跟着班级学习了

② 元音长度为 0.08—0.11 秒的[lɐꞏ]，[lɔꞏ]，[leꞏ]，[lɚ]变体共出现了 100 次，占/-lɐ:⁴/附加成分的 30.5%。例如：

sʊrkʊꞏlt sʊꞏxɐ(:)m pɛꞏʧʰxlɐꞏ　(D001.TextGrid)

surɣaɣuli-du saɣuχu-ban baičiχal_a

辍学了

③ 元音长度为 0.11—0.20 秒的[lɐ:]，[lə:]，[lɔ:]，[lo:]，[le:]，[lɛ:]变体共出现 39 次，占/-lɐ:⁴/附加成分的 11.9%。例如：

nəptʰru:lǝkʧʰ pɔllɔꞏ　(D001.TextGrid)

nebteregülügči bolol_a

成为播音员

④ 元音长度大于 0.20 秒的[lɐ:]，[lə:]，[le:]，[lɔ:]变体共出现了 47 次，

占/-lɐ:⁴/附加成分的 14.3%。例如：

surkʊːlt <u>sʊːlɐ:</u>　　（D001.TextGrid）

surɣaɣuli-du saɣul_a

上学了

除此之外，在语流中只以辅音形式的[l]变体出现 16 次，常常其后面结合其他语气词，见图 4–21。例如：

turpn mɛŋ(kɜ)n kɐʧɜrʧʰ <u>k(ə)lu</u>　　（D025.TextGrid）

dürben mingɣan ɣaǰar ču gel_e üü

说是 4000 里地吧

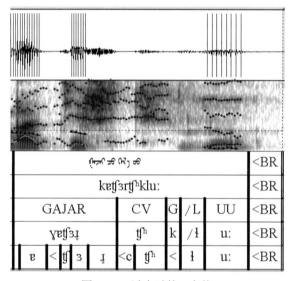

图 4–21　过去时的[l]变体

（2）/-lɐ:⁴/的表达意义

/-lɐ:⁴/附加成分能详细区别时间范畴。虽然属于表示过去时的时间范畴，但具有能够表示动作即将开始或者刚刚开始，即将结束或者刚刚结束的时间。语料库中也体现了这种作用。

① 表示动作即将开始

piˑ ɛː(-)l ujə(ː)r ʧɔːstʰɛː ʃik <u>pɔː(-)llɔː</u>　　（D021.TextGrid）

bi ali üy_e-ber ǰoɣos-tai siɣ bolol_a

我什么时候有点钱就

② 表示动作刚刚开始

tʰətnu(ː)s <u>sɔnslɔˑ</u> kɐrʧ　　（D007.TextGrid）

tedenüs sonosul_a ɣarčai

他们一听就出去了

③ 表示动作即将结束

ən ʧʰɐki(ː)n nəptʰru(ː)lək uːkɚr onterllə꞉　（D006.TextGrid）

ene čaɣ-un nebteregülge egün-iyer öndörlel_e

本期节目到此结束

④ 表示动作刚刚结束

nɛʧ min ʊrmtʰɛ(ː) sɛ(ː)x(ɜn) jɛrlɛ꞉　（D030.TextGrid）

naiji mini urm_a-tai saiχan yaril_a

我的朋友讲得很精彩

（二）现在时

分析资料中，表示现在时的附加成分以/-nɐː⁴/，/-n/形式共出现了 1456 次，占陈述式所有附加成分的 55.9%。

1. /-nɐː⁴/

/-nɐː⁴/形式以[nɐ]，[nɐˑ]，[nɐː]，[nə]，[nəˑ]，[nəː]，[nɔ]，[nɔˑ]，[nɔː]，[no]，[noˑ]，[noː]，[neː]等变体共出现 510 次，占所有现在时附加成分的 35.0%。

以元音长度分析/-nɐː⁴/形式：

（1）元音长度小于 0.08 秒的[nɐ]，[nɔ]，[nə]，[no]变体共出现了 138 次，占/-nɐː⁴/形式的 27.1%。例如：

iːmərxu꞉ kɔlʧʰ pɔs ʃilkɜltʰi(ː) pɔl xuʧʰənkuə p(ɔ)lkɐnɔ(ː)　（D010.TextGrid）

eimürxüü ɣoolči busu silɣalta-yi bol xüčün ügei bolɣan_a

取消这种不公平的考试

（2）元音长度为 0.08—0.11 秒的[nɐˑ]，[nɔˑ]，[nəˑ]，[noˑ]变体共出现 129 次，占/-nɐː⁴/形式的 25.3%。例如：

xɐmk tʰuruː ʧʰɐkɐ(ːn) itəkə(ː)n pɛrnɐˑ　（D012.TextGrid）

χamuɣ türügüü čaɣan idegen barin_a

首先敬奶食品

（3）元音长度为 0.11—0.20 秒的[neː]，[nɔː]，[nəː]，[noː]，[neː]变体共出现 212 次，占/-nɐː⁴/形式的 41.6%。例如：

jum pɔlkɐni(ː) ʧʰi(ː) o(ː)ro(ː) xərəktʰe(ː) pɔlkɐnɔ꞉　（D005.TextGrid）

yaɣum_a bolɣan-i či öber-iyen xeregtei yaɣum_a bolɣan_a

凡事你自己让它变得有意义

（4）元音长度大于 0.20 秒的[nɐː]，[nəː]，[noː]共出现 31 次。例如：

xuːxtu(ː)t pɐs tʰər ujt pɐs jɛpnɐː　（D007.TextGrid）

xeüxed-üd basa tere üy_e-dü basa yabun_a

孩子们那个时候也走

2. /-n/

没有元音只以辅音形式出现的[n]，[ŋ]两个变体共出现 946 次，占现在时附加成分的 65.0%，[n]变体是表示现在时的所有变体中出现频率最高的。例如：

mœˑrɔˑn ʊjn　　(D007.TextGrid)

mori-ban uyan_a

拴马

/-neː⁴/形式也表示动作的随时或经常性的发生，已成规律性的以及发展变化等情况。例如：

nɛti(ː) tɛkʊːlnɛː　　(D012.TextGrid)

nada-yi daɣaɣulun_a

带着我

xɛmk tʰuruː ʧʰɐkɐ(ːn) itɐkɐ(ː)n pɛrnɐˑ　　(D012.TextGrid)

χamuɣ türügüü čaɣan idegen barin_a

首先敬奶食品

3. 用助词表示现在时

蒙古语中除了专用附加成分表示现在时外，可以用助词表达现在时范畴。助词在书面语中以-jü² bain_a 形式，口语中以/-ʧɛn/形式表示现在时。为了比较在口语中，表示现在时的附加成分和助词的哪一种方法更广泛使用，对 10 个小时的资料进行了统计。分析发现，用助词表示现在时的共出现了 654 次，比起现在时附加成分的总数 1456 次少，占 31.0%。例如：

pi(ː) mɐtʃɛ(ː)n　　(D012.TextGrid)

bi medejü bain_a

我知道呢

tɛptʰɐˑt nɐk sɐr iluː pɔlʧɛ(ː)n　　(D013.TextGrid)

dabtaɣad nige sar_a ilegüü polju bain_a

复习了有一个多月了

（三）将来时

分析资料中，表示将来时的附加成分以/-neː⁴/，/-n /形式共出现 463 次，占动词陈述式所有附加成分的 17.8%。

1. /-n/

没有元音只以辅音形式出现的/-n/，受到前后语音的影响以[n]，[m]，[ŋ] 3 个变体共出现了 367 次，占将来时附加成分的 79.3%。能看出来，在口语中不带元音的形式被广泛使用。例如：

ɐrpɐn nɐkɐn sɐri(ː)n xœrin tɔlɔ(ː)cɔ(ː)s ɐxlɐ(ː)t ʃɪlkɐn　　(D013.TextGrid) arban nigen sar_a-yin χorin doloγan-eče exileged silγan_a

从十一月二十七日开始考试

2. /-nɐː⁴/

/-nɐː⁴/形式以[nɐ]，[nɐˑ]，[nɐː]，[nə]，[nəˑ]，[nəː]，[nɔ]，[nɔˑ]，[nɔː]等变体共出现了 96 次，占所有将来时附加成分的 20.7%。

以元音长度分析/-nɐː⁴/形式：

（1）元音长度小于 0.08 秒的[nɐ]，[nə]，[nɔ]变体共出现了 24 次，占/-nɐː⁴/形式的 25.0%。例如：

tʰər ʧʊ(ː)xɜn <u>xɔiʃɨlnɔ(ː)</u>   (D003.TextGrid)

tere jiγaχan χoisilan_a

那个会延迟一会儿的

（2）元音长度为 0.08—0.11 秒的[nɐˑ]，[nəˑ]，[nɔˑ]变体共出现了 31 次，占/-nɐː⁴/形式的 32.3%。例如：

tʰətnu(ː)s ɔː(-)lxɐt pɐs <u>x(ə)ʧʰu(ː)tnɐˑ</u>   (D002.TextGrid)

tedenüs olχu-du basa xečegüden_e

他们找到还是挺费劲的

（3）元音长度为 0.11—0.20 秒的[nɐː]，[nəː]，[nɔː]变体共出现了 35 次，占/-nɐː⁴/形式的 36.5%。例如：

tʰɐˑ pᵿxn təːʧlʃ(ɛː)xtɐ(ː)n) pit orkɵʧ mɐntʊ(ː)lʃ <u>ʧʰɐtnɐː</u>   (D005.TextGrid)

ta büxün degejileǰü baiχu-du-ban bide ergüǰü manduγulǰu čidan_a

你们尊重了我们才能振兴发扬

（4）元音长度大于 0.20 秒的[nɐː]，[nəː]，[nɔː]变体共出现了 6 次。例如：

ɛm ɐxʊik <u>sərkɐˑnɐː</u>   (D002.TextGrid)

ami aχui-yi sergügen_e

恢复生态

二、动词的人称范畴

分析资料中动词的祈使式及表示人称范畴的附加成分共出现了 349 次。

（一）表示第一人称的期望

在分析资料中，表示第一人称的期望的附加成分以/-jeː⁴/，/-eː⁴/形式共出现 335 次，占所有人称范畴附加成分的 96.0%。这表明在口语中，第一人称范畴比第二、第三人称使用广泛。

1. /-jeː⁴/

分析资料中以[jɐ]，[jɐˑ]，[jɐː]，[jə]，[jəˑ]，[jəː]，[jiˑ]，[jiː]，[jɔ]，[jɔˑ]，[jɔː]，[jo]等变体共出现了 166 次，占据祈使式第一人称所有形式的 49.6%。

以元音长度分析/-jɐː⁴/形式：

（1）元音长度小于 0.08 秒的[jɐ]，[jɔ]，[ji]，[jə]，[jo]等变体共出现 86 次，占/-jɐː⁴/形式的 51.8%。例如：

tʰuksʧʰxɐˑt nəkməsn ɐːʧjɐ ərjə(ː)　(D021.TextGrid)

tegüsčixeged nigemüsün aǰil-iyan eriy_e

干脆毕业后才找工作吧

（2）元音长度为 0.08—0.11 秒的[jɐˑ]，[jəˑ]，[jiˑ]，[jɔˑ]共出现了 37 次，占/-jɐː⁴/形式的 22.3%。例如：

ʧɛlkɐˑt ʧʰ(i)rmɛ(ː)jɐˑ kə(ˑt) pɔtʧɛ(ː)nɔ:　(D013.TextGrid)

ǰalɣaɣad čirmaiy_a ged bodoǰu bain_a

想继续努力

（3）元音长度为 0.11—0.20 秒的[jɐː]，[jɔː]，[jəː]，[jiː]变体共出现了 39 次，占/-jɐː⁴/形式的 23.5%。例如：

pɛ(ː)kʊlɜkta(ː)m pɛˑpɜl ʊˑlʧʧʰxjɐː k(ə)sn sɐnɐ(ː)ʧʰ　(D013.TextGrid)

baiɣulɣ_a-du-ban baibal aɣulǰačiɣay_a gesen sanaɣ_a ču

如果在单位的话想见面

（4）元音长度大于 0.20 秒的变体[jɐː]，[jəː]共出现了 4 次。

2. /-ɐː⁴/

没有辅音只以元音形式出现的/-ɐː⁴/附加成分以[ɐ]，[ɐˑ]，[ɐː]，[ə]，[əˑ]，[i]，[iː]，[ɔˑ]等变体共出现了 169 次，占祈使式第一人称所有形式的 50.4%。在口语中，/-jɐː⁴/和/-ɐː⁴/的使用条件，没有太大的区别。比如，üje（看）的第一人称的期望可以说成[uʧjəˑ]和[uʧiː]，意义上没有什么区别，在口语中两个都常用。

以元音长度分析/-ɐː⁴/形式：

（1）元音长度小于 0.08 秒的变体共出现了 99 次，占/-ɐː⁴/形式的 58.6%。例如：

jɐk xɔtʰət ɛˑmtɜri(ː) kəʧˈiˑx pɔttk　(D012.TextGrid)

yaɣ χota-du amiduray_a geǰü yexe bododaɣ

特别想在城市里生活

（2）元音长度为 0.08—0.11 秒的变体共出现了 52 次，占/-ɐː⁴/形式的 30.8%。例如：

tʰəriˑn ɐpiˑ kə(ˑt) pɔtʧɛ(ː)nɐ(ː) ɔtɔ(ˑ)　(D013.TextGrid)

tere-yi ni abuy_a ged bodoǰu bain_a odo

现在想买那个

（3）元音长度为 0.11—0.20 秒的变体共出现了 14 次。例如：

ɔtɔ(ː) nə(k) əxlə(ːt) nɔmɔˑ(n) uʧiː　(D021.TextGrid)

odo nige exileged nom-iyan üjey_e

现在要开始看书了

（4）元音长度大于 0.20 秒的变体出现了 4 次。

ʧɛrim tʰiˑm tʰɔːtək nɔmɔˑm pəl ʊˈnʃi　(D018.TextGrid)

jarim teimü toɣodaɣ nom-iyan bol ungsiy_a

读那些喜欢的书呀

（二）表示第二人称的期望

第二人称表示对对方的要求、希望和意愿。分析资料中除了用动词词干表示第二人称的期望之外，/-eːrei⁴/，/-eːʧʰ/等附加成分共出现了 10 次。

1. 用动词词干

用动词词干表示对第二人称的直接命令、请求。这种方法广泛适用于口语中。例如：

pitʰi(ː) ʊːrlɐː　(D002.TextGrid)

bitegei aɣurla

不要生气

ʧʰi(ː) ʊˈtʰʦʰɐːn uʧ tɐː　(D002.TextGrid)

či utasu-ban üje da

看看你的手机吧

2. /-eːrei⁴/

表示对第二人称的希望、命令或请求。在分析资料中以[iɜˈa]，[aːrɛ]，[ɐˈrɛː]，[əˈaːre]，[əːrɛi]，[iɔrɔi]，[ɣɐˈrɐ]，[ɣɐrɛː]等变体出现了 9 次。例如：

sɛːn sɛ(ː)xɜn ʧɛrkɜʧ jɛpɐˈrɛː　(D007.TextGrid)

sain saixan jirɣaju yabuɣarai

祝您幸福美满

以元音长度分析/-eːrei⁴/附加成分：

（1）第一元音的长度小于 0.08 秒的变体[iɔrɔi]，[ɣɐrɛː]分别出现了 1 次。例如：

əˈ(-)p ʧ(ə)kəli(ːn) ɛˈmtrɜl kəʧ pu(ː) pɔtɔ(ː)rɔi　(D005.TextGrid)

eb jigel-ün amidural gejü büü bodoɣarai

不要以为是平凡的生活

（2）第一元音的长度为 0.08—0.11 秒的[ɣɐˈrɐ]，[ɐˈrɛː]分别出现了 1 次。例如：

jɛrʊ(ː) nɐˈrki(ːn) nɐ(ː)tɜm xi(ː)ʧ pɛ(ː)kɐˈrɛ kəʧ sɐnʧ pɛ(ː)n　(D030.TextGrid)

iraɣu nairaɣ-un naɣadum xijü baiɣarai gejü sanaju bain_a

希望经常举办诗歌那达慕

（3）第一元音的长度为 0.11—0.20 秒的变体[ɐːɾɛi]，[ɐːɾa]，[ɛːɾɛ]，[əːɾɛ]，[əːɾɛ]分别出现了 1 次。例如：

ɐx tʊ(ː) sɐtn tʰorli(ːn)xə(ːn) mənti·k <u>əɾɛːɾɛ</u>ː　　(D007.TextGrid)

aχ_a degüü sadun töröl-ün-iyen mendü-yi erigerei

替我问候你的亲戚朋友们

3. /-ɐːtʃʰ/

分析资料中以变体[ɐːtʃʰɛː]出现了 1 次。

məni· tʃʰɐ·k xʊrtn tʊːkɜɾɛ<u>tʃʰɛ</u>ː　　(D002.TextGrid)

minu čaɣ χurdan duuɣaruɣači

我的表快点响吧

（三）表示第三人称的期望

在分析资料中，表示第三人称祈使式的附加成分少，仅有-tuɣai, -tüɣei 附加成分出现了 4 次。其中[tʰkʊɛ]，[tʰkɛː]变体各出现了 1 次，[tʰʊɣɛː]出现了 2 次，见图 4-22。出现 2 次[tʰʊɣɛː]的结尾元音长度均大于 0.20 秒。例如：

tʰɐnɛ(ː) tʰɐr sɛ·xŋ xusl tʃʰi(n) ərtʰ nək otər pəjləktəx <u>pɔltʰkʊɛ</u>　　(D015.TextGrid)

tan-u tere saiχan xüsel čini erte nige edür beyelegdexü boltuɣai

希望您这一美好的愿望早日实现

从分析资料来看，自由对话中祈使式附加成分的使用率并不高。

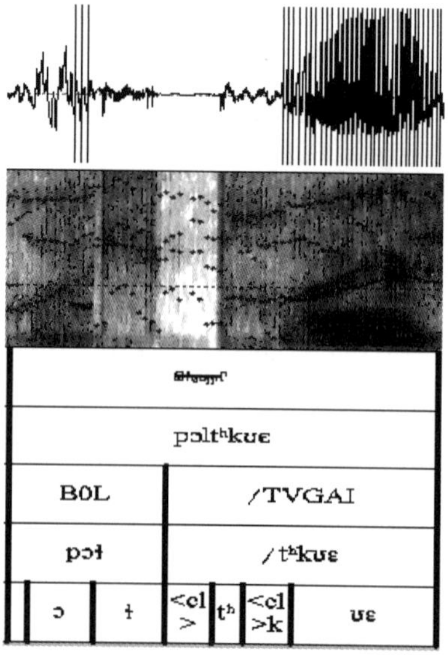

图 4-22　人称范畴的[tʰkʊɛ]变体

三、动词的态范畴

蒙古语的态范畴包括自动态、使动态、被动态、互动态、同动态、众动态六种。分析资料中以上六种均出现，出现次数为 1913 次。

（一）自动态

自动态没有专用附加成分，以动词词干为实现。在分析资料中出现的自动态举例如下：

ɔtə(:) nə(k) əxlə(:)t nɔmɔˑ(n) uʧi:　(D021.TextGrid)

odo nige exileged nom-iyan üjey_e

要开始看书了

tʰəkpl sʊrɜkʧʰi(:n) unəmlə(:n) ɐpnɐ(:)　(D002.TextGrid)

tegebel suraɣči-yin ünemlel-iyen abun_a

还要拿上学生证

（二）使动态

分析资料中，表示使动态的附加成分以/-ʊ:l²/，/-kʊ:l²/，/-lɜk⁴/，/-lkɜ⁴/，/-ɐˑᵃ⁴/，/-kɐ⁴/，/-k/等形式共出现了 1441 次，占动词态附加成分的 75.3%。在口语资料中，使动态的附加成分出现频次差别大，有些常用，有些不怎么用。下面按照语料中出现的频次的多少顺序做分析。

1. /-ʊ:l²/

分析资料表明，表示使动态的附加成分/-ʊ:l²/最常用，共出现了 673 次，占使动态所有附加成分的 46.7%。

以元音长度分析/-ʊ:l²/附加成分：

（1）元音长度小于 0.08 秒的[ul]，[ʊl]，[ʊlɜ]，[ʊli]，[ulə]等变体出现了 430 次，占/-ʊ:l²/形式的 63.9%。例如：

tʰɐʃʊˑrɐˑ(n) ərku(:)lə(:)t　xɔjər kɐrɐˑn tʰɛpsi:m　(D007.TextGrid)

tasiɣur-iyan ergigülüged χoyar ɣar-iyan talbiɣsan yum

甩着鞭子放下了双手

（2）元音长度为 0.08—0.11 秒的[uˑl]，[ʊlɜ]，[ʊˑl]，[uˑlə]，[ʊˑlʊˑ]，[uˑləˑ]等变体共出现了 206 次，占/-ʊ:l²/形式的 30.6%。例如：

xunəˑn ʧʰʊklʊˑlʧɛ(:)kɐˑt　niˑlə(:)t jɐpsn ʃʊː　(D002.TextGrid)

xömün-iyen čuɣlaɣulju baiɣad neliyed yabuɣsan siu

边召集人边走了许多

（3）元音长度为 0.11—0.20 秒的[u:lə]，[u:l]，[ʊ:l]，[ʊ:lɜ]变体共出现了 37 次，占此形式的 5.5%。例如：

mɐʃɨ(n) ən tʰɐrəː ɔʧʰɔˑt ən ʧɐmiˑ əː(-)rku:lət　(D007.TextGrid)

masin ene tere očiɣad ene ǰam-i ergigülüged
车辆过去把道路挖掘

2. /-k/

分析资料中，表示使动态的附加成分/-k/以[ɣ]，[k]，[x]，[kʒ]等变体共出现了 494 次。在口语中较广泛使用。例如：

iˑm ɐltɐ(ː) pur kɐrkʒn   (D029.TextGrid)
eimü aldaɣ_a bür ɣarɣan_a
都会犯这种错误

ʧuˑk ʧʰik tʰɐnɛ(ː)x kɐˑrʒk   (D012.TextGrid)
ǰüg čig-i tan-u χi ɣarɣ_a
方向由你们家定

3. /-ɐː⁴/

分析资料中，表示使动态的附加成分/-ɐː⁴/以[ɐ˞]，[ɐ]，[ɐˑ]，[ə]，[oˑ]，[əː]，[oː]，[o]，[ɔ˞]，[ɔ]等变体共出现了 86 次。以元音长度分类，元音长度小于 0.08 秒的出现了 37 次，元音长度为 0.08—0.11 秒的出现了 39 次，元音长度为 0.11—0.20 秒的出现了 10 次。例如：

kəpʧʰ ɔtɔ˞ tɐsxʒl tɐˑlpʒr ultɜˑn   (D001.TextGrid)
gebečü odo dasχal daɣaɣalɣaburi üledegen_e
但是留一些作业

4. /-kʊːl²/

在分析资料中，表示使动态的附加成分/-kʊːl²/，以不同元音长度以及元音脱落等变体共出现了 67 次。

以元音长度分析/-kʊːl²/形式：

（1）元音长度小于 0.08 秒的[ɣʊl]，[kʊl]，[ɣul]，[ɣʊlʒ]变体出现了 56 次，占/-kʊːl²/形式的 83.6%。例如：

opɐr mɔŋkli(ː)n oˑrtʰo(ː)n ʧɐsʒx ɔrɐn pɛˑkʊlktsʒn kʊtʰn ʧili(ː)n ɔi
(D001.TextGrid)
öbör mongɣol-un öbertegen ǰasaχu oron baiɣuluɣdaɣsan ɣučin ǰil-ün oi
内蒙古自治区成立 30 周年

（2）元音长度为 0.08—0.11 秒的[ɣʊˑl]，[ɣuˑl]变体出现了 3 次。例如：
tʊˑnɛ(ː) ʊrʒltɐːni(ː) ʧ(ɔ)xɔ(ː)m pɛ(ː)kʊˑlʧɛ(ː)   (D012.TextGrid)
daɣun-u urulduɣan-i ǰoχiyan baiɣulǰai
组织了歌唱比赛

除此之外，元音脱落只以辅音[ɣl]，[kl]等变体出现了 8 次，见图 4–23，这可能是说话速度过快而引起的变体。例如：

ʃulki(ː) mortʃʰə(ː)n tʃɔxɔ(ː)m pɛ(ː)k(ʊː)ls(n) ʃ(i)tʰə(ː)　　(D010.TextGrid)
silüg-ün möröičegen joχiyan baiɣuluɣsan side
组织了诗歌比赛

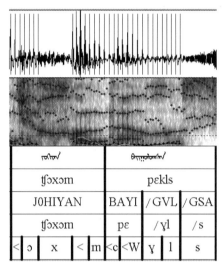

图 4-23　使动态的[ɣl]变体

5. /-lɜkⁱ/

分析资料中，表示使动态的附加成分/-lɜkⁱ/以[lk]，[lx]，[lɣ]，[lɜkʰ]，
[lək]，[lɜk]，[lɜɣ]，[løɣ]，[løɣ]等变体出现了 57 次。其中，元音脱落的[lk]，
[lx]，[lɣ]变体出现了 43 次，表明口语资料中/-lɜkⁱ/附加成分的元音易脱落，
见图 4-24。例如：

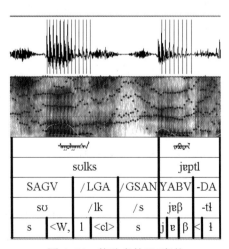

图 4-24　使动态的[lk]变体

xʊtl xələ(ː)t ənt sʊ(ː)lks(n) jɐptl pɔlʧʰxkʊi tɐ(ː)　　(D010.TextGrid)

χudal xeleged ende saɣulɣaɣsan yabudal bolčiχaχu ügei da

这不就成了说谎让待在这里的事了嘛

ultəʧ pɛːlɜkʧɛː kə(ː)t　　(D029.TextGrid)

üledegeǰü bailɣaǰu bai ged

说让留着

6. /-kɐː⁴/

分析资料中，表示使动态的附加成分/-kɐː⁴/以[ɣɐ]，[ɣə]，[kɐ]，[kə]，[ɣɔ]，[ɣɐˑ]，[kɐˑ]，[ɣɔˑ]，[ɣəˑ]，[ɣɔˑ]，[ɣɔː]，[ɣɐː]，[ɣɐː]等变体共出现了 54 次。以元音长度分类，元音长度小于 0.08 秒的出现了 36 次，元音长度为 0.08—0.11 秒的出现了 15 次，元音长度为 0.11—0.20 秒的出现了 3 次。例如：

jɐˑʧ sʊrkɐ(ː)pl tʰɐˑrnʊ(ː)　　(D029.TextGrid)

yaɣaχiǰu surɣabal taɣaran_a uu

怎么教育才对呢

7. /lkɜ⁴/

分析资料中，表示使动态的附加成分/lkɜ⁴/以[lkɜ]，[lɣə]，[lɣɜ]，[lkɐː]等变体共出现了 8 次。例如：

ɐːp əːʧə(ː)n sʊˑlkɐːkɐːt ʃinlʧ pɐrʧʰxɐː(t)　　(D012.TextGrid)

abu eǰi-ben saɣulɣaɣad sineleǰü baračiχaɣad

让爸妈坐下拜完年后

（三）被动态

分析资料中，表示被动态的附加成分以/-kt/，/-t/形式共出现了 323 次，占据态范畴所有附加成分的 16.9%。

1. /-kt/

分析资料中，附加成分/-kt/以[kt]，[ɣt]，[xt]，[ɣd]，[ktʰ]，[ɣtə]，[ɣdɜ]，[ɣtɜ]，[ɣtə]，[ktɜ]，[ktə]，[kət]，[ɣɜt]等变体共出现了 305 次。其中：

（1）元音脱落以复辅音形式出现的[kt]，[xt]，[ɣt]，[ɣd]，[ktʰ]等变体共出现了 254 次，占/-kt/附加成分的 83.3%。例如：

mʊˑ xələktpəl xələktlə(ː)　　(D012.TextGrid)

maɣu xelegdebel xelegdel_e

被说就说了呗

（2）以短元音结尾的[ɣtə]，[ktɜ]，[ɣtɜ]，[ɣtə]，[ɣdɜ]，[ktə]等变体共出现了 28 次，这一现象与词结构有关，蒙古语词根上连接附加成分时常常出现元音增减以及音节结构变化。例如：

tʰər jɛrɛːn tʊmtɐ(ː)s ɛː(-)rpɜn tʊsxɜktɜn　(D001.TextGrid)

tere yariyan dumda-eče arbin tusχaɣdan_a

在对话中会体现很多

（3）辅音[t]脱落的特殊变体也较多，即[ɣ]，[k]变体出现了 20 次，从词义上确定[t]辅音脱落而成的现象，常常没有除阻段的[t]与塞音在一起时出现，见图 4-25。例如：

xɐmkiːn tʰɔ(ː)ksn ʧy(ː)l jʊˈ pɛ(ː)n　(D030.TextGrid)

χamuɣ-un toɣoɣdaɣsan ǰüil yaɣu bain_a

最喜欢的是什么呢

除此之外两个辅音中间增加元音的[kət]，[ɣɜd]，[ɣɜt]变体分别出现了 1 次。

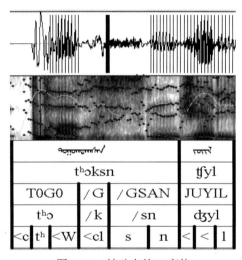

图 4-25　被动态的[k]变体

2.　/-t/

分析资料中，表示被动态的/-t/附加成分以[t]，[tʰ]，[tɜ]，[tʰɜ]，[tɐ]，[tɘ]，[tɵ]，[tɔː]，[d]，[dɘ]，[dɜ]等变体共出现 18 次。例如：

aʧil ɔltɔː(-)(n)　(D003.TextGrid)

aǰil oldan_a

工作会有的

nʊtʰk mən əs jɜpx tʰʊtʰɐ(ː) kɐntɜʧ pɛːɐˈ　(D0301.TextGrid)

nutaɣ mini ese yabuχu tutum-iyan ɣangdaǰu bain_a

故乡变得越来越干旱

（四）互动态

分析资料中，表示互动态的/lt/附加成分以[lt]，[ld]，[l]，[ʧʰ] 4 种变体共出现了 44 次，占态范畴所有附加成分的 2.3%。例如：

pox ʊlsɐ(ː)rɐʼ jɛtʊʼ j(ʊ)mʧʰ(in) ɔʼtɔ(ː) tɐˑkɜltɐ(ː)t ɐʼrt tʰumnjɐ(ː) jɛtɔː (D001.TextGrid)

büxü ulus-iyar-iyan yadaɣu yum čini odo daɣalduɣad arad tümen ye yadaɣu

全国都贫困跟着人民也贫困

（五）同动态

分析资料中，表示同动态的/lʧʰ/附加成分以[lʧʰ]，[ltsʰ]，[sʧʰ]，[lʧʰɜ]，[lʧʰɵ]，[ʧʰ]，[lʧʰi]等变体共出现 96 次。其中特殊变体[ʧʰ]出现 1 次。例如：

ix oˑntər nɐstʰɛː ɛːl mɛˑlt pɔl xuxuːr sœllʧʰn 　　(D012.TextGrid)

yexe öndör nasu-tai ail mail-du bol xüxür solilčan_a

有的老人家会互换鼻烟壶

ɔtɔ əŋkʰə(ː)t jɛrlʧʰɐ(ː)t sʊːx ʧʊʼr 　　(D008.TextGrid)

odo inggiged yarilčaɣad saɣuɣxu ǰaɣur_a

就这样聊天的时候

（六）众动态

分析资料中，表示众动态的/ʧʰkɐːᵈ/以[ʧʰɐkɐʼ]，[ʧkɐ]，[ʧʰkɐ]，[ʧʰxɐ]，[ʧʰ]等变体共出现了 9 次。在学界里，表示众动态的附加成分，应该是/ʧʰɐkɐːᵈ/还是/ʧʰkɐːᵈ/上意见不一致。本次分析中，/ʧʰkɐːᵈ/形式出现的多。后元音的长度小于 0.08 秒的变体出现了 7 次，后元音的长度 0.08—0.11 秒的变体有 1 次。例如：

ʧɐː tʰɐː ɔln sɛˑn pɛ(ː)ʧʰkɐ(ː)ʧ pɛ(ː)nʊː 　　(D030.TextGrid)

ǰa ta olan sain baiǰaɣaǰu bain_a uu

大家好

ʧɐː tɐjɐ(ː)rɐʼn sɛ(ː)n pɛ(ː)ʧʰxɐ(ː)nʊː 　　(D030.TextGrid)

ǰa dayaɣar-iyan sain baiǰaɣan_a uu

大家好

四、小结

利用语料库的检索方法及 Excel 表格的功能对语料库 10 个小时的语料中动词的式与态进行了统计分析。动词的陈述式及时间范畴的附加成分共出现 2606 次，动词的祈使式及人称范畴的附加成分共出现 349 次，动词的各态的附加成分共出现 1913 次。归纳如下：

（一）表示时间范畴的附加成分以/-ʧɛː，ʧʰɛː/，/-peː⁴/，/-leː⁴/，/-neː⁴/，/-n/等形式出现。这些附加成分的多种变体中，除了辅音的不同变体之外，还有附加成分含元音、不含元音的变体。/-ʧɛː/的使用率比/-ʧʰɛː/的高。表示过去时的/-peː⁴/形式在口语中使用得很少，而且以不带元音的变体[p]的出现率高。表示现在时和将来时的/-neː⁴/，/-n/附加成分的[n]变体的使用率高。

（二）表示时间范畴的附加成分中，元音长度大于 0.11 秒的少，小于 0.11 秒的较多。音长小于 0.11 秒的数据中，小于 0.08 秒的占据比例高于音长在 0.08—0.11 秒的，即附加成分的长元音长度与词首短元音长度相近。

（三）与其他语法范畴相比，口语中使用人称范畴的现象较少。表示人称范畴的附加成分中涉及第一人称附加成分比其他人称的附加成分的使用率高。口语中表示对第二人称的命令、希望等主要用动词词干。对第一人称的要求与希望主要以/-jeː⁴/，/-eː⁴/形式表示，并且以上两种形式在口语中使用率都达到了 50%，即书面语的 -y_ɑ 形式，在口语中有无辅音[j]的情况下并无区别。

（四）分析资料中出现的第一人称的附加成分，以元音长度分析，小于 0.08 秒的占 55.2%，元音长度为 0.08—0.11 秒的占 26.7%，元音长度为 0.11—0.20 秒的占 15.8%。因此第一人称附加成分的长元音的长度也与词首短元音的长度相近。

（五）动词态范畴中，使动态使用率比其他态的使用率高，使动态占据态范畴的 75.3%。而且使动态的附加成分以/-ʊːl²/，/-kʊːl²/，/-lɜk⁴/，/-lkɜ⁴/，/-eː⁴/，/-keˤ⁴/，/-k/等多种形式出现。其中/-ʊːl²/形式出现最多，占 46.7%，其次是/-k/形式占 34.3%。

（六）被动态的附加成分以/-kt/，/-t/两种形式出现，其中/-kt/形式使用更广泛。

（七）表示众动态的附加成分/-ʧʰekɐ/的第一元音弱化或脱落的情况较多。

（八）动词态范畴中带有元音的附加成分的元音长度小于 0.08 秒的居多。

第三节　形动词和副动词

从语料库中随机选取 D001、D002、D003、D005、D007、D008、D009、D011、D013、D014、D015、D017、D018、D020、D023、D024、D027、D028、D029、D030 等 10 个小时（约 10 万词）的语料统计分析了形动词和副动词的各附加成分。分析时利用了语料库检索方法及 Excel 表格

的功能。

一、形动词的附加成分

　　形动词既表示行为、动作、又表示事物的性质特征。本文利用口语语料统计分析形动词附加成分的各形式，在音位和变体层面做归纳并探索出现变体的原因。

（一）/-sɜn⁴/

　　形动词的附加成分/-sɜn⁴/以元音和谐律接加在动词词根，表示绝对过去时。语料库的 10 个小时的资料里共出现 2839 次。附加成分的辅音[n]变为[m]和[ŋ]，元音的不同长度以及元音[ɜ]和辅音[n]的脱落等原因出现众多变体。可以归纳为/-sn/，/-sɜn⁴/，/-sɜ/等几种形式。

1. /-sn/

　　分析资料中[-sm]，[-sn]，[-sŋ]，[-tsʰm]，[-tsʰn]，[-tsʰŋ]，[-tsʰn]，[-zm]，[-zn]，[-tsn]，[-snə]，[-n]，[-s]，[-z]，[-tsʰ]等附加成分的元音已脱落，只有辅音的变体共出现 1871 次，占总/-sɜn⁴/附加成分的 65.9%，见图 4-26。其中[-sn]变体共出现 1040 次，占/-sn/形式的 55.6%，使用频率最高，[-s]变体出现 436 次，占 23.3%，见图 4-27。出现[-s]，[-z]，[-tsʰ]等变体不仅元音脱落，后置辅音也脱落。例如：

tʰɐrɐˈlɜŋki(ː)n sɔjl ix nəptʃʰitʃ ɔrsŋ　　(D023.TextGrid)

tariyalang-un soyol yexe nebčijü oroɣsan

渗透大量农业文化

tʰətnuˈsi(ː) tʃʰɔxm noːloˈlsi(ː)mu(ː) ukuejmu(ː)　　(D023.TextGrid)

tedenüs-i čuχum nölögelegsen yum uu ügei yum uu

到底对他们有没有影响

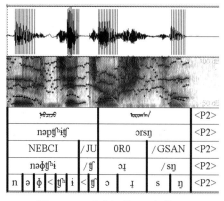

图 4-26　形动词的[sŋ]变体

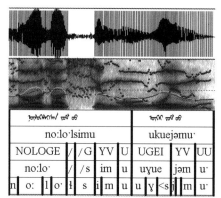

图 4-27　形动词的[s]变体

2. /-sɜn⁴/

/-sɜn⁴/形式以元音的不同长度，辅音[n]变为[m]或[ŋ]，辅音[s]发音成[tsʰ]或[ts]，以及元音和谐律的规律出现的变体等多种变体共出现 642 次，占总/-sɜn⁴/附加成分的 22.6%。

以元音长度分析/-sɜn⁴/：

（1）元音长度小于 0.08 秒的变体有[-sɜn]、[-sən]、[-sɨn]、[-sɵn]、[-søn]、[-sɜm]、[-səm]、[-sɨm]、[-sɵm]、[-søm]、[-sɜŋ]、[-səŋ]、[-sɵŋ]、[-søŋ]、[-tsʰɜn]、[-tsʰən]、[-tsʰøn]、[-tsʰɜm]、[-tsʰəm]、[-tsʰøm]、[-tsʰɜŋ]、[-tsʰəŋ]、[-tsʰøŋ]、[-tsɜn]、[-tsɜm]、[-zən]、[-zɜn]等变体，共出现 581 次，占总/-sɜn⁴/形式的 90.5%。例如：

tʰi(ː)m sɛˑxn nʊtʰək pɛːsɜŋ　　(D023.TextGrid)

teimü saixan nutaɣ baiɣsan

如此美的家乡

kɐrɐˑ(t) irsən　　(D013.TextGrid)

ɣaruɣad iregsen

出来了

（2）元音长度在 0.08—0.011 秒的[-sɐn]、[-sɐ˞n]、[-sɔ˞n]、[-sɐm]、[-sɐ˞]、[-tsʰɔ˞n]等变体共出现 31 次，占总/-sɜn⁴/形式的 4.8%。例如：

ən tʊ(ː)k ix pɐxrɜʧi(ː)sɐ˞n　　(D023.TextGrid)

ene daɣuu-yi yexe baχarχaʲu baiɣsan

很喜欢这首歌曲

（3）元音长度在 0.11—0.20 秒的[-sɐːn]、[-sɐːm]、[-soːn]、[-sɔːn]、[-tsʰɐːn]、[-sɐːŋ]、[-sɵːn]、[-sɔːŋ]、[-səːn]、[-zɐːn]等变体共出现 30 次。例如：

ənkɐːt ixɜː xuʧʰiˑr ʧɔplɐntʰœː ossoːn　　(D001.TextGrid)

ingiged yexe xüčir ʲobalang-tai ösögsen

在艰苦环境中成长

3. /-sɜ⁵/

/-sɜ⁵/形式共出现 326 次，占总/-sɜn⁴/附加成分的 11.5%。

按照元音长度分析：

（1）元音长度短于 0.08 秒的变体[-sɜ]、[-sə]、[-sɨ]、[-sɵ]、[-sø]、[-tsʰɜ]、[-tsʰə]、[-tsʰø]、[-tsɜ]、[-tsʰɨ]等共出现 236 次，占总/-sɜ⁵/形式的 72.4%，见图 4-28。例如：

jɐsiˑ ɐ(ː)ʧʰʧ sɛʧʰsi(n) ʃ(i)tʰə(ː)　　(D023.TextGrid)

yasu-yi abačiʲu sačuɣsan side

把骨灰拿去献祭

（2）元音长度在 0.08—0.011 秒的[-sɐ·], [-sə·], [-si·], [-sɔ·], [-sʊ·], [-tsʰi·], [-zi·], [-tsʰɔ·]等变体共出现 40 次，占此形式的 12.3%，见图 4-29。例如：

jɐpsɜnʧʰ jɛpsɐ·(n)，ɔtɔ· ʧɐ(:)xɜn　　(D023.TextGrid)

yabuɣsan ču yabuɣsan，odo jiɣaχan

走是走了，现在有点

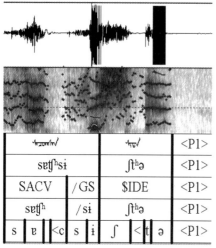 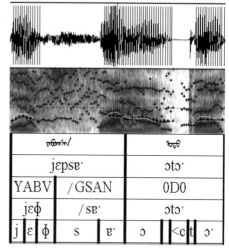

　　　图 4-28　形动词的[si]变体　　　　　　图 4-29　形动词的[sɐ·]变体

（3）元音长度在 0.11—0.20 秒的[-sɐː]，[-səː]，[-sɔː]，[-soː]，[-siː]等变体共出现 50 次，占总/-sɜ⁵/形式的 15.3%。例如：

mɔŋkɐlt sʊrxɐ(:)r jɛpsɐː(n)　　(D027.TextGrid)

mongɣol-du surχu-bar yabuɣsan

去蒙古学习了

归纳/-sɜn⁴/附加成分的多种变体，主要是元音长度的不同，辅音[n]发音成[m]，[ŋ]；[s]发音成[tsʰ]，[ts]，[z]以及元音和谐律等多种因素引起的。辅音[n]之后连接以[p]，[b]，[m]为首的词的时候[n]发音成[m]，连接以[x]，[k]为首的词时[n]发音成[ŋ]。/s/的前置语音为塞音[t]，[tʰ]，塞擦音[ʧ]，[ʧʰ]之后，常常发音成[ts]或[tsʰ]变体，/s/的前后有元音或浊辅音时有时发音成浊变体。

（二）/-x/

形动词的/-x/附加成分接在动词词根，表示动作的现在时或将来时。语料库的约 10 万词的资料中/-x/附加成分共出现 3101 次。/-x/附加成分出现了/x/辅音的不同变体以外，还有构词的需要后面带元音的现象。

1. /-x/

分析资料中，/–x/附加成分以[-x]，[-x̠]，[-k]，[-kʰ]，[-ɣ]等多种变体共
出现 2770 次，占总/-x/附加成分的 89.3%。其中变体[-x]出现频率最高，前
后语音是元音或浊辅音的环境下出现有声变体[-x̠]，其他[-k]，[-kʰ]，[-ɣ]等
变体是受方言的影响出现的。例如：

sʊrɜktʃʰi(ː)xɐ(ː)n unəmli(ː) pəltʰkəx xərəktʰe(ː)　　(D002.TextGrid)

suraɣči-yin-ban ünemlel-i beledxexü xeregtei

准备学生证

2. /-xɜ⁵/

/–x/附加成分以后面带元音的[-x̠ə]，[-x̠ɜ]，[-ex]，[-ʁx]，[-xɜ]，[-xə]，
[-xɵ]，[-xi]，[-xɐˑ]，[-xɚ]，[-xɔˑ]，[-xɐː]，[-xəː]，[-xʊː]，[-kə]，[-kɜ]，[-kɵ]，
[-kʰɜ]，[-kʰɵ]，[-kʰə]等变体共出现 331 次，占总/-x/附加成分的 10.7%。/–x/
附加成分之后带元音的主要原因是，构词过程中成音节的需要增加的，大
多数是后置连接以辅音[t]或[tʰ]为首的词或音节时出现；少数是词末短元音
发音较长造成的。

/–x/附加成分之后的元音长度短于 0.08 秒的变体共出现 322 次，占总
/-xɜ⁵/形式的 97.3%。元音长度在 0.08—0.11 秒的变体出现 4 次，0.11—0.20
秒的出现 5 次，见图 4-30。例如：

tʰər ɔˑlmʊˑn k(ə)tʰlxɛt ɔtɔ(ː)　　(D001.TextGrid)

tere olom-iyan getülxü-dü odo

渡过那个渡口时

nɔm sɔm xɛrpɐˑxɐː　　(D015.TextGrid)

nomo somo χarbuχu

射箭

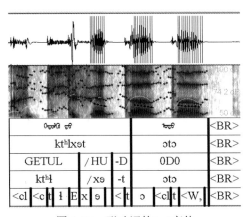

图 4–30　形动词的[xə]变体

（三）/-tɜk⁴/

/-tɜk⁴/附加成分以元音和谐律接加在动词词根，表示动作的经常性发生。分析资料中共出现 1582 次，以/-tɜk⁴/、/-tk/、/-tkɐ:/、/-tɜ:kɐ:/ 4 种形式归纳。

1. /-tɜk⁴/

/-tɜk⁴/形式以[t]、[k]的不同变体和元音的不同长度共出现 736 次，占总/-tɜk⁴/的 46.5%。主要有[-tɜk]、[-tɘk]、[-tɘk]、[-tɵk]、[-tɜɣ]、[-tɵɣ]、[-tɘˑɣ]、[-tɵɣ]、[-tɵɣ]、[-tɜx]、[-tɵx]、[-tʰɜk]、[-tik]、[-dɵɣ]、[-dɜɣ]、[-dɜk]、[-tɵx]、[-dɐˑx]、[-tɐˑɣ]、[-tɐ:k]、[-tɔˑɣ]、[-tɔˑk]等变体。其中：

（1）两个辅音之间的元音长度小于 0.08 秒的共 729 次，占总数的 99.0%。例如：

nʊtʰxi(:) oŋko(:)r tɔŋkɵttɵk　　(D030.TextGrid)

nutaɣ-un öngge-ber dongɣoddaɣ

以家乡的特色鸣啼

（2）两个辅音之间的元音长度在 0.08—0.11 秒的变体共出现 6 次，0.11—0.20 秒的共出现 1 次。例如：

piˑ pɔttɔˑkiŋ　　(D001.TextGrid)

bi pododaɣ yum

我想

2. /-tk/

/-tɜk⁴/附加成分的元音脱落而成的/-tk/形式，以[-tʰx]、[-tɣ]、[-tk]、[-tʰk]、[-tx]、[-dɣ]、[-tʰɣ]等变体，共出现 792 次，占总/-tɜk⁴/附加成分的 50.0%。其中绝大多数是[-tk]、[-tɣ]变体，共出现 713 次，见图 4-31。例如：

pɛˑrt sʊ(:)xtɜm p(ɐ)s nɘk xun tɐˑk3tʃ sʊ:tk　　(D001.TextGrid)

bairi-du saɣuxu-du ni basa nige xömün daɣaju saɣudaɣ

住宿还有个人跟着住

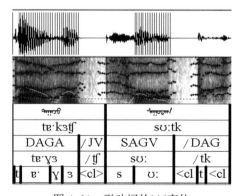

图 4-31　形动词的[tk]变体

3. /-tkɜ/

/-tkɜ/是/-tɜk⁴/附加成分的构词变化而出现的变体。以[-tkə]，[-tɣə]，
[-tkɜ]，[-tɣɜ]等变体出现 14 次。例如：

sɔrpəltʃilɔ(ː)t jɐpxɜt pɐs oˈktkəltəˈ nɔmɔːn　　(D015.TextGrid)

surbuljilaɣad yabuχu-du basa ögdeg le de nom-iyan

采访中还会送书

除此之外，分析资料中/-tɜk⁴/附加成分的[k]辅音脱落的变体[-tɜ]，[-tɨ]，
[-təː]，[-tə]，[-tə]等共出现 11 次，只有一个辅音的[-t]，[-tʰ]共出现 29 次，
见图 4–32。出现这种变体主要是跟发音人的语速有关系。例如：

nuːrtə(n) ʃilktʃ pɔlt(k) j(ʊ)m pɛ(ː)nɐː pɐs　　(D015.TextGrid)

niɣurdan silɣaju boldaɣ yum bain_a basa

还可以面试

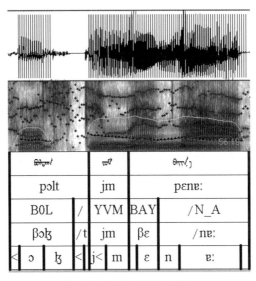

图 4–32　形动词的[t]变体

（四）/-ɐːˑ⁴/，/-kɐːˑ⁴/

/-ɐːˑ⁴/，/-kɐːˑ⁴/附加成分以元音和谐律接加在动词词根，表示动作的连
续性。在分析资料中共出现 112 次。

1. /-ɐːˑ⁴/

/-ɐːˑ⁴/形式有[-ɐ]，[-ɐˑ]，[-ɐː]，[-ə]，[-əˑ]，[-əː]，[-ɔ]，[-ɔˑ]，[-o]，[-oˑ]，
[-oː]等变体，共出现 49 次，占总数的 43.8%。

按照元音的长度分析：

（1）元音长度小于 0.08 秒的共出现 16 次，占/-ɐːˑ⁴/形式的 32.7%。例如：

mɛnɛ(:)xtʰɛ(:) jɛplʧʰɐ(:) ix sɛn　　(D017.TextGrid)

man-u-χi-tai yabulčaɣ_a yexe sain

跟我们交往得挺好

（2）元音长度在 0.08—0.011 秒的变体共出现 22 次，占 44.9%。例如：

piˑ uːʧəˑkuˑ(:)kə(:)n uˑʧsn ʃuˑ　　(D002.TextGrid)

bi üǰege ügei-ben üǰegsen siü

我开了眼界

（3）元音长度在 0.11—0.20 秒的出现 11 次，占 22.4%。例如：

ən ɔˑtn tʰelwisin tɐˑtlɜk mɐtlɜk tʰœxrʊ(:)leːkue　　(D017.TextGrid)

ene odon telwis-un dadulɣ_a madulɣ_a toχiraɣuluɣ_a ügei

没有安排电视台的实习

2. /-kɐː⁴/

/-kɐː/形式以/k/的变体和元音的不同长度以[-kɐ]，[-kɐˑ]，[-ɣɐ]，[-ɣɐˑ]，[-ɣɐː]，[-ɣə]，[-ɣəˑ]，[-ɣəː]，[-ɣɔː]，[-ɣoˑ]等变体共出现 63 次，占总数的 56.3%。

按照元音的长度分析：

（1）元音长度小于 0.08 秒的共出现 36 次，占/-kɐː⁴/形式的 57.1%。例如：

ɔln xiʧʰəˑl tʰorlu(:)t pɛ(:)kɐ(:) ʃ(i)tʰɐ(:) ɔtɔˑ　　(D015.TextGrid)

olan xičiyel töröl-üd baiɣ_a side odo

还有很多科目呀

（2）元音长度在 0.08—0.011 秒的变体出现 16 次，占/-kɐː⁴/形式的 25.4%。例如：

mɔŋkɔlɔˑrɔ(:)n xiʧʰəˑ(:)lʧɛ(:)kɐˑ ɛŋkʊ(:)t puktə(:)rəˑ(n)　　(D001.TextGrid)

mongɣol-iyar-iyan xičiyelleǰü baiɣ_a angɣi-ud bügüdeger-iyen

蒙古语授课的全部班级

（3）元音长度在 0.11—0.20 秒的出现 11 次，占/-kɐː⁴/形式的 17.5%。例如：

kɛrki(ːn) ɐmɜrltʰɐ(:)r xi(:)ʧ pɛ(:)kɐː　　(D001.TextGrid)

ɣaraɣ-un amaralta-bar xiǰü baiɣ_a

用周末休假来做

（五）/-mɐːr⁴, -m/

/-mɐːr⁴, -m/附加成分接加在动词词根，表示动作的可能性。因/-m/附加成分在口语中极少用，分析资料中没有出现。/-mɐːr⁴/共出现 63 次，归为 /-mɐːr⁴/, /-mɐː/两个形式。

1. /-mɐːr⁴/

/-mɐːr⁴/形式以元音的不同长度共出现 50 次，变体有[-ɹɐm]，[-mɐɹ]，[-mɔˑɾ]，[-məˑɾ]，[-mɔr]，[-mɐːr]，[-mɐˑɾ]，[-mər]，[-mɐɹ]，[-ɹɐm]等。

按照元音的长度分析：

（1）元音长度小于 0.08 秒的共出现 37 次，占/-mɐːr⁴/形式的 74.0%。因此可以看出，在多数情况下，/-mɐːr⁴/附加成分的元音长度比长元音短。例如：

ɛˑmɐ(ː)r kɐŋtɜsɜn　（D002.TextGrid）

ayumar ɣangdaɣsan

特别干旱

（2）元音长度在 0.08—0.011 秒的变体出现 12 次，0.11—0.20 秒的[-mɐːɾ]出现 1 次。例如：

sʊrx jɔstʰɛ(ː) j(u)məˑm pɐs sʊrmɐˑr pɛːn　（D027.TextGrid）

surχu yosotai yaɣum_a-ban basa surumar bain_a

该学的都想学

2. /-mɐː/

/-mɐːr⁴/附加成分的[r]辅音脱落而形成的/-mɐː/变体出现 9 次。其中元音长度小于 0.08 秒的有 8 次。例如：

piː nɔmi(ː)n sɐŋt p(ɔ)l j(ɔ)stʰɛ(ː) ʧʰoːxɵ(n) ɔrsn ɛˑmɐ(r) xɐrɜmsʧɛ(ː)n (D011.TextGrid)

bi nom-un sang-du bol yosotai čögen oroɣsan，ayumar χaramsaǰu bain_a

我很少去图书馆，很后悔

另外，中间元音脱落的形式[-mɹ]，[-mɾ]各出现 1 次，只有辅音[m]变体出现 1 次，[m]变为[n]变体的[-naɾ]出现 1 次。例如：

jɐmɜr nək ʊʧʰirt ɛːm(eːr) ʊːrlɐːt　（D011.TextGrid）

yamar nige učir-tu ayumar aɣurlaɣad

因某事而生气

（六）/-ʊːʃtʰɐi²/

/-ʊːʃtʰɐi²/附加成分接加在动词词根，表示动作的可能性。/-ʊːʃtʰɐi²/在口语中极少使用，分析资料中以[-ʊʃtʰɛ]形式出现 2 次。例如：

mɐnʊ(ː)stʰ ɐpʧʰ xəlpl nək pajrlʊ(ː)ʃtʰɛ(ː) ʊʧʰr pɔlnɔ(ː)　（D005.TextGrid）

manus-tu abču xelebel nige bayarlaɣusitai učir bolon_a

对我们来说是件高兴的事

（七）/-kʧʰ/

/-kʧʰ/附加成分接加在动词词根，表示行为的主体。/-kʧʰ/在多数方言土语中已变成由动词派生名词的附加成分。例如：

tʰər sʊrɜkʧʰi(ː)n ʧoplɵlt pɛ(ː)x p(i)ʃmʊˑ　（D011.TextGrid）

tere suruɣči-yin ǰüblel-dü baiχu bisi yum uu

他不是在学生会吗

mɐnɐˑxne(ː) tɔtʰɵr pɵl mɵtə(ː)ne(ː) xutʰləkʧʰn ɛrɜm pɛˑsn　　(D024.TextGrid)

man-u-χin-u dotor_a bol medegen-ü xötölügči ni arbin baiɣsan

我们的很多人是新闻主播

/-xʋiʧʰ²/附加成分接加在动词词根，表示动作的可能性。分析资料里没有出现。

二、副动词的附加成分

副动词是动词与动词的连接形式。在此利用语料库的 10 个小时的资料统计分析形动词附加成分的口语形式，在音位和变体层面做归纳并探索出现变体的原因。

（一）并列副动词

并列副动词在动词词根接加 -ju²、-ču² 附加成分，表示两个或两个以上动作的并列或前后。资料中并列副动词的附加成分/-ʧ/、/-ʧʰ/形式共出现 4277 次。

1. /-ʧ/

/-ʧ/附加成分以[-ʤ]、[-ʧ]、[-ʧə]、[-ʧɚ]、[-ʧɜ]、[-z]、[-ʧɨ]、[-ts]、[-ʧɚ]、[-ʧəː]、[-ʧɛˑ]、[-s]、[-ʃ]、[-t]、[-tʰ]等变体共出现 4088 次，占总副动词附加成分的 95.6%。其中[-ʧ]出现 3903 次，占/-ʧ/形式的 95.5%，使用频率较高。

（1）只有辅音形式出现的变体共出现 4069 次。例如：

nɐtɐ(ː)s ɐsʋ(ː)ʧɛ(ː)ʧɛː　　(D011.TextGrid)

nada-eče asaɣuju baiǰai

问我来着

（2）/-ʧ/附加成分带元音的变体出现 19 次，主要是因音节构成的需要增加的元音。例如：

ɔrɵn tʰɔ(ː)ki(ː)n əˑʧʃəlɛ(ː)pɵl pɵlʧʰxɵn　　(D013.TextGrid)

oron toɣ_a-yi ni eǰeleǰü le baibal bolčiχan_a

占编制就可以了

2. /-ʧʰ/

/-ʧʰ/附加成分的使用率比/-ʧ/少，分析资料中共出现 189 次。其中只有辅音形式的出现 184 次，后面带元音的变体出现 5 次。例如：

 əŋkəˑtl sʋrɐ(ː)t kɐrʧʰ irsɵ(n) ʋlsʋt im ʧʰin　　(D013.TextGrid)

inggiged le suruɣad ɣarču iregsen ulus-ud yum čini

都是这样学出来的

（二）分离副动词

分离副动词的附加成分有/-eːt⁴/，以元音和谐律接加在动词词根，表示前一个行为完成之后，后一个行为开始，即某种完成体的意义。分析资料中以/-ɐːt⁴/附加成分的元音的不同长度，[t]的不同变体或脱落等各种变体共出现 5304 次。归纳为/-eːt⁴/，/-ɐˑ⁴/，/-keːt⁴/，/-keˑ⁴/，/-eːteˑ⁴/，/-kt/，/-keːteˑ⁴/等种类进行分析。

1. /-eːt⁴/

在语料中，不同音长的/-ɐːt⁴/形式以[-ɐt]，[-ət]，[-ɔt]，[-ot]，[-ɐd]，[-əd]，[-ɔd]，[-od]，[-ɐˑt]，[-əˑt]，[-ɔˑt]，[-ɐˑd]，[-əˑd]，[-ɔˑd]，[-oˑd]，[-ɐːt]，[-əːt]，[-ɔːt]，[-oːt]，[-ɐːd]，[-əːd]，[-ɔːd]等变体共出现 3285 次，占总分离副动词附加成分的 61.9%。

按照元音长度分析/-eːt⁴/形式：

（1）音长小于 0.08 秒的共出现 1516 次，占/-eːt⁴/形式的 46.1%。表明该附加成分的元音长度接近于短元音的不少。例如：

ʊlsiˑ(n) ʃilkɜltʰɐ(ː)n perʧʰxɐ(ː)t ərkɐˑt　　(D013.TextGrid)

ulus-un silɣalta-ban baračiχaɣad ergiged

等考完国考后

（2）音长在 0.08—0.11 秒的出现 1237 次，占/-eːt⁴/形式的 37.7%。例如：

mɐnʊ(ː)si(ː) ʊktʰɜʧ ɐpɐˑt tʰəkə(ː)t nɐk　　(D013.TextGrid)

manus-i uɣtaju abuɣad tegeged nige

迎接我们之后

（3）音长在 0.11—0.20 秒的共出现 532 次，占/-eːt⁴/形式的 16.2%。例如：

pi pɐs ʧʰɛmɛ(ː) xɐrɐːtɛ(ː)sn　　(D013.TextGrid)

bi basa čim_a-yi χaraɣad baiɣsan

我也看着你来着

2. /-ɐˑ⁴/

在语料中，/-ɐːt⁴/附加成分的后面的辅音脱落，只有元音的形式共出现 1542 次，占总数的 29.1%。

按照元音长度分析/-eˑ⁴/形式：

（1）音长小于 0.08 秒的[-ɐ]，[-ə]，[-i]，[-ɔ]，[-o]等变体共出现过 846 次，占总/-eˑ⁴/形式的 54.9%。例如：

əŋkə(ː)t kɐrɐ(ːt) iˑrʧʰxən　　(D013.TextGrid)

inggiged ɣaruɣad irečixen_e

于是就走出来了

（2）音长在 0.08—0.11 秒的[-ɐˑ]，[-əˑ]，[-ɔˑ]，[-oˑ]等变体出现过 444 次，占总/-ɐː⁴/形式的 28.8%。例如：

s(u)lʧə(ˑ)n tə(ˑ)r k̲e̲r̲ɐˑ(t) uʃsən ʧʰin　　（D013.TextGrid）

sülǰiyen deger_e ɣaruɣad üǰegsen čini

上网查看后

（3）音长在 0.11—0.20 秒的[-ɐː]，[-əː]，[-ɔː]等变体共出现 252 次，占总/-ɐː⁴/形式的 16.3%。例如：

xɔˑl mɔ(ˑ)l i̲t̲ʧʰx̲ə̲ː̲(̲t̲) tʰ(ə)xʧʰxə(ˑ)t　　（D009.TextGrid）

χoɣola moɣola idečixeged tegečixeged

吃完饭什么的之后

3. /-kɐːt⁴/

/-ɐːt⁴/附加成分的前面有[k]辅音的变体有[-kɐt]，[-xɐt]，[-ɣɐd]，[-ɣɐt]，[-kət]，[-ɣət]，[-ɣəd]，[-ɣot]，[-kɐˑt]，[-ɣɐˑd]，[-ɣɐˑt]，[-ɣəˑt]，[-ɣəˑd]，[-ɣɔˑt]，[-ɣoˑt]，[-kɐː t]，[-ɣɐː t]，[-ɣəː t]等共出现 331 次，占总/-ɐː t⁴/附加成分的 6.2%。

按照元音长度分析/-kɐːt⁴/形式：

（1）音长小于 0.08 秒的共出现 200 次，占/-kɐːt⁴/形式的 60.4%。例如：

sœnən sœnə(n) im a̲s̲ʊ̲ˑ̲k̲ɐ̲(̲ː̲)̲t̲　　（D013.TextGrid）

sonin sonin yaɣum_a asaɣuɣad

问些稀奇古怪的问题

（2）音长在 0.08—0.11 秒的变体共出现 98 次，占/-kɐːt⁴/形式的 29.6%。例如：

tʰən tə(ˑ)r sʊˑkɐˑt pur x̲ɔ̲ː̲r̲ɔ̲ː̲t̲ə̲ː̲　　（D013.TextGrid）

tegün deger_e saɣuɣad bür xögerüged

坐在那儿激动的

（3）音长在 0.11—0.20 秒的共出现 33 次，占/-kɐːt⁴/形式的 10.0%的比例。例如：

kərtʰəːn s̲ʊ̲ː̲k̲a̲ː̲t̲ otərʧn ʧʰəkɐˑt　　（D011.TextGrid）

ger-tü-ben saɣuɣad edürǰin tegeged

每天在家待着，然后

4. /-kɐː⁴/

副动词附加成分/-ɐːt⁴/的末尾辅音脱落并且前面增加[k]辅音的变体[-kɐ]，[-ɣɐ]，[-ɣə]，[-ɣɐˑ]，[-kɐˑ]，[-kəˑ]，[-ɣɐː]，[-ɣəː]，[-ɣɔː]等共出现 79 次。其中音长小于 0.08 秒的共出现 51 次，音长在 0.08—0.11 秒的变体共出现 20 次，音长在 0.11—0.20 秒的出现 8 次。在/-kɐː⁴/形式中，音长小于 0.08 秒的为多数，占 64.6%。例如：

uilʧʰilkʧʰu(ː)tə(ː)m pur <u>xɐʁɐ(ː)kɐ(ːt)</u> jɐpʊˈls(n)　　(D009.TextGrid)

üilečilegči-üd-iyen bür χariyaγad yabuγuluγsan

把服务员都骂走了

5. /-ɐːtɐː⁴/

副动词附加成分/-ɐːt⁴/的后面增加不同音长的元音变体[-əˈtəˈ]，[-əˈtəː]，[-oˈtəː]，[-ɐːtəː]，[-əˈtəː]，[-oːtəː]等共出现 36 次。其中，音长在 0.08—0.11 秒的变体共出现 22 次，在 0.11—0.20 秒的共出现 14 次，见图 4-33。例如：

xotoˈne(ː) nʊtʰki(ːn) mɐlʊ(ː)ti(ː) pukti(ː) <u>xʊtltʊˈlɐˈtɐˈ</u> ɔtɔ(ː)　　(D014.TextGrid)

xödegen-ü nutaγ-un mal-ud-i bügüde-yi χudalduγuluγad odo

逼迫卖掉了农村老家的所有家畜

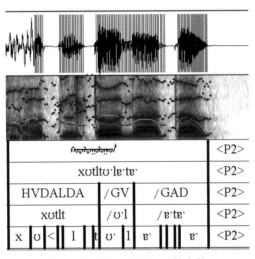

图 4-33　副动词的[ɐˈtɐˈ]的变体

6. /-kt/

副动词附加成分/-ɐːt⁴/的元音脱落，只有辅音构成的/-kt/形式以[-kt]，[-γd]，[-γ]，[-t]，[-d]等变体共出现 22 次，这种变体根据语义进行判断是否属于副动词的附加成分。例如：

mɐnʧ kəsn ʧʰ jexʊ(ː) tʰər moxsn pɔl(ɔː)t tʰər nək mɐˈntɜʧ　　(D023.TextGrid)

manǰu gesen čü yaγaχiχu tere müxügsen boloγad tere nige manduǰu

满族也是，消亡和兴起

7. /-kɐːtɐː⁴/

副动词附加成分/-ɐːt⁴/的前面增加[k]辅音，后面增加元音的/-kɐːtɐː⁴/形式有元音音长不同的[-γɐːtə]，[-γəˈtəː]两种变体，共出现 9 次。例如：

xəltʃ u⁻tʃtʃɛ(:)kɐːtə: tʃʰolo(:) ɐpxɐ(:)r　　(D013.TextGrid)

xelejü üjejü baiɣad čilüge abχu-bar

先说说看再去请假

（三）联合副动词

联合副动词有/-n/附加成分。该附加成分接加在动词词根，表示与前一个动作有关的后一个动作能够一起发生。表示后一个动作的状态较多，也表示立刻实现。在分析的语料中，[-n]，[-m]变体共出现 29 次。其中，[-n]变体出现 22 次，占总附加成分/-n/的 75.9%，[-m]变体出现过 7 次。[-m]变体的出现主要是在[n]的后面连接以辅音[p]，[m]开头的词。例如：

pi: tʃʰiŋ s(ə)tʰəklə(:)sə(:)m pɐjɜrlɜn tʰɛlɜrxɜtʃ pɛ(:)n　　(D030.TextGrid)

bi čing sedxil-eče-ben bayarlan talarχaju bain_a

我由衷地高兴并感谢

（四）假定副动词

假定副动词由附加成分/-pɜl⁴/表示。该附加成分接加在动词词根，表示前一个动作是假设的动作或者是后一个动作的前提条件。在语料中，附加成分/-pɜl⁴/以/p/的不同变体，元音脱落而只有辅音的形式和末尾辅音之后增加元音等多种变体出现 594 次。概括为/-pɜl⁴/，/-pl/，/-ɜl⁴/，/-pɜlɛ:⁴/，/-pɜ⁴/等种类分析。

1. /-pɜl⁴/

在语料中/-pɜl⁴/形式以[-bɜl]，[-pɜl]，[-βɜl]，[-pəl]，[-βəl]，[-bəl]，[-ɸəl]，[-βɜl]，[-ɸɜl]，[-bɜl]，[-pɜl]，[-βɜl]等变体共出现 429 次，占总附加成分/-pɜl⁴/的 72.2%。例如：

ɔlən xul ni(:)lpəl xutʃʰ nəmnɐˈl kɐtʃˈl pɔtʃ pɛ(:)n　　(D030.TextGrid)

olan xöl neilebel xüčü nemen_e le gejü le bodoju bain_a

只想着人多力量大

2. /-pl/

因元音脱落只有辅音的[-βl]，[-ɸl]变体共出现 97 次，占附加成分/-pəl⁴/的 16.3%，见图 4–34。

ɐtʃl ɔˈlɔːt ɛmtɜrtʃʰxpl pltʃʰxnɔː　　(D014.TextGrid)

ajil oloɣad amiduračiχabal bolčiχan_a

只要找到工作好好过就可以了

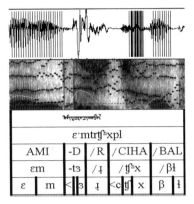

图 4-34　副动词的[βɬ]变体

在语料中，还有只有辅音的[p]或[l]的形式，共出现 13 次。例如：
jɐˑkɐ(ˑ)ti(ˑ)ŋ kəl mini(ˑ) piʈʃʰtək jɐrʊˑ nɛrkʊ(ˑ)t　　(D023.TextGrid)
jaɣaxiɣad jum gebel minu bičideg iraɣu nɑirɑɣ-ud
原因是我写的诗歌都

3.　/-ɜl⁴/

附加成分的辅音[p]脱落，语图上看不到辅音的变体共出现 30 次。它以
[-əl]、[-ɵl]、[-uːl]、[-ʊːl]、[-uˑl]、[-ʊˑl]、[-əl]、[-ʉl]、[-ɜl]等变体出现。其中，
音长小于 0.08 秒的变体共出现 21 次，出现次数最多；音长在 0.08—0.11 秒
的变体共出现 5 次；在 0.11—0.20 秒的共出现 4 次，见图 4-35。出现这种
情况的原因是，辅音[p]的变体[-β]与元音同化的结果。
mɔŋklɔˑrɔ(ˑ) jɐrʈʃʰxəl pux im pur pəjləktʃʰx pɛ(ˑ)xɐˑ　　(D030.TextGrid)
monɣol-iyar-iyan yaričixabal büxü yaɣum_a bür beyelegdečixexü baix_a
只要用蒙古语讲，一切都会实现的吧

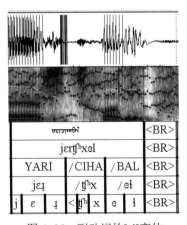

图 4-35　副动词的[əɬ]变体

4. /-pɜlɐː⁴/

/-pɜl⁴/附加成分之后增加元音的[-βələː]，[-βlɐː]，[-βɜlɐː]，[-βələ˞]，[-βɵlə˞]等变体共出现 12 次，还有一个特殊的[-lə]变体。例如：

tʰər nʊːr jɐːtʃ uːslɐː <u>kəpələ˞</u> ix ulkərtʰe(ː)　　(D023.TextGrid)

tere naɣur yaɣaχiǰu egüsül_e gebel yexe üliger-tei

那个湖是怎么形成的，其实是有故事的

5. /-pɜ⁴/

/-pɜl⁴/附加成分的[l]辅音脱落而成的[-βɜ]，[-βə]，[-pə]，[-βʊː]等变体出现 7 次。例如：

tʃʰ(ə)kə(ː)t tʰər tʃu(ː)nʃə(ː)n <u>kɐrpɜ(l)</u> k(u)ŋkəri(ː)n tʰɛl kətʃ pɛ·kɐ(ː)　　(D018. TextGrid)

činggiged tere ǰegünsi-ben ɣarbal güngger-ün tal_a geǰü baiɣ_a

然后到东边就是贡格尔草原

除此之外，只有元音形式的[-ə]，[-əː]，[-ʊː]，[-uː]等变体出现 5 次。例如：

tʃiʃəluː mɐnɛ(ː) pɛːrt pəl turəpxə(n) xun ʃ(i)tʰə(ː)　　(D011.TextGrid)

ǰisiyelebel man-u bairi-du bol dörbexen xömün side

比如我们宿舍就是四个人

（五）让步副动词

让步副动词有附加成分/-ptʃʰ/。该附加成分接加在动词词根，表示前一个动作和后一个动作相互让步。或者表示即使前一个动作实现了，后一个动作也不能实现。在语料中，附加成分/-ptʃʰ/以/-pɜtʃʰ⁴/，/-ptʃʰ/两种形式出现 44 次。

1. /-pɜtʃʰ⁴/

表示让步意义的/-pɜtʃʰ⁴/形式以[-βətʃʰ]，[-βɜtʃʰ]，[-βɜʃ]，[-βɜtʃʰ]，[-pətʃʰ]，[-βɵʃ]等变体出现 20 次，占附加成分/-ptʃʰ/的 45.5%。例如：

kʰɛnʊ u·tʃpətʃʰ pɔln，tʃəːl tʰœ·rpətʃʰ pɔln　　(D017.TextGrid)

kino üǰebečü bolon_a，ǰegeli togoribaču bolon_a

看电影也行，逛街也行

2. /-ptʃʰ/

复辅音形式出现，表示让步意义的附加成分[-βtʃʰ]，[-ɸtʃʰ]等变体共出现 20 次，占/-ptʃʰ/附加成分的 45.5%。例如：

sɐnɐ· pɛ(ː)ptʃʰ ʊnɐ· xurtʃʰ tilə(ː)ko(ː)　　(D017.TextGrid)

sanaɣ_a baibaču unaɣ_a xürčü deilüge ügei

心有余而力不足

此外，辅音[p]脱落的[-ɵtʃʰ]，只有辅音的[-tʃʰ]，末尾辅音之后增加元音的[-ɸtʃʰɛː]，辅音[p]变为[n]的[-ntʃʰ]等特殊形式都出现过。

（六）迎接副动词

迎接副动词有附加成分/-tʰɜl⁴/。该附加成分接加在动词词根，指主要动作的完成状态，还表示前一动作刚完成，后一动作继续或前一动作刚开始，后一动作继续等。在语料中，附加成分/-tʰɜl⁴/共出现 74 次，可以归纳为/-tʰl/，/-tʰɜl⁴/，/-tʰɜr⁴/ 3 个种类。

1. /-tʰl/

在分析资料中，附加成分/-tʰɜl⁴/的元音脱落而成/-tʰl/形式出现的多。以[-tʰl]，[-tl]变体出现 45 次，占总附加成分/-tʰɜl⁴/的 60.9%。其中，[-tʰl]形式出现 36 次，比[-tl]出现率高。例如：

ɔtɔ(:) pɔltʰl tʊkɛˑ sʊˑka(:)tl　(D030.TextGrid)

odo boltal_a duɣui saɣuɣad la

到现在为止，只安静地坐着

2. /-tʰɜl⁴/

该形式以[-tʰɜl]，[-tɜl]，[-tʰəl]，[-tʰel]等变体共出现 7 次。例如：

ɔˑntər tʊnti: x(u)rtʰəl sʊ(:)sn ʃ(i)tʰə(:)　(D011.TextGrid)

öndör dumda-yi xürtel_e saɣuɣsan side

就学到高中为止

3. /-tʰɜr⁴/

该形式以[-tʰər]，[-tʰɜr]，[-tʰɜr]，[-tʰɜɹ]，[-tʰəɹ]等变体共出现 17 次，见图 4–36。例如：

xunt tʰɔˑkttʰer ʊnʃin kətək pɔl mɛʃ xətʃuː　(D001.TextGrid)

xömün-dü toɣoɣdatal_a ungsin_a gedeg bol masi xečegüü

读到使人欣赏也是很不容易的

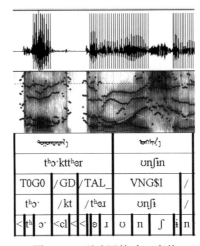

图 4–36　副动词的[tʰəɹ]变体

4. /-tʰr/

此形式以[-tʰɻ]，[-tʰr]，[-tʰɹ]等变体共出现 5 次。例如：

ʧu(ː)n tʰœ(ː)rəkɔ(ː)s i͟r͟tʰ͟r pɐs nək xœrɐn minʊtʰ ʧɐrn   (D011.TextGrid)

jegün toɣoriɣ-eče iretel_e basa nige χorin minut jarun_a

从东区来的话得需要二十分钟

（七）跟随副动词

跟随副动词有附加成分/-xleː⁴/，/-xleːr⁴/。根据元音和谐律接加在动词词根，表示前一个动作发生时，跟随发生后一个动作。分析资料中跟随副动词附加成分以/-xleːr⁴/，/-xneːr⁴/两种形式出现 74 次。

1. /-xleːr⁴/

/-xleːr⁴/形式以不同音长和辅音的各种变体[-xlɐr]，[-kʰlər]，[-xlər]，[-xlɐɹ]，[-xlə̣ɹ]，[-xlər]，[-xlərəˑ]，[-xlərəː]，[-xlɐˑr]，[-xlɐˑr]，[-xlɛˑr]，[-xlɐˑɹ]，[-kʰlɐˑr]，[-kʰlɐˑɹ]，[-xɐlɐˑr]，[-xlɐːɹ]，[-xlɐːr]，[-xlɔːr]，[-xɐlɔˑ]，[-xlə]，[-xlr]等共出现 56 次，占总附加成分/-xleːr⁴/的 75.7%。

以元音长度分析/-xleːr⁴/形式：

（1）音长小于 0.08 秒的共出现 25 次，占/-xleːr⁴/形式的 44.6%。例如：

tʰ(ə)kxlə(ː)r ʧʰiˑ ɔtɔː əˑrən ɔʧʰɔːt pɔl   (D030.TextGrid)

tegexüler či odo eriyen očiɣad bol

因此，你现在去二连浩特

（2）音长在 0.08—0.11 秒的变体共出现 26 次，占/-xleːr⁴/形式的 46.4%。例如：

xurkəˑt x͟ɐ͟r͟x͟l͟ɐ͟ˑ͟r n ɐxi(ː)ntɐ(ː)n xurɐˑt ɔʧʰɔːt   (D001.TextGrid)

xürgeged χariχular ni aχ_a-yin-du-ban xürüged očiɣad

送回去到哥哥家

（3）音长在 0.11—0.20 秒的共出现 5 次。例如：

tʰ(ə)xlɐːrə̣ ɔtɔː pɐˑkɐˑs əŋkə(t) kɐrʧ irɐː(t)   (D030.TextGrid)

tegexüler odo baɣ_a-eče inggiged ɣarču ireged

因此，从小就出来

2. /-xneːr⁴/

/-xneːr⁴/形式中，元音音长的不同和辅音[r]的各种变体而出现的[-xnɐɹ]，[-xnɐɹ]，[-xnɐr]，[-xnɔr]，[-xnɔr]，[-xnɐˑr]，[-xnɐˑr]，[-xnɔˑɹ]，[-xnɔˑr]，[-kʰənɐːr]，[-xnə]，[-xnɔˑ]等变体共出现 18 次，占附加成分/-xleːr⁴/的 23.7%。

以元音长度分析/-xneːr⁴/形式：

（1）音长小于 0.08 秒的共出现 9 次。例如：

ə͟ŋ͟x͟n͟ə͟(ː)r ənɐː mɔŋkəl untəstʰn pɐs   (D023.TextGrid)

inggixüler ene mongɣol ündüsüten basa

因此，蒙古族也是

（2）音长在 0.08—0.11 秒的变体共出现 8 次，音长在 0.11—0.20 秒的出现过 1 次，见图 4–37。

ə̠ŋxnə:r pɔl ɔˈtɔ: pɐs nək tʰɐlɐˈr pɔl ɔtɔ:　　（D001.TextGrid）

inggixüler bol odo basa nige tal_a-bar bol odo

因此，从一方面也是

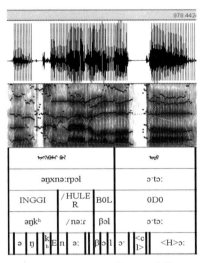

图 4–37　副动词的[nə:ɾ]变体

（八）趁机副动词

趁机副动词有附加成分/-ŋkʊ:t²/。根据元音和谐律接加在动词词根，表示前一个动作发生时，趁机做后一个动作。在语料中，附加成分/-ŋkʊ:t²/出现 28 次。

1. [-ŋɣʊtʰ]，[-ŋkʊtʰ]，[-ŋɣətʰ]，[-ŋkutʰ]，[-ŋɣutʰ]，[-ŋɣʊˈtʰ]等变体出现 20 次，占总附加成分/-ŋkʊ:t²/的 71.4%。音长小于 0.08 秒的出现 19 次，在 0.08—0.11 秒的只出现了 1 次。例如：

pitʰi(:) mɐrtɐ(:) pɔˈsɐ̠ŋkʊˈtʰla(:)n tʊˈtɜn ʃʊ(:)　　（D002.TextGrid）

bitegei marta, bosongɣuta-ban daɣudan_a siu

不要忘记，起床就叫醒我

2. 因元音脱落只有辅音的形式以[-ŋktʰ]，[-ktʰ]变体出现 8 次。例如：

tʰ(ə)kə:(t) pɔtɐ̠ŋk(ʊ:)tʰ n pɐs ix ʧɔpxin　　（D020.TextGrid）

tegeged bodongɣuta ni basa yexe jobaχu yum

想起来就很难过

（九）前提副动词

前提副动词有附加成分/-meːnʧin⁴/。该附加成分接加在动词词根，表示前一个动作是后一个动作的前提，有了前一个动作才有后一个动作。本次分析中，以[-menʧin]，[-mɛnʧn]，[-mənʤin]等变体分别出现 1 次。例如：

iŋkmənʧin sɐi mɔŋkəl sɔnneˑ ʊrkeːnɨk purtl sɐi kerʧ irn ʃ(i)tʰ(əː) (D005.TextGrid)

inggimenjin sayi mongɣol sonin-u orɣaniɣ büridül sayi ɣarču iren_e side
只有这样才能体现蒙古文报纸的生机

（十）延续副动词

延续副动词有附加成分/-seːr⁴/。在语料中，附加成分的元音的不同长度和/r/，/s/的不同变体等多种形式共出现 257 次。 即[-sɐs]，[-ser]，[-sɐꞽ]，[-sɐɹ]，[-zɐs]，[-ʦʰɐꞽ]，[ˌrɐz]，[-ʦʰɐr]，[-sɐɾɐˑ]，[-ꞽɐs]，[-res]，[-səɹ]，[-sər]，[-ʦʰɐɹ]，[-sərɐˑ]，[-səreːˑ]，[-ꞽɔs]，[-srɔɹ]，[-sɔr]，[-sɔɹ]，[ˌrɔs]，[-ʦʰɔr]，[ˌrɔꞽ]，[-sɔɾɐˑ]，[-sɔꞽ]，[-ꞽɔr]，[-zɔr]，[-tseˑr]，[-seˑɹ]，[-seˑꞽ]，[-sɐɐs]，[-sɐrɐːs]，[-seˑꞽ]，[-seˑɹ]，[-seˑꞽ]，[-ʦʰɔˑꞽ]，[-sɔꞽ]，[ˌrɔs]，[ˌrɔcˑs]，[-seːꞽ]，[-sɐs]，[ˌrɐs]，[-ꞽreˑs]，[-reːs]，[-seːr]，[-zəꞽ]，[-səːeꞽˑ]，[-sɔːr]，[-sɔːɾɔˑs]等变体共出现 252 次，还有特殊的 5 个变体。

按照元音长度分析/-seːr⁴/形式：

1. 音长小于 0.08 秒的共出现 192 次，占/-seːr⁴/形式的 76.2%。表明延续副动词的附加成分的元音音长多数与短元音相近。例如：

ʧʰi(ː) tʰər ujt ɔʧʰsɔ(ː)r ʃ(i)tʰə(ː) mœ(ː)r ʊnʧʰxnɐˑ   (D011.TextGrid)

či tere üy_e-dü očiɣsaɣar side mori unučiɣan_a
你那时候去就能骑马

2. 音长在 0.08—0.11 秒的变体共出现 46 次，占/-seːr⁴/形式的 18.3%。例如：

tʰər keʧrʊˑtɐ(ː)r jɐpsɐꞽ œːr xɛpɐːr pɐs nəkəˑ   (D011.TextGrid)

tere ɣaǰar-ud-iyar yabuɣsaɣar oir_a χabi-bar basa nige
走在那些地方，附近还有一个

3. 音长在 0.11—0.20 秒的出现 14 次。例如：

ʧʰ(ə)kəˑt ʧʰɛrmeːsɐːr nək ʧil pɔlsn   (D011.TextGrid)

činggiged čirmaiɣsaɣar nige ǰil boloɣsan
就那样努力了一年

除此之外，末尾辅音[r]脱落的[-sə]，[-sɔ]，[-sɐˑ]变体和元音脱落的[-sr]，[-sɹ]变体各出现 1 次，这几个变体是连续话语中语速太快或前后语音导致的特殊现象。

三、小结

本次统计分析了语料库 10 个小时语料中副动词和形动词的附加成分，共出现 18383 次。其中，形动词、副动词的附加成分分别出现 7699 次和 10684 次。

（一）在形动词的众多附加成分中，表示现在时或将来时的/-x/附加成分出现 3101 次，出现频率为最高。过去式的附加成分/-sɐn⁴/共出现 2839 次，经常体的附加成分/-tɐk⁴/出现 1582 次，持续体的附加成分/-e⁴/出现 112 次，表示可能的附加成分/-mɛːr²/出现 63 次，表示值得的附加成分/-ʊːʃtʰɛː²/出现 2 次。由于语料有限，没有出现目的副动词和立刻副动词的附加成分。

（二）附加成分/-sɜn⁴/以/-sn/，/-sɜn⁴/，/-sɜ⁴/ 3 种形式出现，其中/-sn/形式的出现频率最高，占总数的 65.9%。所以，在口语中/-sɜn⁴/附加成分的元音脱落形式被广泛使用，而且元音没有脱落的音长也是短于 0.08 秒的为多数。

（三）在附加成分/-tɐk⁴/中，元音脱落的/-tk/形式的出现率也占半数以上的比例。

（四）附加成分/-eː⁴/是以/-eː⁴/，/-keː⁴/ 2 种形式出现的，并且/-keː⁴/形式的出现频率略高，占 56.3%。按音长来看，/-eː⁴/形式的音长在 0.08—0.11 秒的占多数，/-keː⁴/形式的音长多数是小于 0.08 秒。

（五）附加成分/-mɛːr²/是以/-mɛːr⁴/，/-mɛː⁴/ 2 种形式出现的，音长多数是小于 0.08 秒。

（六）在副动词的众多附加成分中，表示并列的附加成分/-ʧ/，/-ʧʰ/出现 4277 次，表示分离的附加成分/eːt⁴/出现 5304 次，联合附加成分/-n/出现 29 次，假定附加成分/-pɜl⁴/出现 594 次，让步附加成分/-pʧʰ/出现 44 次，迎接附加成分/-tʰɜl⁴/出现 74 次，跟随附加成分/-xleːr⁴/出现 74 次，趁机附加成分/-ŋkʊːt²/出现 28 次，立刻附加成分/-mɛːnʧin⁴/出现 3 次，延续附加成分/-seːr⁴/出现 257 次。

（七）表示并列的附加成分中/-ʧ/形式出现的次数多，占总数的 95.6%。

（八）表示分离的附加成分中，出现次数最多的是/-eːt⁴/形式的各种变体，占总数的 61.9%。/-eː⁴/形式占 29.1%。在所有出现形式中，音长小于 0.08 秒的占多数。

（九）表示假定的附加成分中，/-pɜl⁴/形式的各变体的出现次数最多，占总数的 72.2%，元音脱落的/-pl/形式占总数的 16.3%。

（十）表示让步附加成分以/-pɜʧʰ⁴/，/-pʧʰ/两种形式出现。出现次数比例差距小，也就是说附加成分中元音脱落的可能性为 50%。

　　（十一）表示迎接附加成分以/-tʰl/，/-tʰɜl⁴/两种形式出现，其中/-tʰl/形式占总数的 60.9%。附加成分/-tʰɜl⁴/既然有元音，音长都小于 0.08 秒。在口语中，该附加成分的辅音[l]被发音成辅音[r]的情况是常见的，并且占总数的 29.7%。

　　（十二）表示延续的附加成分以/-seːr⁴/形式出现的，而且音长小于 0.08 秒的占 76.2%。

第五章　虚词的口语形式

从蒙古语口语语料库中随机选取 D001、D002、D005、D007、D008、D010、D011、D012、D013、D014、D015、D017、D018、D020、D021、D022、D025、D027、D029、D030 等 20 组共 10 个小时的语料进行虚词的统计分析。虚词，它没有词汇意义也没有形态变化，在黏着性语言属性的蒙古语里，很容易失去词层面的任务，起词缀的作用。因此，在语流中虚词发生较大的音变，有些只以一个辅音形式出现，与主词一起构成一个韵律词。本章对自由谈话中出现的虚词进行意义分类，归纳出口语形式，对其进行元音时长以及音变等方面的详细分析，探讨所有虚词的口语形式的语流中的音变问题。

分析中使用了蒙古语口语语料库的检索方法及 Excel 表格的功能。

第一节　语气词

语气词是本身没有词汇意义，用来表示整个句子的语气，或为某一句子成分增添情态意义的一类虚词。它在增添情态意义方面与情态词有些类似，但比情态词更抽象，虚词化程度更高。语气词没有形态变化。它不能独立承担句子成分，一般依附于句末或某一句子成分后边，与前置词一起充当句子成分。语气词按其意义和用法可分为：疑问语气词、肯定语气词、否定语气词、禁止语气词、强调语气词、反复语气词、推测语气词、允许语气词、呼唤或感叹语气词、提交语气词等。蒙古语口语语料库的 10 个小时材料中语气词总共出现 11187 次。其中没有出现提交语气词。

一、疑问语气词

分析材料中，疑问意义的语气词共出现 1550 次，主要出现 $\upsilon{:}^2$，$j\upsilon{:}^2$，$p\varepsilon{:}^3$，$i{:}$ 等疑问语气词。[①]

（一）$\upsilon{:}^2$，$j\upsilon{:}^2$

疑问语气词 $\upsilon{:}^2$，$j\upsilon{:}^2$，在分析材料中共出现 1317 次，占总疑问语气词

---

① 本章中音标用于词层面，表示虚词的读音，所以没用 []。——作者注

的 85.0%。以辅音结尾的词后用 ʊː，uː，以元音结尾的词后用 jʊː，juː。

根据元音的音长分析：

1. 元音时长小于 0.08 秒的 ʊ，u，jʊ，ju 变体共出现 523 次，占全部 ʊː²，jʊː² 形式的 39.7%。例如：

nək ɐː(-)rpɛːt ʊ(ː) tʰi(ː)m ʃ(i)kəl sɛnɜktʃɛ(ː)nɐ(ː)　(D001.TextGrid)

nige arbaɣad uu teimü sig le sanaɣdaʄu bain_a

也就十几个，觉得就是那样的

2. 元音时长在 0.08—0.11 秒的 ʊˑ，uˑ，jʊˑ 变体共出现 143 次，占全部 ʊː²，jʊː² 形式的 10.9%。例如：

pɛxʃ nɐr n pɐs tʰɐnʊˑs ʊːnʃʧɛ(ː)nʊˑ ɐlɜptʰɜx n iˑluˑ　(D001.TextGrid)

baɣsi nar ni basa tanus ungsiʄu bain_a uu albadaχu ni ilegüü

老师也要求多朗读

3. 元音时长在 0.11—0.20 秒的 ʊː，uː，jʊː，juː 变体共出现 554 次，占全部 ʊː²，jʊː² 形式的 42.1%。例如：

ɔtʊˑ piˑ pəl oːroˑm pɛːrt sʊ(ː)nʊˑ　(D001.TextGrid)

odo bi bol öber-iyen bairi-du saɣun_a uu

我自己住宿舍还是

4. 元音时长大于 0.20 秒的 ʊː，uː变体共出现 97 次，占本形式的 7.4%。例如：

ɔˑtʊˑ ʊʧʰirkʊɛ sʊrʧ sɔtlɛxkʊɛ j(ʊ)mʊˑ　(D001.TextGrid)

odo učir ügei surču sudulχu ügei yum uu

不怎么学习研究

（二）pɛː³

疑问语气词 pɛː³ 在分析材料中共出现 118 次。根据元音时长分析：

1. 元音时长小于 0.08 秒，p 辅音有[p]，[b]，[β]等变体的 pɛ，bɛ，βɛ，pe，βe，βi，pœ，βœ 等共出现 46 次，占 pɛː 总数的 39.0%。例如：

jɐmɜr j(u)mə(ːn) ɔlʧʰx pɛ(ː)　(D025.TextGrid)

yamar yaɣum_a-ban olčiχu boi

能得到吗

2. 元音时长在 0.08—0.11 秒，p 辅音有[p]，[b]，[β]变体的 pɛˑ，bɛˑ，βɛˑ，peˑ，βœˑ，pœˑ 等共出现 23 次，占 pɛː 总数的 19.5%。例如：

xui jɐˑsn tʰɐkʃi pɛrtk j(ʊ)m pɛˑ　(D002.TextGrid)

xoyi, yaɣaχiɣsan tEksi bairidaɣ yum boi

嗨，难道打出租车吗

3. 元音时长在 0.11—0.20 秒，p 辅音有[p]，[b]，[β]变体的 pɛː，pœː，βeː，βɛː，βœː，biː，bɛ 等共出现 37 次，占 pɛː 总数的 31.4%。例如：

jɐːpɔl sɐj jɛrʧ ʧʰɛtn pɛː　　(D001.TextGrid)

yaɣaχibal sayi yariǰu čidan_a boi

怎样才能讲呢

除此之外，还有 pɔi，pʊɛ，βʊɛ，βɔɛ，βʊi，βɔi 等复合元音的疑问语气词出现 12 次。例如：

juˑ k(ə)sən uk pʊɛ　　(D008.TextGrid)

yaɣu gesen üge boi

什么话呀

（三）iː

在口语中，iː 可以表达疑问意义的语气词，在分析材料中共出现 115 次。出现率与 pɛː 差不多，是比较常用的词。分析其音长：

1. 元音时长小于 0.08 秒的 i，e，ə 等变体共出现 62 次，占本形式的 53.9%。例如：

ʧʰiˑ ju(ː) ɐˑpx kəʧɛ(ː)kɐˑ i (ː)　　(D002.TextGrid)

či yaɣu abχu geǰü baiɣ_a boi

你要什么吗

2. 元音时长在 0.08—0.11 秒的 iˑ，ɛˑ，jiˑ 变体共出现 29 次，占本形式的 25.2%。例如：

ʧʰiː sʊrkʧʰtʰɛː ɛːl pɔl jɐːx iˑ　　(D025.TextGrid)

či suruɣči-tai ail bol yaɣaχiχu boi

你家有学生怎么了

3. 元音时长在 0.11—0.20 秒的 iː 变体共出现 24 次，占本形式的 20.9%，见图 5-1。例如：

jɐːʧ jɐpxiː　　(D002.TextGrid)

yaɣaχiǰu yabuχu boi

怎么走

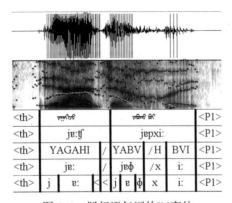

<th>	ᠶᠠᠭᠠᠬᠢ		ᠶᠠᠪᠤᠬᠤ		<P1>
<th>	jɐːʧ		jɐpxiː		<P1>
<th>	YAGAHI	/	YABV	/H BVI	<P1>
<th>	jɐː	/	jɐφ	/x iː	<P1>
<th>	j ɐː <	< j ɐ φ	x	iː	<P1>

图 5-1　疑问语气词的[iː]变体

二、肯定语气词

分析材料中，肯定语气词 jʊm，ʃitə:，te:，ʃu:，mon，pile:等共出现 2955 次。

（一）jʊm

肯定语气词 jʊm 分析材料中共出现 1137 次，占所有肯定语气词的 38.5%。

1. 肯定语气词 jʊm 最多出现的是 im，jm 两种形式。共出现 807 次，占 jʊm 语气词的 71.0%。[m]辅音前的元音[i]和辅音[j]很难分清楚，听不出来，有时语图里也不清楚。

im 形式共出现 578 次。元音时长小于 0.08 秒的 im，əm，in，ɐm，ɔm，iŋ，ʊm，ɘm，ɜm，imi:，imɨ 等变体共出现 531 次。元音时长在 0.08—0.11 秒的 ɜˑn，iˑm，əˑm，iˑn，iˑŋ 等形式共出现 37 次。元音时长在 0.11—0.20 秒的 i:m，i:n 变体共出现 10 次。在[m]辅音之前的元音能辨别出来[ɐ]，[ɛ]，[ɔ]，[ʊ]等元音，因此有明显的元音和谐律的变化，这一点与 jʊm 形式有区别。例如：

ɔtɔ nɔˑmi:n tʰi(:)m nɛ:r iˑm u:　（D027.TextGrid）

odo nom-un teimü naɪr yum uu

是那样的书展呀

分析材料中，jm，jn，jŋ，jmɨ，jmɐ: 等变体共出现 229 次，见图 5–2。例如：

kʊˑʧʰ tɔʧʰə(n) ɔ:(-)nɔ:s əxləˑtjmuˑ　（D002.TextGrid）

ɣuči döčin on-eče exileged yum uu

从三四十年代开始的吧

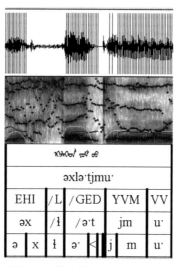

图 5–2　肯定语气词的[jm]变体

2. jum 形式共出现 43 次。元音时长小于 0.08 秒的 jim，jʊm，jum，jʊmɨ，jəm，jɜm，jəŋ 等变体共出现 42 次，根据元音和谐律跟随在主词之后。元音时长在 0.08—0.11 秒的 juˑm 形式出现 1 次。例如：

nɛriːn s(ə)tʰxəˑt jɐpx jʊm pəl tʰərnəˑs ɔtɔː　　(D001.TextGrid)

narin sedxiged yabuχu yum bol teren-eče odo

仔细思考的话

3. 只有辅音 m，j，ŋ，n 等形式出现的有 287 次。其中 m 形式最多，共出现 277 次，m 形式有后面带元音的 mɨ，mɐ，mɜ 变体出现 3 次。j，ŋ，n 变体出现 7 次，见图 5–3。在这种情况下，虚词已经变为词缀的作用。例如：

pɐk sɐk nɛmri(ː)n xʊptʃʰɜs uʧxmuː　　(D002.TextGrid)

baɣ_a saɣ_a namur-un χubčasu üjexü yüm üü

想看看秋装呢

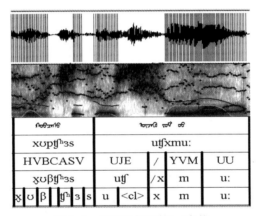

图 5–3　肯定语气词的[m]变体

（二）ʃitəː

肯定语气词 ʃitəː 在分析资料中共出现 1033 次，占所有肯定语气词的 35.0%。归纳为 ʃtəː，ʃt，ʃit，ʃitəː 4 个种类，按语料中出现的多少顺序分析。

1. ʃtəː

第一音节的元音脱落，词末元音由不同时长出现，共有 646 次，占 ʃitəː 语气词的 62.5%。根据词末元音的时长进行分类：

（1）词末元音的时长小于 0.08 秒的 ʃtʰɐ，ʃtʰə，ʃtɐ，ʃtə 形式共出现 398 次，占据全部 ʃtəː 形式的 61.6%。表明词末元音长度相近与短元音的多。例如：

tʰər juˑ pɛ(ː)n ʃtʰə　　(D001.TextGrid)

tere yaɣu bain_a side

那个什么

（2）词末元音的时长在 0.08—0.11 秒的 ʃtʰɐˑ，ʃtʰəˑ，ʃtɐˑ，ʃtəˑ 形式共出现 127 次。例如：

nələ(ˑ)n uˑntʰeˑ ʃtʰəˑ　　（D002.TextGrid）

neliyed ün_e-tei side

相当贵啊

（3）词末元音的时长在 0.11—0.20 秒的 ʃtʰeː，ʃtʰəː，ʃtɐː，ʃtəː变体共出现 121 次。例如：

tʰəntɔx tʰər pɛːr ʃtʰeː ʧʰɔxm　　（D002.TextGrid）

tendexi tere bairi side čoɣom

那里的宿舍究竟是

2. ʃt

语气词 ʃitəː的元音全部脱落，ʃ 辅音出现[s]，[ʒ]变体，第二个辅音由[t]，[tʰ]变体的 ʃtʰ，ʃt，stʰ，ʒt 等共出现 326 次。占 ʃitəː 语气词的 31.6%，见图 5–4。例如：

tʰər xutə(ː) jɐˑ xɐrxɜt ʧʰxɔm sɛˑxɛʃtʰ　　（D002.TextGrid）

tere xödege ya χaraχu-du čoɣom saiχan side

看野外多么美啊

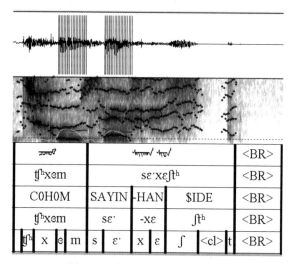

ᠵᠣᠨᠣᠲᠣ	ᠤᠨᠢᠩᠳᠤ ᠭᠢᠳᠤ		
ʧʰxɔm	sɛˑxɛʃtʰ		
C0H0M	SAYIN |-HAN	$IDE	
ʧʰxɔm	sɛˑ	-xɛ	ʃtʰ	
ʧʰ x ɔ m	s ɛˑ	x ɛ	ʃ <cl> t	

图 5–4　肯定语气词的[ʃtʰ]变体

3. ʃit

语气词 ʃitəː的词末元音脱落的形式 ʃit，ʃitʰ共出现 6 次。例如：

nəŋ sɐi(n) ʃitʰ　　（D002.TextGrid）

neng sain side

更好呗

4. ʃitəː

在口中，语气词 ʃitəː 保持原型出现得少，仅有 12 次。其中词末元音时
长小于 0.08 秒的 ʃitʰə，ʃitʰɐ，ʃitə 等变体共出现 8 次，元音时长在 0.08—0.11
秒的 ʃitʰəˑ 变体出现 4 次。例如：

xutəlxəˑm pɛˑsɜmp(ɛː)n ʃitʰə   (D002.TextGrid)

xüdelxü-ben baičiχaγsan bain_a side

动也不动了吧

在句末，有时候 ʃitʰəː 只以 ʃ 出现，感知上听不到其他语音，语图上只
看见 ʃ 辅音的乱纹。根据语境能判断是肯定语气词 ʃitʰəː。分析材料中这样 ʃ
形式的肯定语气词共出现 43 次，见图 5–5。例如：

kʊˑrpɜlʧin turpəlʧin pɔˑltʰlɔ(ːn) xeʧikts(n) ʃ   (D002.TextGrid)

γurbalǰin dörbelǰin boltal_a-ban χaǰaγdaγsan side

被咬成三角四角形了呗

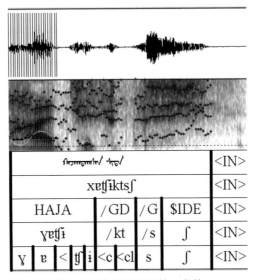

图 5–5 肯定语气词的[ʃ]变体

（三）təː

肯定语气词 təː，元音时长不同的变体共出现 385 次。

1. 元音时长小于 0.08 秒的 dɐ，tɐ，tə，tɔ，tʰe，də 等变体共出现 138
次。占所有 təː 总数的 35.8%。例如：

tʰər tʰɛːrxɐˑ ʊˑʧ tə məˑniˑʧʰə(ːt)   (D002.TextGrid)

tere tariχi-ban üje de megeneičixeged

看这脑子啊，傻的啊

2. 元音时长在 0.08—0.11 秒的 tɐˑ，tɔˑ，təˑ，tʰɐˑ，tʰəˑ，dɐˑ，dəˑ变体共出现 101 次。例如：

tʰɔpʧʰ n ɔiʧʰsm p(i)ʃ muˑ，ɐpɐ(:)t xɐtʧʰxɜl <u>tɐˑ</u>　(D027.TextGrid)

tobči ni oičičiɣaɣsan bisi yum uu，abuɣad χadačiχ_a la da

扣子掉了不是吗，缝一下吧

3. 元音时长在 0.11—0.20 秒的 tɐː，təː，dɐː，dɐː，tɔː，tʰɐː，te: 等变体共出现 119 次。例如：

sɛːxn sɛˑxn juˑ pɛ(:)n <u>tɐː</u>　(D027.TextGrid)

saiχan saiχan yaɣu bain_a da

有哪些好事啊

4. 语气词 tɐ: 的元音脱落，只有辅音 t、tʰ形式出现的变体共有 27 次。例如：

ɐxi(:)ntɐ(:)n xurəˑt ɔʧʰlɔː <u>t</u>　(D001.TextGrid)

aχ_a-yin-du-ban xürüged očil_a da

去哥哥那儿了啊

（四）ʃu:

肯定语气词 ʃu: 在分析材料中共出现 229 次。

1. 元音时长小于 0.08 秒的 ʃʊ，ʃu，ʒu，ʒʊ，ʒy 等变体共出现 87 次。占所有 ʃu:的 38.0%。例如：

tʰiː(m) xɐmtxnɐ(:)r ɐpsn <u>ʃu</u>　(D002.TextGrid)

teimü χimdaχan-iyar abuɣsan siu

是那么便宜买的

2. 元音时长在 0.08—0.11 秒的 ʃʊˑ，ʃuˑ，ʒʊˑ 等变体共出现 38 次。例如：

nɐmɛ(:) ɐˑprɐ(:)t ʧɛːlʊ(:)lʧʰxlɐ(:) <u>ʃʊˑ</u> kəʧ pi(:) pɔtn　(D002.TextGrid)

nam_a-yi abuɣad ǰailaɣulčiχal_a siu geǰü bi bodon_a

我想使我远离困境

3. 元音时长在 0.11—0.20 秒的 ʃʊː，ʒuː，ʃuː，ʒʊː 等变体共出现 49 次。例如：

pi(:) pɐs mɔŋklʧʰʊ(:)t pɔlʧɛ(:n) <u>ʃʊː</u> kəʧ pɔtʧɛ(:)nɐˑ　(D027.TextGrid)

bi basa mongɣolčud bolǰu bain_a siu geǰü bodoǰu bain_a

我想蒙古族还可以的

4. 把元音发音成复合元音的 ʃiu，ʃiʊ，ʒiʊ，ʃiuˑ，ʃʊi 等变体共出现 21 次。例如：

əˑʧʃəˑn ɔtɔ(:) xəlləˑ <u>ʃiu</u>　(D018.TextGrid)

eji-dü-ben odo xelel_e siü

跟母亲说了啊

5. 元音脱落，只有辅音 ʃ，s，tsʰ 等变体共出现 34 次。全都出现在句末，所以认为声音小导致词末的元音脱落。见图 5–6，例如：

ɔpɔˑ əː(-)rtʰ jɛptʃɛ(ː)sn ʃ　 (D002.TextGrid)

oboɣ-ɑ erte yɑbuǰu bɑiɣsɑn siu

早就走了

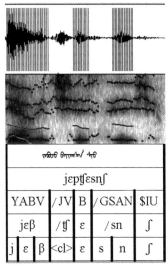

图 5–6　肯定语气词的[ʃ]变体

（五）mon

分析资料中肯定语气词 mon 共出现 137 次。在口语中除了 mon 外，还有词末 n 脱落并 o 元音鼻化成为 mõ 形式的变体，此处简单标记为 mo。

1. mon

语气词 mon 由元音的不同变体和不同时长，后置辅音的不同变体等共出现 92 次。其中元音时长小于 0.08 秒的 mon，mun，moŋ，mən 等共出现 79 次，元音时长为 0.08—0.11 秒的出现 9 次，元音时长为 0.11—0.20 秒的出现 4 次。例如：

pɛktɐˑn ʧʰi(ː) mon k(ʊ)ʃʊ(ː)n tə(ː)r sʊ(ː)sn tʰi(ː)m pɐː　 (D011.TextGrid)

bɑɣ_ɑ-du-bɑn či mön χosiɣun deger_e sɑɣuɣsɑn teimü bɑ

小时候你在旗里住的吧

ɛmtɜrl muˑn tʰi(ː)m ɛˑmɐ(ː)r jɛtʊ(ː) pɛ(ː)s(n)　 (D014.TextGrid)

amidurɑl mön teimü ɑyumɑr yɑdɑɣu bɑiɣsɑn

生活还是那么贫穷

2. mo

肯定语气词 mon 的后置辅音脱落的 mə，mo，mu 等变体出现 40 次，也不少，见图 5-7。例如：

ɛmtɜrlɐˑr pɔˑl m<u>ə</u> əxəntə(ːn) ɛːmæ(ː)r jɛˑtʊ(ː)　(D014.TextGrid)

amidural-iyar bol mön exin-dü-ben ayumar yadaɣu

刚开始生活仍然那么贫穷

除此之外还有中间元音脱落成 mŋ，mn 的形式出现 5 次。

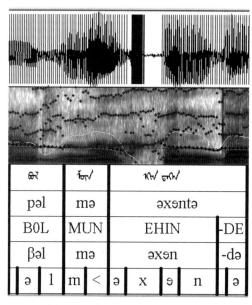

图 5-7　肯定语气词的[mə]变体

（六）pilə:

分析资料中回忆并肯定意义的语气词 pilə: 共出现 34 次。出现的多种变体可以归纳为 pilə:，ple: 两大类。

1. pilə:

语气词 pilə: 的 p 辅音有[p]，[b]，[β]等变体出现，第二个元音时长不同等引起的变体 pilɐˑ，bile，βile，βileː，bileˑ，βeleˑ，βəle，βəleː，pele 等共出现 22 次，第二个音节的元音脱落的 βil，bəl 各出现 1 次。例如：

pɔrɔˑ(n) mɔrɔ(ː)n ɔrʧʰxəm <u>pele</u>　(D002.TextGrid)

boroɣan moroɣan oročixaxu yum bile

说下雨来着

2. ple:

词首音节的元音脱落，第二音节的元音有不同时长出现的 ple，βle，βleˑ，ɸleˑ，pleˑ 变体共出现 8 次。例如：

nək jɛmɜr oŋkʰtʰe(ː) nək ʃɐxɐ(i) ɐpʧ omstək pleˑ　　(D029.TextGrid)

nige yamar önggetei šaɣai abču emüsdeg bile

选哪个颜色的鞋穿呢

除此之外，第二个音节脱落的 βɛ 变体，只有辅音结构的 pl 变体各出现 1 次。

三、否定语气词

分析资料中否定语气词 ukue，piʃ 等共出现 2201 次。

（一）ukue

否定语气词 ukue 有 ukue，kue，kuː，k 等形式共出现 1907 次。占所有否定语气词的 86.6%。

1. kue

ukue 语气词的 kue 形式以 ɣue，ɣuə，ɣʊɛ，ɣui，ɣʊi，ɣʊo，kʰʊɛ，kʰʊi，kʰuo，kʰui，kʰue，kue，kuə，kʊɛ，kui，kʊi，kuo，xʊɛ，kʊɐ，xui，xue 等变体共出现 1114 次，占所有 ukue 形式的 58.4%。例如：

xum pɐs pɛ(ː)xkʊɛ　　(D010.TextGrid)

xömün basa baiɣu ügei

人都不在

2. kuː

表示否定语气的 kuː 共出现 622 次，占所有 ukue 形式的 32.6%。

以元音时长区别分析：

（1）元音时长小于 0.08 秒的 kə，ke，kɛ，kɔ，kʊ，ko，ku，ɣe，ɣʊ，ɣo，ɣu，kʰɔ，kʰʊ，kʰo，kʰu，xɔ，xo 等变体共出现 436 次，占本形式的 70.1%。例如：

piˑʧʰ pɔl oːri(ːn) ərxko unəˑr nœlməs pumprsə(n)　　(D014.TextGrid)

bi čü bol öber-ün erxe ügei nilbusu bümbürigsen

我是情不自禁地流着眼泪

（2）元音时长为 0.08—0.11 秒的 kɔˑ，kʊˑ，koˑ，kuˑ，ɣɔˑ，ɣʊˑ，ɣoˑ，ɣuˑ，kʰʊˑ，kʰoˑ，kʰuˑ，xoˑ 等变体共出现 93 次，占本形式的 15.0%。例如：

utər tə(ː)n timi(ː) j(ʊ)m xiˑʧ koˑ　　（D021.TextGrid）

edür-tü-ben demei yaɣum_a xiǰü ügei

没有什么事可做的

（3）元音时长为 0.11—0.20 秒的 kʊː，koː，kuː，ɣʊː，ɣoː，ɣuː，xʊː，kʰʊː，kʰoː，kʰu 等变体共出现 93 次，占本形式的 15.0%。例如：

sɛˑ(n) œːləx koː　　（D012.TextGrid）

sain oilaɣaxu ügei

没有好好理解

3. ukue

表示否定语气的 ukue 共出现 100 次。其中后置元音有发音成复合元音和单元音之区别。

（1）把后置元音发音成复合元音的共有 80 次。有 uːkuo，uːɣue，uːɣui，uɣue，uɣui，ukue，ukui，uˑɣuə，ukuə，uˑkue，uːkue 等变体。例如：

mun sʊrkʊˑl tə(ː)r imʊː uːkue juˑ　　（D002.TextGrid）

mön surɣaɣuli deger_e yum uu ügei üü

是否在学校

（2）把后元音发音成单元音的有 20 次。后置元音时长小于 0.08 秒的 uɣo，uˑko，uku，uko，oɣo 等变体共出现 10 次，0.08—0.11 秒的 ukoˑ，ukuˑ，uˑkoˑ，okoˑ，uɣuˑ 等变体出现 7 次，0.11—0.20 秒的 uɣeː，okoː，ukoː 变体出现 3 次。例如：

ukoˑ，uko，ɔˑtɔː məni: ʊˑtʰɜs xœrən turpən ʧʰɐktʰ xɔlpɐktɜx pɔlmʧʰtʰɜː　（D002.TextGrid）

ügei, ügei, odo minu utasu χorin dörben čaɣ-tu χolboɣdaxu bolomǰitai

不，不是，现在我的手机 24 小时开通着

4. k 形式

元音脱落，只有辅音 k，ɣ，kʰ，x 等变体共出现 71 次，见图 5–8。这种形式常常出现在主词后面连续几个虚词中，与主词构成一个韵律词，即起词缀的作用。例如：

tɐptʰsn ɐˑrkɜ n tʰɐˑrsɜŋkmu　　（D014.TextGrid）

dabtaɣsan arɣ_a ni taɣaraɣsan ügei üü

复习的方法不对吗

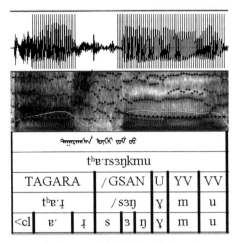

图 5-8　否定语气词的[ɣ]变体

（二）piʃ

分析资料中否定语气词 piʃ 共出现 294 次。可以归纳为 pʃ, piʃe:, pʃe: 等种类。

1. pʃ

元音脱落，只有辅音形式出现的 pʃ，ɸʃ，βʃ 等变体共出现 169 次。占所有 piʃ 语气词的 57.5%，见图 5-9。例如：

japʰə(n) xəl sʊrʧɛ(:)x pʃu:　（D014.TextGrid）

yɑpon xele surču bɑiχu bisi üü

不是学日语吗

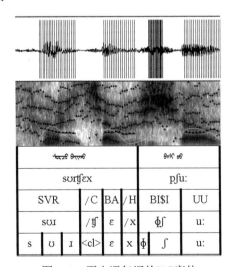

图 5-9　否定语气词的[ɸʃ]变体

pi∫ 的元音脱落情况下，有时候 p 的[ɸ]变体与 ∫ 辅音连在一起，成为一个发音时间比较短的擦音，往往像只有 ∫ 辅音似的，见图 5–10。例如：

pi· ʧʰi(n) ɛ·mɐ(:)r t(u)skue (ɸ)∫ m (D014.TextGrid)

bi čini ayumar dürsü ügei bisi yum üü

我不是比较淘气嘛

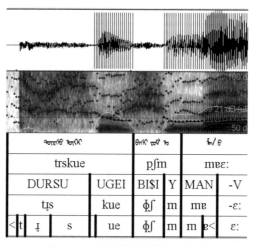

图 5–10　否定语气词的[ɸ∫]变体

2. pi∫e:

否定语气词 pi∫e:，是否带后置元音以及元音的不同时长等变体共出现 72 次。

其中没有后置元音的 pi∫，bi∫，βi∫，ɸi∫ 共出现 52 次。带后置元音的变体中，时长小于 0.08 秒的 8 次，元音时长为 0.08—0.11 秒的出现 5 次，元音时长为 0.11—0.20 秒的出现 7 次。例如：

nə:(k) ix u·ntʰe: pi∫ pɛ(:)sɐ: (D017.TextGrid)

nige yexe ün_e-tei bisi baiɣsan

没有那么贵

3. p∫e:

否定语气词 pi∫ 的元音脱落，∫ 辅音后面带元音的各种变体共出现 53 次。其中后元音时长小于 0.08 秒的 25 次，元音时长为 0.08—0.11 秒的 11 次，元音时长为 0.11—0.20 秒的出现 17 次。例如：

ɐ·rɐ· pɐs tʰi·m p∫e (D002.TextGrid)

arai basa teimü bisi

不见得那样

四、禁止语气词

分析资料中少量出现禁止语气词。pu: 出现 11 次、pitki: 出现 2 次。

禁止语气词 pu: 的元音时长为 0.08—0.11 秒的出现 10 次，元音时长为 0.11—0.20 秒的出现 1 次。语气词 pitki: 以 bitʰi，pitʰi 变体各出现 1 次。例如：

x(ɐ)mɐːkuə pu: ɛ·j, pi(ː) xɐʧʊ(ː)t ʧʰ(i)n pɛ·nɐ·　(D012.TextGrid)

χamiy_ɑ ügei büü ayu, bi χaɣaɣuda čini bain_a

没事儿，别怕，我在旁边呢

nɛmɛ(ː) tʊ(ː)txɐ(ː)m pitʰi mɐ·tɐ　(D002.TextGrid)

nam_ɑ-yi daɣudaχu-ban bitegei marta e

别忘了叫我啊

五、强调语气词

分析材料中强调语气词 l, ʧʰ, jɐ: 共出现 2126 次。

（一）l

分析材料中强调语气词 l 共出现 1176 次。主要以 l，lɐ 形式出现。

1. l

强调语气词以 l 形式共出现 1113 次，占所有 lɐ: 语气词的 94.6%。例如：

mɐnɛ(ː)xnɐ· pu·ktə·rə·n kujʧ ɔʧʰ·t l̩　(D001.TextGrid)

man-u-χin-u bügüdeger-iyen güyüjü očiɣad la

我们全都跑过去

2. lɐ

强调语气词以 lɐ 形式，即后面带元音的形式共出现 63 次。元音时长小于 0.08 秒的 lɐ，lə，le 形式共出现 23 次，元音时长在 0.08—0.11 秒的 lə·，lɐ·，lɐ· 形式共出现 19 次，元音时长在 0.11—0.20 秒的 lə:，lɐ:，lɔ: 形式出现 21 次。例如：

pi· ixələ· sɛ:xɜn ʃik pɔtxɐt　(D001.TextGrid)

bi yexe le saiχan siɣ bodoχu-du

我是想着挺好的

（二）ʧʰ

分析资料中强调语气词 ʧʰ 共出现 597 次。其中语气词 ʧʰ 的不同变体以 ʧʰ，ʤ，ʧ，ʃ，ts，tsʰ 形式共出现 590 次。后面带元音发音的 7 次，元音时长小于 0.08 秒的 ʧʰu，ʧʰə 形式出现 4 次，元音时长在 0.11—0.20 秒的 ʧʰə:，ʧʰo:，ʧʰʊ: 形式各出现 1 次。例如：

ix poː(-)x uˑʧləː, ʋrəltɐ(ː)nɛ(ː) mœr ʧʰ uʧlə˞　（D011.TextGrid）

yexe büxe üǰel_e, uralduɣan-u mori ču üǰel_e

看了摔跤，也看了赛马比赛

（三）jɐː

分析资料中强调语气词 jɐː 共出现 353 次。根据元音和谐律出现的变体之外还有音长区别的 jɐ，jɐ˞，jɐː，jə，jə˞，jəː，jo 等变体。

1. 元音时长小于 0.08 秒的共出现 221 次，占所有 jɐː 语气词的 62.6%。表明虚词 jɐː 的元音时长大多数接近于词首短元音的音长。例如：

suˑ ʧʰi(n) jɐ l ɔlən pɔl(n) ʃ(i)tə(ː)　（D014.TextGrid）

sü čini ya la olan bolon_a side

牛奶也变多了呀

2. 元音时长在 0.08—0.11 秒的共出现 87 次。例如：

putu(ːn) ɐjkɐˑr nək itʧʰsɨ(n) jɐ˞　（D029.TextGrid）

büdügün ayaɣ_a-bar nige idečixegsen ya

吃了一大碗饭呀

3. 元音时长在 0.11—0.20 秒的共出现 52 次。例如：

tʰər ɐː(-)rʧɛ(ː)kɐ(ː)t jɐ(ː)-k xɔrxœ˞ ʃ(i)k jɐː　（D029.TextGrid）

tere arǰaiɣad yaɣ χoroχai siɣ ya

显得像虫子似的

除此之外元音脱落的现象出现 3 次。

六、反复语气词

分析资料中反复语气词 pɐs 共出现 1592 次。其出现形式多种多样，可以归纳为 pɐs，ps，ɐs，s 4 个种类分析。

（一）pɐs

分析资料中反复语气词以 pɐs 形式共出现 1081 次，占据反复语气词总数的 67.9%。本形式的 p 辅音有[p]，[b]，[ɸ]，[β]变体，而且元音以紧松和谐的变体出现。

1. pɐs 形式的元音时长小于 0.08 秒的出现率高，bɐs，pɐs，pɐz，ɸɐs，βɐs，βɐz，ɸɐz，pɛs，pəs，βəs，bəs，pɔs，βɔs，bɔs，ɸʋs，βʋs，bɐsɐ˞，pɐsɐ˞，βɐsɐ˞，pɐsə˞，pɐsɐ˞，bɐsɐː，bəsə˞，pɐsɐː，bɐsɐː，βɐsɐː，pɐsɐː，βɐsɐː，ɸɐsɐː，ɸɐsɐː 等变体共出现 1059 次。其中词末带元音的共出现 39 次。词末元音的时长在 0.08—0.11 秒的变体共出现 13 次，0.11—0.20 秒的变体共出现 26 次。例如：

p̥ɛsə˞ ʊˑrtʰ ʊtɛːnɛˑ xoːʧʰltlə(ː)r tɐˑmʧʧɛ(ː)ʧ ɔlsən　(D022.TextGrid)

basa urtu udaɣan-u xögegečeldül-iyer damjiju baiju oloɣsan

长期的奋斗之后获得的

2. p̥ɛs 形式的元音时长在 0.08—0.11 秒的少，pɐˑs，pɔˑs，βɐˑs，bɐˑs，βəˑs 等变体共出现 22 次。例如：

p̥ɐˑs sɛˑm pɔˑlnɔ(ː)　(D002.TextGrid)

basa sain bolon_a

也会好起来的

（二）ps

语气词 p̥ɛs 的元音脱落而成 ps，ɸs，βs，bs，ɸz，ɸsɜ，bsɜ，βsɜ，βsə˞，ɸsə˞，ɸsɐ˞，psə˞，psɐ˞，ɸsəː，ɸsɐː，βsɐː 的变体共出现 375 次，见图 5–11。例如：

ɔtɔ(ː)kiˑ(n) ən xuˑxtu(ː)t ps tɐpʧʧɛˑnɐ˞　(D001.TextGrid)

odo-yin ene xeüxed-üd basa dabsiju bain_a

现在的这些孩子也在进步呢

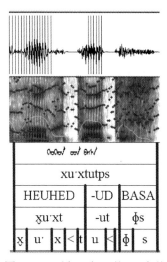

图 5–11　反复语气词的[ɸs]变体

（三）ɐs

语气词 p̥ɛs 的首音 p 辅音脱落而成 ɐs，əs，ʊs，ɔs，ɐˑs，ɔˑs，ɐsɐ˞，ɐts，əsɐ˞，ɐːsə˞，ɐˑsɐ˞，ɐsəː，ɐsɐː，əsɐː 的变体共出现 90 次。例如：

əni ɐˑs ix xuntən　(D010.TextGrid)

egün-i basa yexe xünden_e

把这个也伤害

（四）s

语气词 pɐs 以一个辅音形式出现的 s，z，p 等变体共出现 46 次。见图 5-12，例如：

mɐnʊ(:)si(:)n pɐki(:) ujʧʰ kə(:)t s̱ mun tʰiˑmə:　（D001.TextGrid）

mɑnus-un bɑɣ_a-yin üy_e čü ged basa mön teimü e

我们的小时候也是这样啊

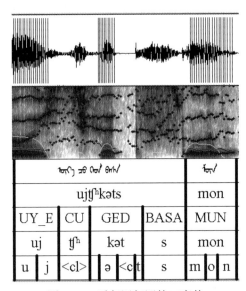

图 5-12　反复语气词的[s]变体

七、推测语气词

分析资料中推测语气词 pe:，pe: tɐ:，piʧ 共出现 370 次。

（一）pe:

推测语气词 pe:以[p]辅音的不同变体和元音的不同时长以及松紧和谐律的各种变体等共出现 336 次。

1. 元音时长小于 0.08 秒的 pɐ，βɐ，bɐ，ɸɐ，bə，pə，βə，βɛ 等变体共出现 125 次。占本形式的 37.2%。例如：

tʰiːn，ɛ(:)mɐ(:)r sɔnm pɐ　（D002.TextGrid）

teimü, ɑyumar sonin ba

是的，挺奇怪吧

2. 元音时长在 0.08—0.11 秒的 bɐˑ，pɐˑ，βɐˑ，bəˑ 等变体共出现 90 次。占本形式的 26.8%。例如：

ɔˈtɔːkiˑn nəptʰruˈləktʃuˑt pɔl ɔˈtɔ(ː) tʰim ᴘɐ̯̇ (D001.TextGrid)

odo-yin nebteregülügči-üd bol odo teimü ba

现在的主持人，是吧

3. 元音时长在 0.11—0.20 秒的 bɐː，βɐː，ᴘɐː，ɸɐː 等变体共出现 97 次。占本形式的 28.9%。例如：

tʰər ɛːlɐˑs ᴘpsm ᴘɐː (D002.TextGrid)

tere ail-eče abuɤsan yum ba

从他们家拿的吧

4. 口语中辅音脱落，只有元音形式出现的 ɐ，ə，ɚ，ɐ̯，ɐː 等变体共出现 19 次。这种现象中听感上没有 p 辅音，语图上也看不到相应的音波，见图 5–13。例如：

ɛmsxɐːlɐːni̥ tʰimə jɛɾtʃɐˈxiˑnxɐˑn ujtə(ː)n noˑxəx (D001.TextGrid)

amisχul-iyan teimü ba yariǰu baiχu-yin-iyan üy_e-dü-ben nöxöxü

气息，是吧，说话时补气

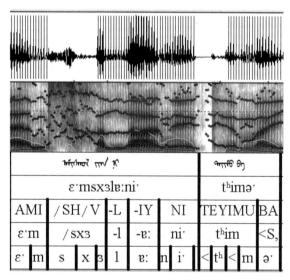

图 5–13 推测语气词的[ə˙]变体

推测语气词 ᴘɐː 的 p 脱落之后的元音形式与呼唤、感叹语气词的口语形式相同，只依靠语境区别意义。蒙古语的指示代词 teimü（那、那样），经常与语气词一起强调语气。例如，teimü ba 表示"是吧、是那样吧"，teimüe 表示"是呢、是那样"，teimü üü 表示"是吗、是那样吗"的意义，显然强调该语气。上述例句的 tʰi(ː)mə˙ 与表示"是呢、是那样"的常用于应答的口语形式相同，只根据语境区分意义。该例句是，在讲解播音员的吸气呼气训练方法，话语中间插入商量语气的词 teimü ba（是吧），而不是自言自语的应答 teimü e（是呢）。

　　5. 元音脱落，只有辅音形式出现的 b，p，ɸ，β，pʰ 等变体各出现 1次。这些变体都出现在句末，所以有可能是声音小而导致的结果。例如：

pɐkkui jɛrlɐ(:) p̣　（D005.TextGrid）

baγ_a ügei yaril_a ba

聊的不少吧

（二）pɐ: tɐ:

分析资料中 pɐ: tɐ: 形式表示推测意义的共出现 30 次。例如：

ʧir isŋ ɔnt im pɐ· tɐ·　（D001.TextGrid）

ǰira yisün on-du yum ba da

六九年吧

（三）piʧ

分析资料中表示推测意义的 piʧ 共出现 4 次，以 biʧ，bi·ts，pʧ 变体出现。例如：

juʧʰ mətkue ʊlsʊ(:)t irə· piʧ tə:　（D005.TextGrid）

yaγu ču medexü ügei ulus-ud irege biǰa da

什么也不知道的人来了吧

八、应答语气词

　　分析资料中表示允许、应答的语气词 ʧɐ: 共出现 196 次。有 ʧ 辅音的变体和元音时长不等的 ʧɐ，ʧɐ·，ʧɐ::，ʤɐ·，tsɐ· 等变体。

　　（一）元音时长小于 0.08 秒的共出现 68 次。例如：

ʧɐ əŋkə(:)t mɐnɛ(:) nʊtʰkɐ(:)r　（D007.TextGrid）

ǰa inggiged man-u nutaγ-iyar

在我们的家乡

　　（二）元音时长在 0.08—0.11 秒的共出现 49 次。例如：

ʧɐ· ən mœrntɐ(:n) xɛ(:)rtʰɛ(:) mɔŋkɐlʧʰʊ(:)ti(:)xɐ:(n)　（D030.TextGrid）

ǰa ene morin-du-ban χairatai mongγolčud-un-iyan

爱护马的蒙古族

　　（三）元音时长在 0.11—0.20 秒的共出现 79 次。例如：

ʧɐ: sɛ·m pɛ·nʊ·　（D007.TextGrid）

ǰa sain bain_a uu

你好

九、呼唤（感叹）语气词

分析资料中呼唤（感叹）语气词 ə: 共出现 184 次。

（一）元音时长小于 0.08 秒的 ɐ，ə，ɔ，e 变体共出现 43 次。例如：

ɔtɔ(:) nu(:)xi(:n) uit poːm jɛptl ɐ　　（D029.TextGrid）

odo negüxü-yin üy_e-dü bügem yabudal e

搬家时事多啦

（二）元音时长在 0.08—0.11 秒的 ɐˑ，əˑ，iˑ，eˑ，ɔˑ，oˑ 等变体共出现 61 次。例如：

ɔˑtɔˑ ʧʰ(iŋ)kəˑl iˑrəˑl xotʰləkʧʰ oˑ kə(:)l tʰɛpʧʰxxɐ(:)r ʧʰin　　（D001.TextGrid）

odo činggiged le ireged le xötölügči e ged le talbičiχaχu-bar čini

然后一来就当主持

（三）元音时长在 0.11—0.20 秒的 ɐː，əː，ɔ: 等变体共出现 80 次。例如：

ʃɔmʊˑl ixtʰe(:) n ɛːɐːr ɐ̠ː　　（D029.TextGrid）

simaγul yexe-tei ni aγumar e

蚊子太多，可怕

十、小结

分析材料中出现疑问语气词、肯定语气词、否定语气词、禁止语气词、强调语气词、应答语气词、反复语气词、推测语气词、呼唤语气词 9 种语气词。

（一）本次分析中疑问语气词 ʊːˑ²，jʊːˑ²，pɛˑ³，iː 等共出现了 1550 次。其中 ʊːˑ²，jʊːˑ² 应用最广泛，共出现了 1317 次，占疑问语气词的 85.0%。以元音音长分析所有疑问语气词：元音音长小于 0.08 秒的共出现了 631 次，占总数的 40.7%。元音音长在 0.08—0.11 秒的共出现了 195 次，占总数的 12.6%。元音音长在 0.11—0.20 秒的共出现了 615 次，占总数的 39.7%。元音音长长于 0.20 秒的只以 ʊː，uː 形式共出现了 97 次。

（二）肯定语气词出现了 ʃitəː，tɐː，ʃuː，jʊm，mon，pileː 等，其中 jʊm，ʃitəː 出现次数多，分别占肯定语气词的 38.5% 和 35.0%，是口语中最常见的肯定语气词。

1. 语气词 jʊm 以 im，jm 形式出现的多，占总数的 71.0%。

2. 语气词 ʃitə，在口语中出现多种变体，词首音节的元音脱落现象最常见。本次分析中词首音节的元音脱落现象共出现了 972 次，占总数的 94.1%。在词首音节的元音脱落的情况下，语气词 ʃitəː 的 t 辅音常常发音成 [tʰ]。

（三）否定语气词 kue,ukue 的 ue 元音经常发音成复合元音。本次分析中,ue 元音发音成复合元音的现象共有 1194 次,占 kue,ukue 总数的 98.4%。将 ue 元音发音成单元音的情况,元音的音长小于 0.08 秒的多。口语中元音脱落,只以辅音形式出现的也不少。

（四）强调语气词 leː,后面不带元音的 1 形式占总数的 94.6%,所以可看作基本形式。

（五）反复语气词 pɐs 的 p 辅音以多种变体出现,并且该语气词有元音和谐律的变化。多种变体中,元音脱落的 ps 形式出现的较多,占总数的 23.6%。

（六）推测语气词出现了 peː, peː teː, pitʃ 等,并且以 peː 应用的次数最多,占所有推测语气词的 90.8%,其中元音音长小于 0.08 秒的占 37.2%。

（七）由于呼唤语气词 əː 形式大多出现在句末,所以元音音长小于 0.08 秒的占据比例小,大于 0.08 秒的占 76.6%。

第二节　后置词

后置词用在实词之后,表示词之间的各种关系。后置词按其意义可以分为表示方位、时间、目的、原因、比较、范围、数量、概括、对象和递进关系的后置词等。在约 10 万词的语料中后置词共出现 1077 次,显然口语中使用率不高,但是种类比较多。

一、表示方位的后置词

方位后置词是指发生某个动作的位置的后置词。在语料库中 tʰɐl, ʧex 共出现 326 次。

（一）tʰɐl

在分析语料中,表示方位的后置词 tʰɐl 共出现 308 次,占方位后置词的 94.5%。可以归纳为 tʰɐl, tʰl 两大种类。

1. tʰɐl

后置词 tʰɐl 形式以 tʰɐl, tʰɐr, tʰɐn, tɐl, tʰɐˑl, tʰəl, tʰɐlɐː, tʰɐlɜ 等变体共出现 240 次。例如:

pit ɛmtɜrliːn tʰɐlɐˑr ɔtɔˑ　　（D001.TextGrid）

bide amidural-un tal_a-bar odo

我们在生活方面

2. tʰl

后置词 tʰɐl 的元音脱落而成的 tʰl 形式以 tʰl, dl 2 个变体共出现 66 次。

例如：

unʉtər pi(ː) sɛ(ː)xɜn tɔˑr tʰl tʰ(e)r juˑ kɐtn tʰ(e)r juˑki uʧsən kue ju(ː) (D021.TextGrid)

önödör bi sayiχan door_a tal_a tere yaɣu ɣadan_a tere yaɣu-yi üjegsen ügei üü

今天我不是刚刚，你没看见在外面的那个什么吗

此外 tʰɐ，tʰɐˑ 等特殊变体各出现一次。在语流中后面的[l]辅音被脱落。

（二）ʧɐx

表示方位的后置词 ʧɐx 在语料中共出现 18 次。可以归纳为 ʧɐx，ʧx 2 个种类。

1. ʧɐx

后置词 ʧɐx 以 ʧɐx，ʧɐxɜ 两种变体共出现 11 次。例如：

nək n pɐrʊ(ː)n ʧɐx, nək n ʧu(ː)n ʧɐx　　(D015.TextGrid)

nige ni baraɣun ǰaχ_a, nige ni ǰegün ǰaχ_a

一个在西边，一个在东边

2. ʧx

方位后置词 ʧɐx 的元音脱落，以 ʧx，tsx 等变体共出现 7 次。例如：

xɐmɜk nɐ(ː)tʰ ʧx tɐ(ː)n ʧʰini(ː) mɔŋkəl tʰərlək pəl　　(D017.TextGrid)

χamuɣ naɣatu ǰaχ_a-du-ban činu mongɣol terlig bol

最起码你的蒙古袍是

二、表示时位的后置词

在分析语料中，表示时位的后置词 ʧʊːr 仅出现 4 次。以 ʧʊːr，ʧʊˑr 变体各出现 2 次。例如：

noxx ʧʊːrɐːn ɐpx kəx mətʰiˑn iːmərxu(ː) ɐrkʊ(ː)ti(ː)k pur oːroːn sʊrʧ pɔ(ː)lnɔː (D001.TextGrid)

nöxöxü ǰaɣur_a-ban abχu gexü metü-yin eimürxüü arɣ_a nuɣud-i bür öber-iyen surču bolon_a

都可以自学边"补充"边"呼吸"等方法

三、表示目的的后置词

在分析语料中，体现动作目的的后置词 tʰoloː 共出现 17 次。这些由 tʰoloː, toloː, tʰuləː, tʰoro, tʰolo, tʰoloː, tʰoro 和以词首元音脱落的 tʰleˑ, tʰlo 等变体出现。其中第二音节的元音长度小于 0.08 秒的出现的最多，共出现 12 次。有趣的是，词中[l]辅音发音成[r]辅音的现象比较普遍。例如：

jɛpxi(ː)n tʰoro l sʊrʧ　　(D030.TextGrid)

yabuχu-yin tölöge le surču

为了远走而学

四、表示原因的后置词

在分析语料中，体现动作原因的后置词 ʊʧʰreːs，pɔlxɔːr，tʰʊl，tʰʊlt 等共出现 80 次。

（一）ʊʧʰreːs

原因后置词 ʊʧʰreːs 共出现 28 次。其中第二音节的元音以不同的长度出现。例如：

oːrtʰo(ː)n turmə(ː)n ʧʊrmlsŋku(ː) ʊʧʰreˑs xɐmɜk su(ː)ltn　　(D010.TextGrid)

öbertegen dürim-iyen ǰirumlaγsan ügei učir-eče χamuγ segül-dü ni

自己没有遵守规则，所以最后

（二）pɔlxɔːr

原因后置词 pɔlxɔːr 在分析语料中共出现 49 次。

1. 第一音节的元音长度小于 0.08 秒，p 辅音以[p]，[b]，[β]等变体，r 辅音以[ɹ]，[ɾ]，[ɻ]等变体出现的 bɔlxɔɾ，bɔlxɔɹ，βɔlxɔˑɾ，βɔlxlɐ，βɔlxɔɹ，βɔlxɔr，pɔlxɔɾ，pɔlxɔɹ 等共出现 34 次。例如：

ʊ:(-)rlɜki(ː)n tʰɐlɐˑr jɐpʧɛ(ː)kɐ(ː) pɔlxɔr ono: suitʰxɐˑl n iː(-)x　　(D012.TextGrid)

uraliγ-un tal_a-bar yabuǰu baiγ_a bolχor önö süidgel ni yexe

在艺术方面发展，所以费用比较高

2. 第一音节的元音脱落的 plxɔˑɾ，plxɔɾ，blxɔɾ，ɸlxɔɾ，βlxɔɹ，βlxɔˑ等变体共出现 9 次。例如：

ur tuŋ n tʰi(ː)m sɛˑn kʊ(ː) plxɔr tɐxɜʧ ʃiŋkɐ(ː)x ʊʧʰir kɐrsɜn　　(D027.TextGrid)

ür_e düng ni teimü sain ügei bolχor daχiǰu singgexü učir γaruγsan

结果并不太满意，所以得重新录制

3. 词首辅音脱落的 ɔˑlxɔɹ，lxɔɾ，ɔlxɔɾ 等变体出现 4 次。例如：

pitnər mɔŋkɔlt ɔʃiʧ sʊrʧkɐ(ː) ɔlxɔr n xɐmkiˑŋ kɔln sɔˑtlkɐ(ː)nɛ(ː)　　(D017.TextGrid)

bide nar mongγol-du očiǰu surču baiγ_a bolχor ni χamuγ-un γool ni sudulγan-u

我们去蒙古国学习，所以主要研究任务是

4. 词末辅音脱落的 βɔlxɔˑ，βɔlxɔ 变体各出现 1 次。

5. 原因后置词 pɔlxɔːr 的第二音节的元音长度，小于 0.08 秒的占总数的 82.0%。

（三）tʰʊl，tʰʊ·lt

在分析资料中，原因后置词 tʰʊl，tʰʊ·lt 仅出现 3 次。例如：

pəjə(ː)n kɔj ɐpʧʰ jɛpxi(ː)n t̪ʰʊlt kɔj omssn pɛ·tɜk　（D027.TextGrid）

bey_e -ben ɣoyo abču yabuɣu-yin tulada ɣoyo emüsügsen baidag

为了显得比较体面点，所以穿戴整齐

五、表示比较的后置词

在分析语料中，表示比较意义的后置词 ʃik，ɛtɜl，mətʰ共出现 320 次。

（一）ʃik

ʃik 后置词共出现 248 次，占所有比较后置词的 77.5%。

1. 分析资料中 ʃiɣ，ʃik，ʧʰiɣ，ʒiɣ，ʃiɣɜː，ʃiɣə 等变体共出现 156 次，占总 ʃik 后置词的 62.9%。其中词末增加元音的变体出现 4 次。例如：

xuːxɜt ʧʰik xoˑroˑtɛˑsɜn　（D012.TextGrid）

xeüxed sig xögerüged baiɣsan

像孩子一样高兴

ən pɛːkɐ·l xyˑtʰərsn ʧʰ i(ː)m ʃikəː　（D022.TextGrid）

ene baiɣali xüiteregsen ču eimü sig

天气变冷了也这样的

2. 元音长度在 0.08—0.11 秒或者是在 0.11—0.20 秒的 ʃiˑk，ʃiˑɣ，ʃiːk，ʃiːɣ 等变体共出现 8 次。例如：

tʰ(ə)kəːtl jɛːrx ʃik，jɛːrkoˑ ʃiˑk　（D021.TextGrid）

tegeged le yaɣaraɣu siɣ，yaɣaraɣu ügei sig

好像在忙又像不忙

3. 后置词 ʃik 的元音脱落，有时词末增加元音的 ʃk，ʃx，ʃɣ，ʧʰk，ʃkə，ʃɣə，ʃkəˑ 等变体共出现 74 次。例如：

ərʧɛ(ː)x ʃk　（D018.TextGrid）

erijü baiɣu siɣ

好像在寻找

4. 词末辅音脱落的 ʃi，ʃiˑ 等变体出现 5 次。例如：

ɔtə(ː) pit ʃiˑ iˑŋkə(ː)t əŋki(ː)n jɛrɐ(ː)ntɐ(ːn) jɛrɐːtl pɛ·kɐ·(ː)t　（D005.TextGrid）

odo bide sig inggiged eng-ün yariyan-du-ban yariɣad la baiɣad

像我们这样在日常话里总是说

此外，以单个辅音 ʃ 变体出现 5 次。例如：

xun ʧʰoˑn ʃ sɛnɜktʧɛ(ː)n　　(D005.TextGrid)

xömün čögen sig sanaɣdaǰu bain_ɑ

感觉好像人少

（二）ɛtɜl

在分析资料中，后置词 ɛtɜl 共出现 66 次，占比较后置词总数的 20.6%。

1. 后置词 ɛtɜl 以 ɛtl，ɐtlɐ，ɛtɜl 等变体共出现 44 次。例如：

pɐkɐˑsɐˑ(n) ussn ɔrʧʰn tʰœˑrɘn ɛtl　　(D005.TextGrid)

baɣ_ɑ-eče-ban ösögsön orčin toɣorin adali

从小生长的环境是同样的

2. 词首的元音长度为 0.08—0.11 秒或者 0.11—0.20 秒的 tˑɐ tl，ɐˑdl，ɐːtl，ɛːtl 等变体共出现 22 次。例如：

ɐːpi(ː)n xu(ː) pur ɛˑtl kʊɛ　　(D005.TextGrid)

ɑbu-yin xüü bür adali ügei

每个人都不一样

（三）mɘtʰ

分析资料中，表示比较意义的后置词 mɘtʰ 仅出现 6 次。例如：

ɔtɔ(ː) nuːr pɔtltʰi(ː)n mɘtʰ u(ː)nɘˑs ɐpʧʰ tʰɐlɐ(ː)s ɐpʧ xɘlxjmpɘl　　(D027.TextGrid)

odo niɣur bodolta-yin metü egün-eče abču tal_ɑ-eče abču xelexü yum bol

如果从给面子等方面来讲的话

六、表示范围的后置词

在分析资料中，指某一个事情和动作的量和范围的后置词 xurtʰɘl，pɔltʰɘl 共出现 31 次。

（一）xurtʰɘl

后置词 xurtʰɘl 共出现 23 次。

1. 词中的 x，r 以多种变体出现的 χuɻtʰlɛˑ，χuɻtˑɛˑ，xurtʰl，χuɻtʰl，xuɻtʰl，χɔɻtʰl 等变体共出现 15 次。例如：

nɘˑk ɛˑlɐˑs n nokoˑ ɛːlt xurtʰl　　(D007.TextGrid)

nige ail-eče ni nögöge ail-du xürtel_e

从一家到另一家

2. 词首音节的元音脱落的 χˑɻtʰˑl，xˑɻtˑɻ，xˑɻtʰɘl，χˑɻtʰɘl，xrtʰl 等变体共出现 8 次。例如：

ɔtɔː xrtʰl toʧʰi(n) xɘtn nɛːr x(o)tʰlʧʰlɘˑ　　(D012.TextGrid)

odo xürtel_e döčin xedün nair xötölčixel_e

直到现在已经主持了 40 多场宴会

（二）pɔltʰəl

后置词 pɔltʰəl 在分析资料中仅出现 8 次，并且以 βltʰl，ɸltʰəl，bɔˑltʰl，βɔltʰl 等变体共出现 7 次，词首辅音脱落的 ɔˑltʰ 形式出现 1 次。例如：

tʰəkə(ː)t əː(-)ti(ː) pltʰl ʃi(ː)tprlə(ː)kuə　　（D010.TextGrid）

tegeged edüi boltal_a siidbürilege ügei

直到现在还没解决

七、表示数量的后置词

在分析资料中，表示某一个事情和动作在数量上相同和相似的后置词 iluː，kɐriː，ʃɐxɛm，ɔrtʃʰim 等共出现 142 次。

（一）iluː

后置词 iluː 在资料中共出现 104 次，占数量后置词总数的 73.2%。

1. 词首元音长度小于 0.08 秒的共出现 53 次，占 iluː 总数的 51.0%。出现了 ilu，iluˑ，iluː 等变体。例如：

ɔˑtɔ(ː) xɐmkiː iluˑ xɐɛrɜllɐ(ː)　　（D001.TextGrid）

odo χamuɣ-un ilegüü χairalal_a

就是最疼爱了

2. 词首元音在 0.08—0.11 秒的 iˑlu，iˑluˑ，iˑluː 等变体共出现 33 次。例如：

kʊtʃʰ iˑluˑ pɛ(ː)xʊ　　（D025.TextGrid）

ɣuči ilegüü baiχu

有三十多

3. 词首元音在 0.11—0.20 秒的 iːlu，iːluˑ，iːluː 等变体共出现 17 次。例如：

kʊtʃʰ tʊtʃʰn kɐtʃɜr p(ɛ)xkue，ju(ː) iːluˑ pɐˑ　　（D025.TextGrid）

ɣuči döčin ɣaǰar baiχu ügei，yaɣu ilegüü ba

没有三四十里路，多了吧

除此之外，jiluˑ 变体出现 1 次。

4. 根据第二音节的元音长度归纳：元音长度小于 0.08 秒的共出现 37 次，占 35.6%。元音长度在 0.08—0.11 秒的共出现 42 次，占 40.4%。元音长度在 0.11—0.20 秒的共出现 25 次，占总数的 24.0%。

（二）kɐriː

后置词 kɐriː 共出现 15 次。第二音节的元音小于 0.08 秒的 kɐrɜ，kɐri 等变体出现 3 次。第二音节的元音长度在 0.08—0.11 秒的 ɣɐrɜɣ，kɐrɛˑ，ɣɐrɛˑ，

keri· 等变体共出现 7 次。第二音节的元音长度在 0.11—0.20 秒的 kɐ·rɛ:, kɐrɛ: 变体各出现 1 次。把后元音发音成复合元音的变体也出现 3 次。例如：

ʧuːn ʧɛ·r <u>kɐrɛ·</u> tʰəmə: xɔtʰkeri: əŋkə(:) xɔ·tʰəlʧtʰl　（D007.TextGrid）

jaɣun jira ɣarui temege χotoɣur-i inggiged χotoljatal_a

一百六十多头骆驼把这个分地

（三）ʃɐxɛm

后置词 ʃɐxɛm，在口语语料中第一音节或者第二音节的元音脱落的 ʃxɛm，ʃɐxm，ʃɐxm 变体各出现 1 次。例如：

nə:(-)k xœr <u>ʃɐxm</u> pɛ·nɐ·　（D010.TextGrid）

nige χori siχam bain_a

差不多有二十多个

（四）ɔrʧʰim

后置词 ɔrʧʰim 仅出现 2 次。例如：

tɔlɔ(:)m mɛŋk <u>ɔrʧʰm</u> pɐ(:)　（D013.TextGrid）

doloɣan mingɣ_a orčim ba

差不多七千多个吧

八、表示概括的后置词

在分析语料中，表示某一个事物的概括意义的后置词 pɔlkən，ʧərək，pur 等共出现 61 次。

（一）pɔlkən

后置词 pɔlkən 在语料中共出现 33 次，占概括后置词的 54.1%。

1. 以 bɔlɣən，bɔlkən，βɔlɣən，bɔlɣəm，pɔlɣən，pɔlkən，βɔlɣən，βɔ·lɣən，bɔlɣn，bɔlkn，pɔlɣn，bɔlɣŋ，βɔlɣn 等多种变体共出现 29 次。例如：

xum <u>pɔlkn</u> unən jum ɔlʧ uʧʧ ti:lx kuə　（D022.TextGrid）

xömün bolɣan ünen yaɣum_a olju üjejü deilxü ügei

所有人看不到真实的东西

2. 词末辅音 n 脱落的 pɔlɣɐ，βɔlɣɐ，βɔlɣ，pɔlɣ 等变体共出现 4 次。例如：

ən ʧi·l <u>pɔlkɐ</u> ono(:) nə(k) ʃɛlkɜltʰ　（D020.TextGrid）

ene jil bolɣan önö nige silɣalta

每年的那一个考试

（二）ʧərək

后置词 ʧərək 共出现 25 次，占概括后置词的 41.0%。词中的 ʧ，r，k 等辅音的多种变体以及词首元音脱落等原因出现了 ʧərəɣ，ʤɐrəɣ，ʤɐrɐɣ，xɛrɐʤ，ʧɐrək，ʧərək，tsɐrək，ʤɐrk，ʧərk，ʧɐ·lk，ʧɐ·lx，ʧɐrɣ，ʧɐrɣ，ʧɐrlɣ，tsɐrɣ， ʤɹk，ʧɾɣ，ʧɹ̩k，ʧə̣ɹ̩ 等多种变体。例如：

　　ɔlə(n) ʊlsi(ːn) ɐɾɛːʧʊˑ ʤɹ̩k kɐʧr　(D022.TextGrid)

　　olan ulus-un radio jerge ɣaĵar

　　国际电台等地

（三）pur

后置词 pur 以 βorɨ，buɹi 等变体出现了 3 次。例如：

　　ʊlɜrl puɹiˑt ʃ(i)tə(ː) (ɔ)tɔ(ː) pɐɹɜk ʃin xɔpʧʰs ɐpʧʰ kʊ(ɛ)　(D029.TextGrid)

　　ulaɾil büri-dü side odo baruɣ sin_e χubčasu abču ügei

　　每个季节都好像不买衣服

九、表示对象的后置词

　　在分析语料中，表示提示意义的后置词 tʰʊxɐi 共出现 107 次。

　　（一）第二音节的元音长度小于 0.08 秒的 tʰʊxɛ，tʊxɛ，dʊxɛ，tʰʊxɛ，tʰɔxœ，tɔxœ 等变体共出现 31 次。元音长度在 0.08—0.11 秒的 tʰʊxɛˑ，tʊxɜˑ 等变体共出现 12 次。元音长度在 0.11—0.20 秒的 tʰʊxɛː，tʰʊxɛː，dʊxɛː 等变体共出现 11 次。词末不带元音的 tʰʊx 变体出现了 1 次。例如：

　　tʰ(ə)kpəl ʧʰi(ː) ən tʰʊxɛ(ː)tʰɛˑ　mɐnʊ(ː)snt tʰɜnɜlʧʰʊ(ː)lmɐ(ː)r ju(ː) pɛ(ː)n (D017.TextGrid)

　　tegebel či ene tuχai-tai manus-tu tanilčaɣulumar yaɣu bain_a

　　那你关于这方面有什么介绍的吗

　　（二）词末元音以复合元音形式的 dɔxɔi，tʊxɐi，tʰɔxɐi，tʊxɐi，tʰɔxɐi，tʰʊxɐi，tʰɔxɔi 等变体共出现 8 次。例如：

　　ən tʰʊxɐitɐ (ːn) pɔl ɔtɔ(ː) jorən xɐˑn x(o)nʧʰ kəsn tʰɔtʰrɔ(ː)m pur pɔtl tʰɛ(ː) (D018.TextGrid)

　　ene tuχai-du-ban bol odo yerü ni xen xömün čü gesen dotor_a-ban bür bodol-tai

　　关于这方面每个人心里都有自己的想法

　　（三）词首音节元音脱落的 tʰxɛ，tʰxɜˑ，tʰxɛː，tʰxɐi，tʰxœː，tʰxɔː，tʰxɔˑ 等变体共出现 44 次。例如：

　　pi(ː) oːri(ːn)xo(ːn) xɔp pəji(ːn)xə(ː)n tʰxɛ nək xət jɛˑrjɐ　(D015.TextGrid)

　　bi öber-ün-iyen χubi bey_e-yin-iyen tuχai nige xedü yariy_a

　　关于我自己说几句吧

十、表示递进关系的后置词

　　在分析语料中，表示递进关系的后置词 tʊtʰəm 共出现 7 次。以 tɔtʰəm，

tɔtʰm，tʰʊsm，tʰtʰɵm，ttʰɵm 等变体出现。例如：

pɔtx tʰʊsmɐ(:)n pi(:) pɐs mɔŋklʧʰʊ(:)t pɔlʧɛ(:n) ʃʊː kɵʧ pɔtʧɛ(:)nɐ˙ (D027. TextGrid)

bodoχu tutum-iyan bi basa mongγolčud bolǰu bain_a siu geǰü bodoǰu bain_a

越想越认为蒙古族还可以的

十一、小结

分析资料中出现了方位后置词、时间后置词、目的后置词、原因后置词、比较后置词、范围后置词、数量后置词、概括后置词、表示对象的后置词和递进后置词等后置词。

（一）方位后置词出现了 tʰɵl，ʧɵx，且 tʰɵl 占总数的 94.5%。该两个词分别以 tʰɵl，tʰl 和 ʧɵx，ʧx 等主要形式出现。

（二）目的后置词 tʰolo: 共出现了 17 次，由于其第二音节的元音音长小于 0.08 秒的有 12 次，所以相近于词首音节的短元音的音长。

（三）原因后置词出现了 ʊʧʰreːs，pɔlxɔːr，tʰʊl，tʰʊlt 等。其中使用最为广泛的是 pɔlxɔːr，其第二音节的元音音长小于 0.08 秒的共出现了 40 次，占 pɔlxɔːr 总数的 82.0%。所以在口语中，pɔlxɔːr 一词的多数发音为第二音节元音的音长相近于词首音节的短元音的音长。

（四）比较后置词出现了 ʃik，ɛtsl，mɵtʰ 等常用词。其中，后置词 ʃik 使用最为广泛，占所有比较后置词的 77.5%。后置词 ʃik 的元音脱落的变体共出现了 74 次，占总数的 29.8%。

（五）范围后置词出现了 xurtʰɵl，pɔltʰɵl 等，且 xurtʰɵl 的词首音节的元音脱落的现象占 34.8%。

（六）数量后置词出现 iluː，kɵriː，ʃɵxɛm，ɔrʧʰim 等。其中 iluː 的使用最为广泛，占所有数量后置词的 73.2%。后置词 iluː 的第一音节的元音音长小于 0.08 秒的占总数的 51.0%，第二音节的元音音长大于 0.08 秒的多，占总数的 64.4%。后置词 kɵriː 的第二音节的元音音长在 0.08—0.11 秒的多。

（七）概括后置词出现了 pɔlkɵn，ʧɵrɵk，pur 3 个常用词，且使用最为广泛的是 pɔlkɵn，占总数的 54.1%。

（八）表示对象的后置词 tʰʊxei 的词首音节的元音弱化脱落的占 41.1%，且第二音节的元音音长小于 0.08 秒的较多，占 29.0%。

第三节　连接词

连接词是指连接词、词组和句子的一类虚词。连接词，没有具体的词汇意义，也没有形态变化，只起连接作用。连接词按其意义可以分为并列连接词、选择连接词、进层连接词、转折连接词、假定连接词、对立连接词、递进连接词、条件及原因连接词等。在 10 个小时的语料中连接词共出现 513 次，出现率不高，对立连接词、递进连接词没出现。

一、并列连接词

在语料中并列连接词 pɔlɔːt 共出现 39 次。在书面语中经常遇到的 pɛː，pɔlən，pokɔːt 等都没有出现。在分析中 pɔlɔːt 并列连接词的第二音节的元音以不同的长度出现。第二音节的元音长度小于 0.08 秒的共出现 15 次，在 0.08—0.11 秒的共出现 17 次，元音长度在 0.11—0.20 秒的出现 7 次。例如：

oːriːn tʊr pɛ·x <u>pɔlɔːt</u> ʧʰɛrmɛ·ltʰ pɛ·x xərəktʰe· kəʧ pɔttɛk　（D001.TextGrid）
öber-ün dur_a baχ_a boloɣad čirmailta baiχu xeregtei geǰü bododaɣ
总觉得应该有自己的兴趣和努力

二、选择连接词

在分析语料中，表示选择意义的连接词 əskuːl，nək n…nək n，nək n…nokoːnək n 等共出现 72 次。例如：

（一）əskuːl

选择连接词 əskuːl 以 əskul，əskuˑl，əˑskul 等变体共出现 62 次，əskuepəl，ukuesl 等形式各出现 2 次。例如：

nək xɔʃʊ: nɛːtɜm imʊ(ː) <u>əskul</u> nək sʊmnɛ: nɛ·tɜm　（D007.TextGrid）
nige χosiɣu naɣadum yum uu esegül_e nige somon-u naɣadum
是县级那达慕还是苏木级的那达慕

（二）nək n…nək n

在分析语料中表示选择意义的连接词 nək n…nək n，nək n…nokoːnək n 等形式共出现 6 次。例如：

<u>nək n</u> mɛnɛ: ɛmtrl sɛnnœ(ː) xəplktsn ɛ·(-)rpn ʧili(ːn) ɔi, <u>noko(ː) nək n</u> ɔtɔ(ː)
ʊ·ls pɛ(ː)kʊ(ː)lktsn ʧɛrin　ʧili(ːn) ɔi　（D010.TextGrid）
nige ni man-u amidural sonin-u xeblegdegsen arban ǰil-ün oi, nögöge nige
ni odo ulus baiɣuluɣdaɣsan ǰiran ǰil-ün oi

一是我们的生活报纸发行的十周年，另一个是建国六十周年

tʰər ujt <u>nəkə n</u> oːroˑn ʧʰɛrmɛ(ː)n, <u>nəkə n</u> ɔtɔ(ː) ən tʰər uji(ː)m pexʃ nɐr pɔl ɐˈlɜˑptn (D001.TextGrid)

tere üy_e-dü nige ni öber-iyen čirmain_a, nige ni odo ene tere üy_e-yin baγsi nar bol albadan_a

那时一是自己要努力，另一个是当时的老师们不断地要求学习

三、进层连接词

在分析语料中，表示进层意义的连接词 mortʰoːn, pɐrɜxkue 共出现 13 次。

（一）mortʰoːn

进层连接词 mortʰoːn 共出现 10 次。以 mɹ̩tʰə, mrtʰɘ:, mɹ̩tʰən, muɹtʰən, muɹ̩tʰɘˑn, moɹtʰoːn, mortʰə, moɹtə, muɹtʰə 等多种变体出现。例如：

noxʧʰltʰe(ː) xun ʧʰo(ː)xm <u>mortʰn</u> unən noxʧʰltʰeː xuˑn　　(D012.TextGrid)

nöxöčel-tei xömün čögen mörtegen ünen nöxöčel-tei xömün

有条件的人少并且真正有条件的人

（二）pɐrɜxkue

进层连接词 pɐrɜxkue 共出现 3 次。例如：

xɛtʰtiː xœlɔːt jɛrxɐ(ː)r <u>pɐrxkuɛ</u> ʧɛrɜm ujt əŋkə(ː)t　　(D008.TextGrid)

χitad-i χoliγad yariχu-bar baraχu ügei ǰarim üy_e-dü inggiged

蒙汉混合说并且有时

四、转折连接词

在分析语料中，表示转折意义的连接词 xɛrin, kəjɘ:, kəβʧʰ, kətʰəl, xɘtiːkɘ:r 等共出现 292 次。

（一）xɛrin

转折意义的连接词 xɛrin 共出现 175 次。它以多种变体出现：词中 x 辅音受前后语音的影响出现了[χ]等浊擦音变体；r 辅音有[r]，[ɹ]，[ɾ]，[ɻ]等变体；词末辅音 n 受到后接辅音的影响发音成[m]，[ŋ]等。

1. 词首音节和第二音节的元音长度均小于 0.08 秒的 xɛrin 形式的变体有 xɛrɜn, xɛrɜm, xɛrim, xɛɹin, xɛrɐn, xɛrin, xɛrɜn, xɛrɜn, xɛrɜŋ, xɛɾŋ, χɛrim, χɛrɜŋ, χɛrin, χɛrim, χɛriŋ, χɛrɜn, χɛrin, χɛrin 等共出现 80 次，占 xɛrin 形式总数的 45.7%。例如：

tʰər tɐrɛ(ː)xn ɐpssn kuɛ iŋ <u>xɛrɜn</u> ɔtɔ(ː) nɐʃ ʧʰɐːʃ n xərək kue　　(D013. TextGrid)

tere daruiχan abuγsan ügei yum χarin odo naγasi čaγasi ni xereg ügei

当时没拿的东西现在来来回回也没用

2. 词首音节的元音长度小于 0.08 秒，第二音节的元音脱落的 xɛɹn，xɛɹn，xɛrn，xɛrn，xɛɹn，ҳɛɹm，ҳɛrn，ҳɛɹn，ҳɛɹm 等变体共出现 28 次。例如：

xɛrn tʰəkpəl nək ɔ·lʧtʰɛ(ː) pɛ(ː)xmu(ː) （D002.TextGrid）

ҳarin tegebel nige olǰa-tai baiҳu yum uu

那样的话有利益吗

3. 词首音节的元音长度在 0.08—0.11 秒的共出现 32 次。再以第二音节的元音长度分类：

第二音节的元音长度小于 0.08 秒的 xɛɹin，ҳɛɹɜx，xɛɹ·ɜn，ҳɛ·rɜx，xɛ·rɜn，xɛ·rɜm 等变体共出现 9 次。例如：

xɛ·rɜn pi· sɔ·nsɔ(ː)t ɛ(ː)mɐ(ː)r pi· iˑrsəm pɔl ɔ·rʧtʰkim pɔlʊ· kə(·ːt) pɔtsɨ ʃ(i) tʰ(ə·) （D020.TextGrid）

ҳarin bi sonosuɣad ayumar bi iregsen bol oročiҳadaɣ yum bol uu ged bodoɣsan side

我听到后在想，如果我来参加考试可能上了

第二音节的元音长度在 0.08—0.11 秒的 xɛ·ɹiˑn，ҳɜ·ɹɜx，xɛ·rɜŋ，ҳɛ·rˑiˑn，ҳɛ·riˑn，ҳɛ·rɛˑn，xɜ·rɜx 等变体共出现 13 次。例如：

xɛ·riˑn ʃ(i)tə(ː), pɛːri(ːn) ɐsɜr n ɛːmɐ(ː)r xɔlɔ· （D021.TextGrid）

ҳarin side, bairi-yin asar ni ayumar ҳola

是啊，宿舍楼太远了

第二音节的元音长度在 0.11—0.20 秒的 xɛ·riˑn，xɛ·riˑm，xɛ·rɐˑm，xɛ·rɛˑŋ，xɛ·rɛˑn，ҳɛ·rɜˑn，ҳɛ·rɐˑn，ҳɜ·rɜx，ҳɛ·rɐˑn 等变体共出现 10 次。例如：

xɛ·rɐˑŋ j(ʊ)m kɔ·lɔ·t ɐmɜrkʊe pɛ(ː)nɐ(ː) （D029.TextGrid）

ҳarin yaɣum_a ɣoloɣad amar ügei bain_a

总是厌弃一切，没办法

4. 词末辅音 n 脱落的变体共出现 28 次。其中，第二音节的元音长度小于 0.08 秒的 xɛrɨ，xɛrɨ，xɛɹɨ，xɛrɜ，xɛnrɜ，xɛɹɨ，ҳɛrɜ，ҳɛrɨ，ҳɛɹɨ，ҳɛrɜ，ҳɛɹɨ 等变体共出现 15 次。第二音节的元音长度在 0.08—0.11 秒的 xɛriˑ 变体共出现 4 次。第二音节的元音长度在 0.11—0.20 秒的 xɛriˑ，xɛrɐˑ，ҳɛrɐˑ 等变体各出现一次。此外，第一音节的元音长度在 0.08—0.11 秒的 xɛ·ɹiˑ，xɛ·rɜ，xɛ·rɐˑ，ҳɛ·rɨ，ҳɛ·ɹi 等变体共出现 6 次。例如：

xɛ·rɜ ɛːmɐ(ː)r ʃɔktʰɜ(ː)·ʃʊ· （D020.TextGrid）

ҳarin ayumar šoɣtai siu

真的特别搞笑

5. 词首音节的元音脱落的 xrɛ·n，xrɜn，ҳrɛ·n，xrn 等变体各出现 1 次。

例如：

i˙m jʊm n x<u>rɜn</u> mɐnʊ(ː)stʰ ɔtɔˑ pit ʧʰə(n) ɔtɔˑ tʰ(ə)kɐ(ː)t kʊrptkɐ(ː)r ɔm pɔlɔ(ː)t　（D005.TextGrid）

eimü yaɣum_a ni χarin manus-tu odo bide čini odo tegeged ɣurbaduɣar on boloɣad

这样的东西对我们来说，我们已经 3 年级了

此外，词首的 x 辅音脱落的 ɛ˙rɜn，ɛˑrɜŋ，ɛˑrn 等变体各出现 1 次。

（二）kəjə:

在分析语料中，表示转折意义的连接词 kəjəː共出现 83 次。虽然第二音节的元音长度以不同形式出现，但是元音长度大于 0.08 秒的占绝大一部分。例如：

xiːsï(n) im timi(ː) pɛːxkʊ(ɛ) <u>kəjəːl</u> ʧukə(ː)r sʊːxkʊɛ　（D002.TextGrid）

xigsen yaɣum_a demei baiχu ügei gey_e le jüger saɣuχu ügei

做的事情没几个，但是也没能闲着

（三）kəβʧʰ

转折意义的连接词 kəβʧʰ在语料中共出现 12 次。以 kəβʧʰ，kəpʧʰ，kəβəʧʰ，kəβʧʰəˑ，kəβʧʰəː，kəˑβʧʰ，kəβʃ 等变体出现。例如：

<u>kəpʧʰ</u> ɔtɔ(ː) nɔmɔˑ sɛˑ(n) uˑʧəˑ kue　（D010.TextGrid）

gebečü odo nom-iyan sain üjege ügei

但是一点也没好好看书

（四）kətʰəl

在分析资料中，具有转折意义的连接词 kətʰəl 共出现了 12 次。以 ktʰləˑ，xtʰləˑ，ktʰl，ktʰəl，tʰl 等变体出现，并且多数有第一音节的元音脱落或第一音节脱落的情况。例如：

<u>xtʰləˑ</u> ɔtɔ(ː) xɛˑtʰɜt xəl ətni(ː) ʧʰim pur ʃinə(ː)r əxiln　（D015.TextGrid）

getel_e odo χitad xele eden-u čini bür sin_e-ber exilen_e

可是他们的汉语都要重新开始

（五）xəti:kə:r

在分析资料中，转折意义的连接词 xəti:kə:r 以 xətikər，xətipər，xətipəˑr，xəˑti˙kər 等变体共出现了 10 次。例如：

pi˙ ɔtɔˑ <u>xəˑti˙kər</u> ɐʧil ɔlxɛt xuʧʰir pɛˑkɐ(ː) pɛˑtli(ː) mətəx pɔlpɐʧʰ　（D007. TextGrid）

bi odo xedüiber ajil olχu-du xüčir baiɣ_a baidal-i medexü bolbaču

虽然我知道现在就业难

五、原因连接词

在分析材料中，ʊtʃʰir n, iːməːs, tʰiːməːs, iːm ʊtʃʰreːs, tʰiːm ʊtʃʰreːs 等原因连接词共出现了 51 次。

（一）ʊtʃʰir n

原因连接词 ʊtʃʰir n 共出现了 39 次。其中词首元音的音长在 0.08—0.11 秒的多，且辅音 r 以多种变体出现。例如：

ʊˑtʃʰir n pi(ː) nɔkɔˑ itku(ː) ʃu(ː)　(D010.TextGrid)

učir ni bi noɣoɣ_a idexü ügei siu

因为我不吃青菜

（二）iːməːs, tʰiːməːs

在分析中，连接词 iːməːs, tʰiːməːs 分别出现了 4 次。例如：

tʰiːməːs pɐk sʊrkʊ(ː)l pɔl pɛ(ː)xkʊ(ː)　(D015.TextGrid)

teimü-eče baɣ_a surɣaɣuli bol baiχu ügei

所以小学就没有了

iːməˑs pit nɐr ɔtɔ(ː) ən tʰɐlə(ː)r tʃɐ(ː)xn təˑʃluːlx xərəktʰe(ː) imuː　(D008.TextGrid)

eimü-eče bide nar odo ene tal_a-bar jiɣaχan degegsilegülxü xereg-tei yum uu

所以我们是不是应该稍微提高一下这方面

（三）iːm ʊtʃʰreːs, tʰiːm ʊtʃʰreːs

在分析中，连接词 iːm ʊtʃʰreːs, tʰiːm ʊtʃʰreːs 各出现了 2 次，共出现 4 次。例如：

tʰi(ː)m ʊtʃʰireːs ɔtɔː ən xoxxɔtʰət pɔl xəl sʊrxɐt pɔl iˑxəː kɔj toː(-)kəm (D007.TextGrid)

teimü učir-eče odo ene xöxeχota-du bol xele surχu-du bol yexe ɣoyo dögöm

所以在呼和浩特学语言特别方便

六、假定连接词

在分析资料中具有假定及条件意义的连接词 xərəβ 共出现了 46 次。

（一）在词尾带元音发音的共出现了 41 次，占全部 xərəβ 的 89.1%，表明在口语中大多数是后面带元音，以 xərβaː 形式使用。分析中，词末元音的音长小于 0.08 秒的变体 xərβɔ, xərɐx, xərmɐ, xəɾβə, xɔɾβɔ, xɐɾβɔ, xɐɾʃɐx 共出现了 19 次。词末元音音长在 0.08—0.11 秒的变体 xɐɾʃɐx·, xɐɾʃɐx·, xɐɾβɔ·, χəɹβə·共出现了 10 次。词末元音音长在 0.11—0.20 秒的变体 χəɹβε:，χəɹβə:，χəɹβəɤ，:eβʃɛx 共出现了 12 次。例如：

<u>χəɹpə·</u> mɐnɛ(:) ən kʊɾpn kɐrki(:)n tɐtlɜk pɐɾʧʰxɐ(:)t   (D017.TextGrid)

xerbe man-u ene ɣurban ɣaraɣ-un dadulɣ_a baračiχaɣad

如果我们三周的实习结束了

<u>χəɹpə·</u> mini· mərkʧli:(n) ən ɐ:(-)ʧl n ʧɛ:xɐːn ʧʰolo: ʧɐptʰɛː pɔl   (D012.TextGrid)

xerbe minu mergeǰil-ün ene aǰil ni ǰiɣaχan čilüge ǰab-tai bol

如果我这技术工作有点闲暇时间的话

（二）词尾不带元音 xəɹəβ，xəɹx，χəɹəβ 共出现了 5 次。例如：

x(ə)tu:l <u>xəɹəp</u> mɐnɛ(:) pɐːrtʧʰ k(ə)sn tʰɐmx tʰɐtʰtk yʊm pɔl   (D005.TextGrid)

xedügüle xerbe man-u bairi-du ču gesen tamaχi tatadaɣ yum bol

如果我们几个在宿舍抽烟就

七、小结

分析资料中出现了并列连接词、选择连接词、进层连接词、转折连接词、原因连接词、假定及条件连接词等连接词，共出现 513 次。与其他虚词相比，其出现频率较低。

（一）并列连接词出现了 pɔlɔ:t 一词。书面语中常使用的 pɐ:，pɔlən，pokoːt 等没有出现，意味着口语中不常用。

（二）选择连接词出现了 əsku:l，nək n···nək n，nək n···noko nək n 等，其中 əsku:l 使用广泛。

（三）进层连接词出现 mortʰo:n，pɐɾɜxkue，且连词 mortʰo:n 的第二音节的元音音长小于 0.08 秒的较多。

（四）转折连接词出现了 xɛrin，kəjə:，kəβʧʰ，kətʰəl，xəti:kəːr 等，且 xɛrin，kəjə:两个使用广泛，分别占总数的 59.9%和 28.4%。

（五）原因连接词虽然出现了 ʊʧʰir n，i:mə:s，tʰi:mə:s，i:m ʊʧʰrɐ:s，tʰi:m ʊʧʰre:s 等，其中 ʊʧʰir n 出现次数多，占总数的 76.5%。

（六）假定及条件连接词 xəɹəβ，在词尾带有元音的多，占总数的 89.1%，且元音音长小于 0.08 秒的多。

第四节 副词

副词是表示行为、状态和性质的某种特征的词。有些副词在句中不能担任独立成分，而是突显相关词的特征，并与相关词一起构成句子成分；还有些副词在句中可用作状语成分。蒙古语的有些副词具有虚词的特征，而有些副词具有实词特征。故蒙古语的副词是虚词和实词之间的一种中间性的特殊词类。副词可按其意义分为时态副词、程度副词和状态副词。在 10 个小时的语料里副词共出现了 469 次，并且未出现状态副词。

一、时态副词

在分析资料中表示行为、动作的时态特征的副词 ʧɛrim teːn，kənt^h，tɔːrɔːn，xeːjeː，xəʧəːt，urkəlʧ，sɐj，mot，nəkənt^h，imɜkt^h 等共出现了 86 次。

（一）ʧɛrim teːn

在分析资料中，表示时态意义的副词 ʧɛrim teːn 出现频率最高，共出现了 40 次，占时态副词的 46.5%，主要以 ʧɛrim te，ʧɛrim te，ʧɛrim ten，ʧɛrm teːn，ʧɛrim teː，ʧɛrim teː，ʧɛrm teːn，ʧɛrim ujt 等多种变体出现。例如：

menʊ(ː)s pɐs ʧɛrim te əŋkəʧ tʊ(ː)reːtk ʃ(i)t^{h}ə(ː)　(D011.TextGrid)
manus basa jarim-du-ban inggijü daɣuriyadaɣ side
我们有时候也会这样模仿

（二）kənt^h

在分析资料中，表示时态意义的副词 kənt^h 共出现了 22 次，主要以 kənt^h，kənt^{h}xən 2 种变体出现。例如：

kənt^{h}xən ʧ^{h}emɐˑ əˑrʧ ɔlxɔˑ(n) pɐ(ː)sɐ(ː)r　(D002.TextGrid)
genedxen čim_a-yi erijü olχu-ban baičiχaɣsaɣar
突然就找不到你了

（三）tɔːrɔːn

表示时态意义的副词 tɔːrɔːn 共出现了 4 次。以元音的音长不同或词末辅音的脱落等变体出现。例如：

t^{h}ər tɔːrɔˑ irʧ tiˑlsəŋkue　(D001.TextGrid)
tere door_a-ban irejü deilügsen ugei
没有及时到达

（四）xeːjeː

表示时态意义的副词 xeːjeː，xeːn ʧ^{h}eːn 2 种形式的元音音长不同的变体各出现了 3 次。例如：

pit xətu(ː)l xeːjeː teˑ(n) ɔtɔ(ː) xətn t^{h}i(ː)ʃə(ːn) ɔtɔ(ː) jɐpn　(D011.TextGrid)
bide xedügüle-ben χaya-du-ban odo xedün teisi-ben odo yabun_a
我们几个有时候会往不同方向走

xeːn ʧ^{h}enɜn ʧɛrim ukən ɔlɛlʧ^{h}xkʊ(ː)kɐ(ː)s kɐtn　(D011.TextGrid)
xaɣan_a čaɣan_a ni jarim üge-ben ololčaχu ügei-eče ɣadan_a
除了偶尔找不到话题

（五）urkəltʃ

分析资料中，时态副词 urkəltʃ 以 uˑrɣəltʃ，uˑɹkəltʃ，uːrɣəltʃi，uɹɣəltʃ 等不同元音音长的 4 种变体各出现 1 次。例如：

xətəm pɛ(ː)r urkəltʃ nəptʰrəˑt　　（D021.TextGrid）

xedün bairi ürgülji nebtereged

几个宿舍的经常来往

（六）xətʃəːt

在分析资料中，时态副词 xətʃəːt 以 xtʃəˑt，χətʃətʃ 等变体共出现了 3 次。例如：

xətʃə(ː)tə(ː)n xotʰət ɛmtɜriˑl kəːtl　　（D012.TextGrid）

xejiyede-ben χota-du amiduray_a la ged le

想着一直生活在城市

（七）sɐj

在分析资料中，时态副词 sɐj 共出现了 2 次。例如：

sɐjl sɔnstʃɛ(ː)n　　（D029.TextGrid）

sayi la sonosču bain_a

刚听说

（八）mot

在分析材料中，时态副词 mot 共出现了 2 次。例如：

pi(ː) tʰər tʃɛmi(ː) n muːt xəltʃ ukjə(ː)　　（D002.TextGrid）

bi tere jam-i ni möddö xeleyü öggöy_e

那条路我待会指给你

（九）nəkəntʰ

在分析资料中，时态副词 nəkəntʰ 出现的少，以词首音节的元音脱落的 nɣntʰ 和词尾带有元音且元音音长在 0.11—0.20 秒的 nəɣntʰeː 等变体各出现了 1 次。

nəkntʰeː (ɔ)tə(ː) kʊrpn tʃiliˑ ɔŋkərəˑkəˑt　　（D018.TextGrid）

nigente odo ɣurban jil-i önggeregeged

已经过去三年了

（十）imɜktʰ

在分析资料中副词 imɜktʰ 只出现了 1 次。例如：

ɔtɔː tʃʰɐk iˑmɜktʰ ɔtɔː pəjəˑn təːʃlʊˑlx　　（D001.TextGrid）

odo čaɣ imaɣta odo bey_e-ben degegsilegülxü

时刻提高自己

二、程度副词

说明动作、行为和特征的程度副词以 nələːt，meʃ，təmiː，ʊlɛm，nəŋ，pɛːʁɜn，tʰʊŋ，ʊʧʰirkue 等共出现了 383 次，占所有副词的 81.7%。

（一）nələːt

副词 nələːt 在资料中共出现了 151 次，占程度副词的 39.4%，并出现好几种发音方式。词首的辅音 n 被发音成[m]的情况出现了 46 次，并且词首音节的元音出现[ə], [i]两种。还有发音时词尾辅音 t 脱落的情况共有 81 次。该词在不同方言区的人发音有所不同，有独特发音的特色。

1. 第二音节的元音音长小于 0.08 秒的 nələn，nələm，mələn，mələm，nilən，milən，milərŋ，mələ，nələ，nilə，milə，mələt，nələt，nələd，nilət 等变体共出现了 67 次。例如：

əː(-)n pɔl mələ xunt nɔʧʰtʰɛ(ː)　　(D010.TextGrid)

ene bol neliyed xündü nočitai

这是非常严重的

2. 第二音节的元音音长在 0.08—0.11 秒的 nələˑn, mələˑn, nilərˑn, milərˑn, məˑlərˑn, nəˑlərˑm, nəˑlərˑn, nilərˑt, niˑlərˑt, nələˑt, nələˑd, nələˑtʰ, məljət, nəˑlərˑt, mələˑ, nələˑ, niltərˑ, milərˑ, niˑlərˑm, nəˑlərˑt 等变体共出现了 57 次。例如：

tʰənt xurxət nələˑt ʧʰɐk ju(ː) kərt　　(D011.TextGrid)

tende xürxü-dü neliyed čaɣ yaɣu ged

到那里时间比较什么

3. 第二音节的元音音长在 0.11—0.20 秒的 mələːn, nələːn, mələːrŋ, mələː, milərː, nələː, nələːt 等变体共出现了 24 次。例如：

ʧɐrim ʧɐrim mərkʧil ən tʰər pɔl mələː ontər tʰopʃnt xurʧʰ　　(D010.TextGrid)

ǰarim ǰarim mergeǰil ene tere bol neliyed öndör tübsin-dü xürčei

有些技术已经达到了非常高的水准

也有词首元音脱落的 nlət，nlərˑt，nləːt 等变体分别出现了 1 次。

（二）meʃ

分析资料中副词 meʃ 共出现了 76 次，以 mʃ，meʃ，nɐʃ，mɐs，meʃiː，mɐˑʃ，meˑʃ 等变体出现，其中，元音脱落的变体出现次数较少。例如：

nɛːmn sɐˑrt meʃ kɔj ʧʊkɐ(ː)tʰn tʰœːrɔːt　　(D018.TextGrid)

naiman sar_a-du masi ɣoǰo ǰuɣačan toɣuriɣad

在 8 月非常愉快地游玩

（三）təmiː

分析资料中副词 təmiː 共出现了 73 次。将其按后置元音的音长分类：

后置元音的音长小于 0.08 秒的共出现了 48 次，占总数的 65.8%。后置元音的音长在 0.08—0.11 秒的共出现了 15 次，后置元音的音长在 0.11—0.20 秒的共出现了 10 次。例如：

tʰəri: tǝmi xɐmɐˑrsɜŋkʊɛ　(D001.TextGrid)

tere-yi demei χamiyaruɣsan ügei

没怎么管他

（四）ʊlɜm

在资料中具有程度意义的 ʊlɜm 共出现了 31 次。

1. 词首元音的音长小于 0.08 秒的 ɔlm，ʊlɐm 变体和元音的音长在 0.08—0.11 秒的 ʊˑlm，ʊˑlɜm 变体分别出现了 8 次。例如：

pɛːr ʊˑlɜm tɔˑtʰnʊˑ ʊlɜm sɛːxɜn sɛnɜktɐ(ː)tɐˑxmɐˑ　(D002.TextGrid)

bairi ulam dotono ulam saiχan sanaɣdaɣad baiχu yum e

感觉宿舍越来越亲切，越来越美好了

2. 词首元音的音长在 0.11—0.20 秒的 ʊːlɜm，ʊːlm 变体共出现了 15 次。例如：

œːlxkoˑ, pi(ː) ʊːlǝm ʧɔpɔˑt　(D021.TextGrid)

oilaɣaχu ügei, bi ulam jobaɣad

不理解，我更难过

（五）nəŋ

在资料中表示程度的副词 nəŋ 共出现了 18 次。

1. 副词 nəŋ 以 nəŋ，nɐˑŋ，nən 等不同变体共出现了 11 次。例如：

ɛːmɐ(ː)r xəʧʰu(ː) ʃ(i)tʰ(əː)，nɐr n nəŋ x(ə)ʧʰu(ː)　(D012.TextGrid)

ayumar xečegüü side, ner_e ni neng xečegüü

非常厉害，名声更不好

2. 词尾辅音 ŋ 脱落的 nə，nɐˑ 变体共出现了 4 次。例如：

pɐjlɜk pɔlkʧ ʧʰɛtpɜl nɐˑ (ŋ) sɛ(ː)n　(D018.TextGrid)

bayaliɣ bolɣaju čidabal neng sain

要是能变丰富就更好

3. 词首的 n 发音成[k]的 kəˑŋ，kəŋ 变体共出现了 3 次。例如：

ɔː(-)rʧ uʧsnkoˑ, kəˑŋ xɛtʰt xɔːlɜŋ kər ɐˑpɜxn ɐrɜkkui　(D002.TextGrid)

oroju üjegsen ügei, geng χitad χoɣolan ger abχu-yin arɣ_a ügei

没进过，中餐厅更是没法说

（六）pɐːxɜn

表示程度的副词 pɐːxɜn 在资料中共出现了 18 次，其第一音节的元音音长不同。例如：

tʰər nək pɐˑxɜn nɔm sœnn ʧ(ɛ)xɐˑlʧɛ(ː)n　　(D010.TextGrid)

tere nige baɣaχan nom sonin jaχiyalaǰu bain_a

他订阅了一些报纸书刊

（七）tʊŋ

表示程度的副词 tʊŋ 在资料中出现了 1 次。例如：

xələxt pɔl tʰɔŋ ɐmɜrxɐn　　(D001.TextGrid)

xelexü-dü bol tung amarχan

说起来是真简单

（八）ʊʧʰirkue

在资料中用 ʊʧʰirkue 来表示事物特征的显著化，共出现 15 次。例如：

əkʧʰ mɐnɛ(ː) xɔjri(ː) ɔtɔː ʊʧʰrkʊ (ː) xɔl jɐpʊ(ː)lx tʊrkʊ(ː) ʃ(i)tʰə(ː)　　(D012.TextGrid)

egeči man-u χoyar-i odo učir ügei χola yabuɣulχu dur_a ügei

不喜欢姐姐我俩远走

三、小结

副词分为时态副词、程度副词和状态副词，但是在此分析中未出现状态副词。在 10 个小时的资料分析里副词共出现 469 次，意味着在口语中副词的使用率并不高。

（一）时态副词出现了 ʧɐrim teːn，kɜntʰ，tɔːrɔːn，xeːjeː，xəʧəːt，urkəlʧ，sɐj，mot，nəkəntʰ，imɜktʰ 等，其中 ʧɐrim teːn，kɜntʰ 使用比其他词广泛。

（二）表示程度的副词出现了 nələːt，mɐʃ，təmiː，ʊlɐm，nəŋ，pɐːxɜn，tʰʊŋ，ʊʧʰirkue 等。其中副词 nələːt 使用最为广泛且语音变化大。副词 təmiː 的后置元音的音长小于 0.08 秒的多，占总数的 65.8%。副词 mɐʃ 的频次也较高。在口语中，表达相当大程度的行为、动作或事物特征的副词有 pɐːxɜn，ʊʧʰirkue，比起书面语中的使用还是比较活跃的。

参考文献

专著

敖敏：《面向语音合成的蒙古语韵律结构研究》，远方出版社 2015 年版。

白音朝克图：《方言学》，内蒙古人民出版社 2007 年版。

白音门德：《巴林土语研究》，内蒙古人民出版社 1997 年版。

白音门德：《蒙古语实验语音学研究》，内蒙古人民出版社 2014 年版。

鲍怀翘、林茂灿：《实验语音学概要》，北京大学出版社 2014 年版。

宝玉柱、孟和宝音：《现代蒙古语正蓝旗土语音系研究》，民族出版社 2011 年版。

包桂兰：《蒙古语标准音协同发音研究》，内蒙古人民出版社 2016 年版。

卜·图力更等：《现代蒙古语研究概论》，内蒙古人民出版社 1988 年版。

曹剑芬：《现代语音学基础知识》，人民教育出版社 1990 年版。

曹剑芬：《现代语音研究与探索》，商务印书馆 2007 年版。

道布：《蒙古语简志》，民族出版社 1983 年版。

达·巴特尔：《蒙古语自然口语料汇编》，内蒙古人民出版社 2017 年版。

冯志伟：《计算语言学》，商务印书馆 2001 年版。

符拉基米尔佐夫：《蒙古书面语与喀尔喀方言比较语法》，陈伟、陈鹏译，青海人民出版社 1988 年版。

嘎日迪：《现代蒙古语》，内蒙古教育出版社 2001 年版。

哈斯额尔敦等：《现代蒙古语》，内蒙古教育出版社 1996 年版。

哈斯额尔敦等：《蒙古语口语语法》，内蒙古人民出版社 2006 年版。

哈斯其木格：《基于动态腭位图谱的蒙古语辅音研究》，中国社会科学出版社 2013 年版。

呼和、确精扎布：《蒙古语语音声学分析》，内蒙古大学出版社 1999 年版。

呼和：《蒙古语语音实验研究》，辽宁民族出版社 2009 年版。

黄昌宁、李涓子：《语料库语言学》，商务印书馆 2002 年版。

孔江平：《实验语音学基础教程》，北京大学出版社 2015 年版。

林涛、王理嘉：《语音学教程》，北京大学出版社 2013 年版。

蒙古语标准音水平测试大纲编写组：《蒙古语标准音水平测试大纲》（修订

本），内蒙古人民出版社 2009 年版。

那顺柏等：《现代蒙古语》，内蒙古教育出版社 1982 年版。

内蒙古大学蒙古学学院蒙古语文研究所：《现代蒙古语》，内蒙古人民出版社 2005 年版。

内蒙古大学蒙古学研究院蒙古语文研究所：《蒙汉词典》（修订本），内蒙古大学出版社 1999 年版。

诺尔金：《标准音——察哈尔土语》，内蒙古人民出版社 1998 年版。

清格尔泰：《蒙古语语法》，内蒙古人民出版社 1991 年版。

清格尔泰：《现代蒙古语语法》（修订版），内蒙古人民出版社 1999 年版。

确精扎布：《蒙语语法研究》，内蒙古大学出版社 1989 年版。

舍·罗布苍旺丹：《现代蒙古语》，内蒙古人民出版社 1982 年版。

石峰：《实验音系学探索》，北京大学出版社 2009 年版。

图力古尔等：《现代蒙古语》，辽宁民族出版社 2006 年版。

图门吉日嘎拉：《现代蒙古语》，内蒙古大学出版社 2009 年版。

图雅：《卫拉特方言元音的实验语音学研究》，内蒙古人民出版社 2008 年版。

乌良合台·呼日勒巴特尔：《现代蒙古语标准音》，内蒙古大学出版社 2007 年版。

玉荣：《蒙古语口语语法》，内蒙古人民出版社 2013 年版。

朱晓农：《语音学》，商务印书馆 2010 年版。

Anastasia Mukhanova karlsson，Rhythm and Intonation in Halh Mongolian, Printed in Sweden Student litteratur Lund，2005.

Jan-Olof Svantesson, Anna Tsendina, Anastasia Karlsson, and Vivan Franzen. The Phonology of Mongolian, OXFORD university press，2005.

Kikuo Maekawa and Hideaki Kikuchi，Corpus-based analysis of vowel devoicing in spontaneous Japanese：an interim report, *Voicing in Japanese*，Edited by Jeroen van de Weijer Kensuke Nanjo Tetsuo Nishihara, Mouton de Gruyter Berlin NewYork, 2005.

服部四郎：『蒙古語チャハル方言の音韻体系』，『アルタイ諸言語の研究Ⅱ』319–372，三省堂，1951 年。

日野資純：『母音の無声化有声化の実態と諸条件』，『静岡大学人文学部人文科学研究報告』，人文論集，N17，1966 年。

前川喜久雄：『母音の無声化』，『日本語と日本語教育』，第 2 巻，杉籐美代子編集，明治書平成元年。

城生伯太郎：『チャハル方言の母音分析』，『実験音声学研究』，勉誠社，1997 年。

杉籐美代子：『母音の無声化＿東京と大阪の場合＿』，『日本の 8 都市にお
　　ける母音の無声化』，『日本語の音日本語音声の研究 3』，杉籐美代子
　　編集，和泉書院，1996 年。

国立国語研究所報告書：『日本語話し言葉コーパスの構築法』，2004 年。

UETA Naoki：『モンゴル語の母音』，京都大学学术出版社，2019 年。

论文

阿·套格套：《蒙古语向位格附加成分的分析》，《蒙古语言文学》1987 年第
　　3 期。

巴图孟和：《现代蒙古语格范畴的有些问题》，《蒙古语文》1993 年第 7 期。

白音朝克图：《现代蒙古语标准音语音系统》，《内蒙古大学学报》（蒙文版）
　　1978 年第 3 期。

白音门德：《巴林、察哈尔、科尔沁土语的依附元音与其 ə 化问题》，《内蒙
　　古大学学报》（蒙文版）1993 年第 1 期。

布和吉日嘎拉：《蒙古语的语音省略问题》，《蒙古语文》1956 年总第 9 期。

鲍怀翘、吕士楠：《蒙古语察哈尔话元音松紧的声学分析》，《民族语文》1992
　　年第 1 期。

宝玉柱、孟和宝音：《现代蒙古语正蓝旗土语音节研究》，《中央民族大学学
　　报》（哲学社会科学版）2008 年第 5 期。

宝玉柱、孟和宝音：《现代蒙古语正蓝旗土语弱元音研究》，《大连民族学院
　　学报》2008 年第 8 期。

宝玉柱：《蒙古语正蓝旗土语元音和谐律研究》，《语言研究》2009 年第 3 期。

宝玉柱：《蒙古语词首元音前化与辅音腭化》，《民族语文》2011 年第 4 期。

包桂兰：《基于 EPG 的蒙古语语音研究》，《内蒙古大学学报》（人文社会科
　　学版）2010 年第 3 期。

包桂兰等：《基于 EPG 的蒙古语辅音发音部位研究》，《民族语文》2010 年
　　第 3 期。

包桂兰、呼和：《蒙古语标准音辅音组合的协同发音研究》，《中文信息学报》
　　2011 年第 4 期。

冯志伟：《中国语料库研究的历史与现状》，《汉语语言与计算机学报》2002
　　年第 1 期。

道布：《蒙古语口语中的词首辅音弱化现象》，《民族语文》1981 年第 1 期。

额尔敦其木格：《现代蒙古语弱短元音的有些问题》，《内蒙古社会科学》（蒙
　　文版）1988 年第 2 期。

哈斯：《蒙古语语料库语言资源管理平台的设计与实现》，《内蒙古师范大学

学报》（自然科学版）2008 年第 6 期。

哈斯巴根：《格范畴的地位》，《蒙古语文》1987 年第 1 期。

哈斯巴根：《关于蒙古语非第一音节元音弱化和脱落过程中的ə化现象》，《内蒙古大学学报》（人文社会科学版）2000 年第 5 期。

哈斯其木格：《蒙古语的复辅音问题》，《民族语文》2006 年第 3 期。

哈斯其木格：《基于 EPG 的蒙古语/r/辅音研究》，《南京师范大学文学院学报》2006 年第 12 期。

哈斯其木格：《蒙古语擦哈尔土语的前送气辅音》，《民族语文》2009 年第 1 期。

哈斯其木格、呼和：《蒙古语边音/l/的声学和生理研究》，《民族语文》2012 年第 2 期。

哈斯其木格：《蒙古语词内元音音长分布模式》，《民族语文》2015 年第 4 期。

哈斯其木格：《关于蒙古语阳性/ɪ/元音》，《蒙古语文》，2019 年第 12 期。

呼和：《蒙古语/r/辅音的声学分析》，《内蒙古大学学报》（人文社会科学版）1996 年第 6 期。

呼和、曹道巴特尔：《蒙古语察哈尔土语词末弱短元音的声学分析》，《内蒙古大学学报》（蒙文版）1996 年第 3 期。

呼和、确精扎布：《关于察哈尔土语双音节词第二音节短元音》，《内蒙古大学学报》（蒙文版）1996 年第 1 期。

呼和：《关于蒙古语长元音》，《内蒙古大学学报》（蒙文版）1997 年第 3 期。

呼和：《关于蒙古语塞音和擦音的音长》，《语言与翻译》1999 年第 4 期。

呼和等：《关于蒙古语语音学参数数据库》，《内蒙古大学学报》（人文社会科学版）1997 年第 5 期。

呼和：《关于蒙古语的音节问题》，《民族语文》1998 年第 4 期。

呼和：《蒙古语语音组合问题》，《民族语文》1999 年第 4 期。

呼和：《蒙古语辅音腭化问题研究》，《民族语文》2005 年第 2 期。

呼和：《基于 EPG 的蒙古语塞音、塞擦音研究》，《内蒙古大学学报》（人文社会科学版）2005 年第 5 期。

华沙宝：《现代蒙古语数据库》，《内蒙古大学学报》（蒙文版）1992 年第 2 期。

华沙宝：《关于蒙古语语料库建设》，《中国少数民族语言信息技术与语言资源库建设学术讨论会论文集》，北京，2004 年 4 月。

华沙宝、达胡白乙拉：《对蒙古语语料库的短语标注》，《中央民族大学学报》（哲学社会科学版）2006 年第 5 期。

韩海霞：《蒙古语口语语料库语音标注的问题及解决方法》，硕士学位论文，内蒙古大学，2012 年。

吉日木图：《关于蒙古语宾格》，《蒙古语文》1983 年第 12 期。

吉仁尼格：《省略写蒙古语领格附加成分》，《蒙古语文》1986 年第 12 期。

吉日嘎拉图：《蒙古语口语语料库的标注及检索系统》，硕士学位论文，内蒙古大学，2012 年。

丽玲玲：《蒙古语标准音塞音和塞擦音的声学格局研究》，硕士学位论文，内蒙古大学，2011 年。

孟和娜日苏：《基于蒙古语口语语料库研究动词的式与态》，硕士学位论文，内蒙古大学，2014 年。

那德木德：《蒙古语察哈尔土语的辅音结合问题》，《西北民族学院学报》（哲学社会科学版）1984 年第 4 期。

那德木德：《蒙古语察哈尔土语的元音和辅音》，《民族语文》1986 年第 5 期。

诺尔金：《察哈尔土语语音结合特征》，《蒙古语言文学》1980 年第 2 期。

诺尔金：《察哈尔土语语音系统的特征》，《内蒙古师范大学学报》（蒙文版）1981 年第 1 期。

金良等：《大规模动态蒙古语语料库的创建》，内蒙古师范大学学报（自然科学蒙文版）2006 年第 1 期。

清格尔泰、新特格：《论蒙古语基本元音》，《内蒙古大学学报》（蒙文版）1959 年第 2 期。

清格尔泰：《蒙古语元音和谐律》，《内蒙古大学学报》（蒙文版）1982 年第 2 期。

清格尔泰、确精扎布：《关于蒙古语辅音》，《内蒙古大学学报》（蒙文版）1959 年第 1 期。

确精扎布：《关于蒙古语词重音—语音实验研究中间报告》，《内蒙古大学学报》（蒙文版）1993 年第 1 期。

确精扎布：《关于察哈尔土语复合元音的几个问题》，内蒙古大学学报（蒙文版）1989 年第 4 期。

确精扎布：《蒙古语察哈尔土语元音的实验语音学研究》，《民族语文》1989 年第 4 期。

斯琴：《蒙古语和同格与相关问题》，《蒙古语文》1997 年第 4 期。

森格：《形动词的数范畴的相关问题》，《内蒙古大学学报》（蒙文版）1988 年第 4 期。

山丹：《蒙古语标准音词首音节短元音声学分析》，《内蒙古大学学报》（蒙文版）2007 年第 3 期。

图雅：《基于蒙古语口语语料库的虚词研究》，硕士学位论文，内蒙古大学，2013 年。

图雅:《标准音/ɪ/元音音质的声学分析》,《内蒙古大学学报》(蒙文版)2018
　　年第 6 期。

佟文英:《基于蒙古语口语语料库分析名词语法形式》,硕士学位论文,内
　　蒙古大学,2013 年。

王伯浩:《几个大的语料库评价》,《当代语言学》1998 年第 1 期。

王显芳、杜利民:《汉语口语语料库研究的若干问题》,《电子科技导报》1999
　　年第 9 期。

王宝红:《基于蒙古语口语语料库统计分析形动词和副动词形式》,硕士学
　　位论文,内蒙古大学,2014 年。

乌力吉布仁:《蒙古语从比格的研究》,《内蒙古大学学报》(蒙文版)2001
　　年第 4 期。

乌日古木拉:《对蒙古语口语语料库进行语法标注》,硕士学位论文,内蒙
　　古大学,2012 年。

俞士汶等:《北京大学现代汉语语料库基本加工规范》,《中文信息学报》2002
　　年第 5 期。

玉荣:《关于蒙古语口语的元音和谐律》,《蒙古语言文学》2001 年第 5 期。

玉荣:《关于蒙古语口语》,《内蒙古大学学报》(蒙文版)2003 年第 5 期。

玉荣:《蒙古语口语研究概况》,《内蒙古大学学报》(蒙文版)2004 年第 5 期。

玉荣:《蒙古语超短元音》,《内蒙古大学学报》(蒙文版)2011 年第 4 期。

玉荣:《蒙古语第一音节元音的脱落与无声化》,《内蒙古大学学报》(蒙文
　　版)2011 年第 6 期。

玉荣:《基于蒙古语口语语料库分析元音长度》,《内蒙古大学学报》(蒙文
　　版)2012 年第 6 期。

赵斯琴等:《蒙古语语料库的研究与建设》,《内蒙古大学学报》(自然科学
　　版)2003 年第 5 期。

照日格图:《关于蒙古语格范畴》,《内蒙古大学学报》(蒙文版)1988 年第
　　3 期。

斉藤純男:『現代モンゴル語の弱化母音と母音調和』,『LEXICON』13:
　　57-71,1984 年。

栗林均:『モンゴル語における弱母音の発達と閉音節化現象』,『音声の研
　　究』第 22 集,209-223,1988 年。

前川喜久雄:『共通語における母音の無声化の確率について』,『言語の世
　　界』,1 巻 2 号,昭和 58 年。

吉田夏也:『音声環境が母音の無声化に与える影響について』,『国語学』
　　第 53 巻 3 号,2002 年。

致　谢

　　在这本拙著出版之际，对审看书稿提出宝贵意见的专家和帮我修改书稿的同行老师们表示真诚的谢意。内蒙古大学的图雅教授和包桂兰、查娜、敖民、包萨仁等年轻老师，中国社会科学院的哈斯其木格研究员仔细阅读书稿，并提出了很多宝贵的修改意见，在此表示诚恳的谢意。

　　本项研究的"蒙古语口语语料库"是作者承担完成的国家社科基金项目（项目编号：08BMZ015），近几年一直完善扩建语料库。本语料库是我近几年指导的硕士研究生的辛苦劳动的成果，与我同甘共苦、日夜奋斗的爱徒们，辛苦了！

　　本书的出版得到了2020—2022年内蒙古大学高端成果培育项目的资金支持。

　　特此一并感谢！